古代歷史文化研究輯刊

七 編

王 明 蓀 主編

第22冊

陳寅恪論學的四個面向

王 震 邦 著

國家圖書館出版品預行編目資料

陳寅恪論學的四個面向／王震邦 著 — 初版 — 新北市：花木
蘭文化出版社，2012〔民 101〕

目 2+182 面；19×26 公分

（古代歷史文化研究輯刊 七編；第 22 冊）

ISBN：978-986-254-832-5（精裝）

1.陳寅恪　2.學術思想　3.邏輯學

618　　　　　　　　　　　　　　　　101002897

ISBN-978-986-254-832-5

9 789862 548325

古代歷史文化研究輯刊

七 編 第二二冊　　　　　　ISBN：978-986-254-832-5

陳寅恪論學的四個面向

作　　者　王震邦

主　　編　王明蓀

總 編 輯　杜潔祥

封面設計　劉開工作室

印　　刷　普羅文化出版廣告事業

出　　版　花木蘭文化出版社

發 行 所　花木蘭文化出版社

發 行 人　高小娟

聯絡地址　新北市永和區中正路五九五號七樓之三

　　　　　電話：02-2923-1455／傳真：02-2923-1452

電子信箱　sut81518@ms59.hinet.net

初　　版　2012 年 3 月

定　　價　七編 20 冊（精裝）新台幣 42,000 元

陳寅恪論學的四個面向

王震邦　著

作者簡介

王震邦，1950 年生於台灣新竹，原籍江蘇黃橋。長期擔任台灣聯合報系記者，2007 年春，以「陳寅恪論學的四個面向」獲中正大學歷史學博士，短期留校任博士後研究。現任玄奘大學歷史系助理教授兼系主任。

提　　要

　　本論文主旨在探求史家陳寅恪學術思想發展的淵源和軌跡，以期通過史實的考掘，以及陳寅恪論學思維和學術發展之間的關聯，重新呈現陳寅恪過去長期為人所忽視的一些側面，補充和增強對陳寅恪的理解和認識。

　　陳寅恪嘗言「自由之思想，獨立之精神」，非僅事關學術發展，也是個人出處進退的考驗。若論其思想源流，及其辯證思維發展，推論應可上接希臘古典辯證思維。這是陳寅恪論學的核心價值和立身大節之所在。

　　「中體西用」自近代以來迭見時賢引用，爭議甚大；作者爬梳陳寅恪處理傳統體用論的過程，證明陳寅恪固為「中體西用」論者；通過〈論韓愈〉一文，發現陳寅恪論述韓愈心性思想的突破係來自佛家，拈出「天竺為體，華夏為用」，等同肯定「西體中用」。皆可謂石破天驚之論。

　　陳寅恪好為「對對子」，但不知陳寅恪曾以「對對子」入題遭遇連番挑戰，作者挖掘出當年北平世界日報所刊一連串的讀者論戰，以及陳寅恪親為答辯的史料，重新審視當年陳寅恪所以辯證地提出中文文法之建立，當從比較歷史語言學入手的論斷；但惜誤解者多，或視此為談趣。作者窺其用心，許為「假西學以崇中學」，亦可謂用心深，寓意遠。

謝　辭

　　臨老攻讀博士學位，歷經八年有餘的時程，終能完成這篇博士論文：〈陳寅恪論學的四個面向〉，心中不無感慨，但更有一連串的感激。首先得感謝三位指導教授雷師躍之、杜師維運和毛師漢光，以及口試委員召集人汪師榮祖多年來的指點和鼓勵。

　　雷老師對我這名老而難纏的學生，總是容忍我的「自吹自擂」和放肆，然而在學術要求上，雷師則從不含糊，經常逼問：「這是你自己的想法嗎？」這是身為弟子首先要感謝的。毛老師經常提醒我要及時把論文寫出來，學問更是一輩子的事。批閱我的論文後，還預約要繼續討論陳寅恪的論學思想。杜老師屢屢賜贈簽名新著，間或送我西方史學新著，杜師近年雖旅居加拿大，但仍不放過細看我的論文，稱許「立論新穎」，要我繼竟陳寅恪的全面研究。汪師榮祖三十年前即有《史家陳寅恪傳》傳世，且屢有改訂增補，是我最常翻閱，且必要參考的重要論著。汪師任教中正大學後，讓我更有機會就近請益，承汪老師點撥一二，或指點參考書，讓我受惠甚深。

　　近於師友之間的陳永發院士，在我提報口試前，即先看過我的論文第四和第五章，多所匡正，但永發兄肯定第五章談體用論的觀點，頗具興味。口試時建議將論文原題〈陳寅恪論學思想研究〉改為：〈陳寅恪論學的四個面向〉，以期更切合論文內容。口委劉師顯叔引領我進入國家圖書館漢學研究中心的閱覽室，歡迎我這個老童生從新聞界轉入歷史研究的領域，期勉我能更像史學工作者，文章更當力求嚴謹。東吳大學文學院院長黃師兆強在口試時建議要避開文白夾雜之病，注意主詞不宜省略，使論文讀來更明白曉暢。

　　我要特別感謝從中央研究院近代史研究所退休的陶英惠教授，因為採訪

機緣，得蒙不棄，二十幾年來即若師友，論文撰寫後期，幫我過稿兩趟，改正字句，連標點符號都不放過，整篇論文的文氣得以貫通。同輩師友當中，中研院社會科學研究中心錢永祥教授和近史所的沈松僑教授詳閱論文第三章有關辯證法的部分，永祥兄建議要注意參考書目和論文，松僑兄看到毛病時，直言「深感不安」，或要求修正或要求刪除部分論證。北京中國科學院自然科學史研究所的韓琦教授協助我得以閱讀該院收藏的楊樹達日記原件、幫我檢視和訂正論文第四章涉及科學史的部分。中研院歷史語言研究所王道還和此時正客座哈佛大學、中研院文哲所的彭小妍教授，兩人夫妻檔幫我借書、還書、印資料之外還幫著看稿。政治大學歷史系所的劉維開教授幫我檢查史實和年代。謹致謝忱。

我應該說明杜正勝院士擔任史語所所長時，聽聞我要研究陳寅恪，即惠寄他和王汎森主編的《新學術之路》；王汎森院士另贈我他的論文集《中國近代思想與學術的系譜》。廣州羊城晚報的胡文輝兄惠贈尚待出版的《陳寅恪詩箋釋》電子檔供我參考利用，又寄贈《雪橋詩話》，幫我看稿。張求會教授慷慨贈我《陳寅恪的家族史》和相關陳寅恪的論文。文輝和求會兄於二○○五年九月上旬，還陪著我導覽陳寅恪廣州中山大學內的故居和紀念館。《陳寅恪的最後二十年》的作者陸鍵東在廣州熱情接待，讓我飽啖廣州的無米粥。廣州收藏家陳俊明先生拿出陳寅恪的遺物供我觀賞且允許攝影、筆記。廣州中山大學教授桑兵在校園幽雅的書齋裡接待我，講論文化遺民陳寅恪和吳宓的關係。北京大學教授羅志田惠賜論文，建議我要注意陳寅恪特別看重夷夏大防和男女大防的論述。北京師範大學特聘教授龔鵬程兄從北京快遞他新發表的論文，幫我看稿，肯定我的新觀點和新視野。

中央研究院政治研究所特聘研究員朱雲漢教授幫我在台大和中研院借書，且專程送達，預約論文通過後一定要讓他先睹為快。近史所張力教授惠借藏書，代我向南京大學歷史系主任陳謙平教授就近複印該校中文系還未公開的博士論文。近史所潘光哲教授幫忙找資料、傳資料。玄奘大學黃清連教授還在史語所任職時惠借藏書。聯經出版公司的發行人林載爵教授因視網膜剝離無法看我的論文，但建議我將論文擴充後送聯經編審會，有意成全我這位老童生的出版夢想。聯經副總編輯方清河慨允我利用還未正式出版的《顧頡剛日記》，贈我聯經版的《陳寅恪的最後二十年》，其他贈書更不計其數。回首師友今昔，固不勝滄桑，但秉學術畢竟是無疆界的共識，在此我應一併

表達我的謝意。

　　中正大學歷史學研究所前後期同學組成的讀書會成員馬以謹、甯慧如、王淑嫻、伍少俠、朱振宏、李昭毅、林靜薇、清華大學歷史所碩班同學雷中行，除了按月聽我報告論文進度外，還在論文最後關頭，熱心幫我查找核對資料、改正編輯論文，為讓我及時趕上中正大學台灣文化研究中心博士後的申請時限，慧如、昭毅和中行還為我趕夜車。特別應該致謝中行兄自告奮勇幫我跑腿，來回於台北、新竹和嘉義間，出入於國家圖書館、中研院各所、清華、中正和政大的圖書館。振宏為了參加我的口試，從佛光大學繞了半個台灣加急六百里開車趕來，都讓我虧欠甚深。

　　再如老同學清華大學教授于治中幫我閱讀法文資料，中研院政治所研究員林紀文教授多年前教我日文閱讀和翻譯，聯合報老同事彭淮棟、霍達文兄都是一流譯筆，在英文方面不辭勞苦襄助我。還有一位老同事林英喆久已沒有來往，但我必要記得我強要了他收藏的《柳如是別傳》，這是我從文化大學史研所畢業後，依然還維持著閱讀陳寅恪的一個重要記憶。鄉長樂炳南教授是我三十年前在文化大學開讀書會時的台大史研所博士班成員，長期關懷我論文進度，更關切我未來進入學術圈或擔任教職的種種可能，幫我參謀、打氣。還有文化大學的王吉林和羅獨修教授，多年相知，均是我走向陳寅恪研究不能不念及的師友。

　　最應感念的是在我九歲父親過世後，拉拔我長大的母親丁汝玲。其次是哥哥王震國、弟弟王震宇給我的經濟支持。還有內人少祥、兒子理詮，容忍我長時間躲在書房裡。這些都是我的虧欠，更多的是感激。

　　我是退休後再轉入史學天地的老童生，陳寅恪先生評清代史學家治學，有臨老藉此「銷愁送日」之譏，但願我在有生餘年，還能很正經地治學。是為謝詞的尾注。

目次

第一章　序　論

第一節　陳寅恪熱

　　以史家陳寅恪（1890～1969）為主題的討論和話題自上個世紀九〇年代以來，在神州大陸和港台蔚為一股「陳寅恪熱」。就近現代史學史乃至思想史發展而言，如何看待此一現象，以及如何為陳寅恪定位，皆屬不可迴避的課題。從正面看，「陳寅恪熱」的出現，既有大環境變遷的外部因素，也反映出學術研究轉向的具體關懷。特別是在知識分子圈，自擺脫意識形態的教條和思維上的制式反應後，若能找出一位既能承接傳統而又具備新學且能取法的對象，非僅是一種期待；最重要的或更在經歷文化大革命的老一輩知識分子，已遭極左思潮和鬥爭摧殘殆盡，人文社群缺乏一個可以共享並形成共識話語的典範，陳寅恪強調學術獨立和自由思想，正符合了此一期待。

　　一個可以理解的視角是學者從意識形態領域轉向後的抉擇。雖然在政治改革方面未見根本性的調整，且不時因路線之爭，上層權力結構出現向後轉的傾向；但轉向市場經濟，則已從社會各個層面湧現巨大變化和動力，莫之能禦；各個領域的知識分子或從事意識形態除魅，或通過學術批判重建學術倫理及規範，且社會所能供給的力道逐漸增強，人文學術和研究同步出現了上層理論替代和典型轉移的需求，應是往下數十年大陸知識分子長期奮鬥的目標。史學界尋求史家典型的重塑，正是此上層理論崩潰後典範轉移（paradigm shift）的一個顯例。

　　陳寅恪長期和現實政治的疏離，以及堅持不接受意識形態以及理論先行

的研究取向，對文革後崛起的知識分子自然具有強烈的吸引力和對照意義，這不僅是因爲陳寅恪在史學領域裡取得的成就，爲近現代所罕有，更在陳寅恪的思想、人格和學者風範。以史家周一良（1913～2001）爲例，在其生前最後一段歲月，不論寫回憶文章或參加追念陳寅恪的學術聚會，由淺而深，一再公開作出反省，最後和盤托出當初批判老師的情況，以爲請罪。〔註1〕這就是學術社群轉型之際具有正面意義的具體寫照，轉型正義的自我實踐。不僅是除魅和尋求典範，也更是傳統正面價值觀念的再確認和再肯定。

就當代史學史而言，身爲史家的陳寅恪，自屬不能忽視，且當給予高度重視，本書即係從此一大背景及思想面探索陳寅恪的內在思想的運作思維。由於典範匱乏，陳寅恪難免被形塑成高不可攀的巨大形象，這是一種放大和扭曲，有必要「以陳還陳」，面對「陳寅恪熱」，這或許會是一個漫長的過程，也應是學術獨立和思想自由的一個基本的堅持。本書作此嘗試，追索陳寅恪的思維運作，不過是其中一小步而已。

史家余英時（1930～）於上個世紀末爲陸鍵東（1960～）《陳寅恪的最後二十年》（1995 年）一書出版後造成的全面性轟動說：「最近三四年來，中國大陸忽然掀起了一股『陳寅恪熱』。《吳宓與陳寅恪》（吳學昭（1929～）著，1992 年）、《陳寅恪詩集》（陳流求（1929～）、陳美延（1937～）合編，1993年）都是北京清華大學出版社印行的。這兩部書提供了不少新的資料。大陸學術界自 1989 年以來常有大、小規模的討論會，探究陳寅恪的文化觀念和史學成就。報刊雜誌有關陳寅恪的文章更是不計其數。通過陳寅恪的研究，大陸學者似乎在認眞地重新思考中國傳統文化在現代世界的定位問題，其意義

〔註1〕案，周一良在 1989 年「紀念陳寅恪教授國際學術討論會」上説，「來廣州紀念陳先生，深感有負先生的厚望，心中無限慚愧。」〈紀念陳寅恪先生〉，《紀念陳寅恪教授國際學術討論會文集》，頁 19。會後周一良訪美，在紐約完稿的〈我的《我的前半生》〉説：「1942 年陳先生撰《魏書司馬睿傳江東民族條釋證及推論》，在文章開端……頗富感情説：『今則巨浸稽天，莫知所屆。周君又遠適北美，書郵阻隔，商榷無從，搁管和墨，不禁涕淚之泫然。』……，我深受感動。蔣天樞（1903～1988）先生編陳先生全集，所收江東民族條釋證文中，刪去了此節。這當然不可能是蔣先生自作主張，定是本陳先生的意旨。……正是目我爲『曲學阿世』。」《周一良集》，卷 5，頁 427。1999 年 11月 27 日更直接以「向陳先生請罪」爲題，於「陳寅恪與二十世紀中國學術」的學術討論會上作出「自我批判」，交代 1985 年對陳寅恪的批判。完全應受「破門之罰」的。周一良，〈向陳先生請罪〉，胡守爲（1929～）編，《陳寅恪與二十世紀中國學術》（杭州：浙江人民出版社，2000 年），頁 8～11。

是深遠而重大的。」〔註2〕三聯書店版由陳寅恪女兒陳美延主編的《陳寅恪集》，其中最早推出，也是最難閱讀的《柳如是（1618？～1664）別傳》，初版一萬冊，甫出即再加印一萬冊，在非小說書類中實屬罕見。再以汪榮祖（1940～）的《史家陳寅恪傳》為例，2005年3月發行的北京大學出版社新版已售出一萬冊以上，這是另一例。〔註3〕

對「陳寅恪熱」現象帶有評述語氣的羅志田（1952～），指稱所謂「陳寅恪熱」，怕「熱」的實非其學術，而陳在民間擁有大名，多半像以前民間藝術中一個常見的人物鍾馗，被他人借以打鬼而已。〔註4〕這個「打鬼」的背景，應與知識分子期待學術的獨立和自由的思想有關，甚至可以推演到對政治現實的不滿。藉著對陳寅恪的肯定，以澆胸中塊壘。陳寅恪的學生，中山大學教授蔡鴻生（1933～）則認為此熱來得有如「空穴來風」，來得不知不覺。反問陳寅恪真的有那麼多「後世相知」嗎？蔡鴻生引程千帆（1913～2000）《閑堂書簡》致舒蕪（1922～2009）函：「陳學熱實體現對傳統文化關注之心態，非徒重其學術創見也（多數人恐亦不懂他說些什麼，但隱約感到他說的一定很重要而已）。」〔註5〕就是這種隱約的感覺，讓不少人對「陳寅恪熱」帶有更多好奇和想像。

就文化面分析，郭亞珮在其〈歷史的陳寅恪：「自由思想、獨立精神」與中國政治現代性〉一文中認為，「陳寅恪熱」可以分成兩個版本，一是強調陳寅恪的文化懷抱，以及對傳統文化的留戀，作為解釋陳寅恪言行的中心主軸；另一個版本著重陳寅恪的思想理論，從陳的著作裡，多方勾勒出陳寅恪對市民社會的活動能量的期待。前者將陳描述為「遺少」，而後者則將陳視為在中國情境下尋找自由民主種子的先驅。只是這兩種版本都將陳寅恪抽離了他所

〔註2〕 余英時，〈「後世相知或有緣」──從《陳寅恪的最後廿年》談起〉，《陳寅恪晚年詩文釋證》（臺北：東大圖書公司，1998年），以下簡稱《詩文釋證》，頁279。案，以陳寅恪為名的學術討論會或印行論文集至少出了五本，依序是：《紀念陳寅恪教授國際學術討論會文集》、《紀念陳寅恪先生誕辰百年學術論文集》、《紀念陳寅恪先生百年誕辰學術論文集》、《《柳如是別傳》與國學研究：紀念陳寅恪教授學術討論會論文集》、《陳寅恪與二十世紀中國學術》論文集。

〔註3〕 中正大學臺灣人文研究中心網站〈中心主任汪榮祖講座教授簡介〉：「《史家陳寅恪傳》一書曾在港台大陸出版五次，最近一次由北京大學出版社出版，已經售出一萬冊。」http://www.ccu.edu.tw/tih/tih/index.htm.

〔註4〕 羅志田，〈陳寅恪的文字意趣札記〉，《中國文化》期22，頁175。

〔註5〕 蔡鴻生，《仰望陳寅恪》（北京：中華書局，2004年），頁2。

處的歷史當下。〔註6〕此時讓「陳寅恪熱」回歸學術討論，應是學術界的責任，也是本論文的關懷。

因爲「陳寅恪熱」，相關史料及研究是否相對受到重視和提升，或是另一個問題。但有一個現象是：知識分子頗以認同陳寅恪相標榜，既刺激了史學及人文社會科學界對近現代以來史學研究重返學術規範的重視，也直接、間接助益了史學觀念、方法和思想的闡明。圍繞著陳寅恪的研究和論述，也因此出現熱效應。〔註7〕而此，又與大陸近二十年來的「文化熱」、「國學熱」有一聯動，互爲影響，都可置諸改革開放重經濟、輕文化的情境下觀察。整個社會因政治壓力仍在，出現非正常轉型，「陳寅恪熱」應可視爲整個大環境逼出來的議題，唯此已逸出本書處理範疇。在陳寅恪成爲「典範」的過程裡，特別是中古以降的歷史、文化研究，及具備現代或後現代意義的女性研究，不論史料的採擇、考證以及方法的運用，或觀點的呈現，都很難繞過陳寅恪生前處理過的論題。正如毛漢光（1937～）所言，「對於寅恪一生之學術成就，讚揚者極多，補充修正者亦不少，批判者亦有。」〔註8〕或是繼承，或是發展，或是修正和攻錯。最近幾年相關陳寅恪的家世、留學情況以及從晚清以降的政治發展、甚至跨文化的比較研究，在選題上都受「陳寅恪熱」直接、間接的影響。這些現象非僅值得後學對陳寅恪有一學術上的好奇，探討「陳寅恪熱」的內在意涵，而非外在的熱鬧而已。

第二節　顯隱之間

陳寅恪既成爲熱效應的典範史家，相關研究、論述亦夥，其中又多集中於正面肯定其學術成就，或同情其遭遇，或持陳寅恪的相關論述，據以評論

〔註6〕郭亞珮，〈歷史的陳寅恪：「自由思想、獨立精神」與中國政治現代性〉，《自由主義與人文傳統：林毓生（1934～）先生七秩壽慶論文集》（臺北：允晨文化公司，2005 年），頁 397～8。

〔註7〕王學典（1956～）說，「國學熱」當中的「陳寅恪熱」有三點特別值得注意：首先應該看到在頌揚陳寅恪的現象中包含的意識形態內容，九十年代走紅的，更多的是意識形態化的陳寅恪；陳寅恪已成爲九十年代最大的政治與學術的雙料「神話」。其次，也是最值得注意的是這一現象可能標誌著學界從重思想到重學術、從重義理到重考據這一重要變遷進程的完成。高度尊崇陳寅恪，不單是對逝去先人的緬懷，而是「回到純學術」，走陳寅恪治學之路。其三是陳寅恪熱的出現，使得改寫近百年學術史變成不可避免，變成「陳寅恪」取代「郭沫若（1892～1978）」。王學典，《20 世紀中國史學評論》（濟南：山東人民出版社，2002 年），頁 259～60。

〔註8〕毛漢光，〈陳寅恪傳〉，《國史擬傳》（台北：國史館，1995 年），輯五，頁 157。

學術話題，或爲月旦人物之資。似有但憑陳寅恪爲準，或以之爲思考前提的
傾向，在有意無意之間，疏忽了陳的思想發展背景以及和學術社群之間，或
還有未經處理的互動和影響。顯隱之間，過去相關陳寅恪的研究和選題，即
多傾向就相關陳寅恪的文獻探索，或就陳寅恪的學術成就正反面立論，而少
有就陳寅恪的學思觀點，特別是思維運作部分作深入研究者。

本人在檢讀相關史料過程中，即發現陳寅恪引發的國文試卷應否以對對
子入題的爭議，其實與陳寅恪的學思觀點大有關連，但過去皆著重其話題，
而未探究其間如中文文法發展之於學術史的意義；再如陳寅恪的自我認同和
成長背景，兩者之間原有密切關連，過去亦未見深入鑽研的論著，而此應屬
研究陳寅恪必要從事的基礎工作。欲深度理解陳寅恪史學成就，且從思想發
展及其運作者固夥，唯迄今未見以其「思維模式」爲主題，探索其間是否存
在內在關聯的學者及論著。

陳寅恪何以會認同晚清以來「中學爲體，西學爲用」這一命題，論者多
矣，然多從陳寅恪和晚清思想或張之洞（1837～1909）之間究竟有何異同著
眼；然而陳寅恪運用「體用論」的情況，以及如何處理「體用」之間的互動，
則未之多見。陳寅恪在中共建政之初，又何以會就韓愈（768～824）申論其
於外來文化佛教的態度，論者或以爲這是陳寅恪的「中國文化宣言」，但何以
均疏忽陳寅恪提出的石破天驚之論，即「天竺爲體，華夏爲用」的命題，這
不是明明和其過去所持「中學爲體，西學爲用」恰恰相反嗎？但陳寅恪不是
一再強調「江東舊義雪盈頭」，即至老不變者嗎？至如陳寅恪留學海外多年，
論其學術淵源者，多停留在陳寅恪的漢學或史學成就上，少有探索其思想淵
源特別是思維運作所借重者爲何。

以陳寅恪最在意的「獨立之精神，自由之思想」而言，此一命題和觀念，
固難求之於中土，然其思想淵源又當從何處追問，此亦爲前賢所忽略，但視
其爲理所當然，而未詳其所以然。這又涉及另一個側面，即學術論證所使用
的方法和選擇，本論文即試圖說明，並藉由論證過程，以期嘗試逼近陳寅恪
何以堅持其基本價值觀念之所由來，即若無思想自由又如何可能自如地運用
「辯證法」。陳寅恪對於「辯證法」的運用，以及如何辯證地提出「假設」，
亦爲論述陳寅恪學術或思想者所未及。而這正是本論文所欲從事、且以爲尚
有可以論述及發展的空間。

思尋上述的疑問，既無現成令人滿意的答案，自有必要通過爬梳其學術
論證的路徑，以期能推求其思維運作之所以然。黃萱（1910～2001）引陳寅

恪的說法：「詩若不是有兩個意思，便不是好詩。」而有：「他的詩自然是有兩個意思的，所以難於通解。我相信將來必然會有史家用他的『以詩證史』的方法，把他全部的詩，拿來與近代史相印證。」〔註9〕本論文則是企圖拿陳寅恪的學術論著以爲其思維運作的印證。可以相信陳寅恪於其學術論證的路徑和運用，非僅有其自信，且胸中另有丘壑，但期後人能爲其「發皇心曲」。然則本書所注重者，不在爲其古典和今典之間求其達詁，而在試探陳寅恪的「心法」，〔註10〕即其思維的運作，探究其「辯證法」和「體用論」的表述和論證。將看似不相干，把得之西學傳統的「辯證法」和歷史語言學，以及得自傳統中學的「體用論」依序論述，且輔以少年認同的心理，探尋陳寅恪的學思發展。

本書期待能就此於陳寅恪有一新的觀點，得一新的認識和視野；於史料的運用亦力求與陳寅恪的原意相符。本陳寅恪的「假設」和「辯證法」以及「體用論」所言，得一「相反相成」之妙，從而形成一內在聯繫。本書亦期待藉此得一比較接近「陳氏心法」，即從陳寅恪的思維概念及其運作且見諸實踐的結論。

第三節　史料及相關論述

本書最重要的史料就是陳寅恪本人的作品《陳寅恪集》十三種十四冊。這套接近全集的史料於 2001～02 年由北京三聯書店出齊。這是迄今收錄陳寅恪作品最齊全的版本。舊版上海古籍書店出版的《陳寅恪文集》收有《寒柳堂集》、《金明館叢稿初編》、《金明館叢稿二編》、《隋唐政治淵源略論稿》、《唐代政治史述論稿》、《元白詩箋證稿》、《柳如是別傳》。蔣天樞（秉南，1903～1988）編，《陳寅恪先生編年事輯》原列入《文集》附錄。其後《編年事輯》有上海古籍書店單行的增訂本，將過去因政治考量刊落的部分恢復，蔣天樞本人也續有增補。〔註11〕繼《編年事輯》，有卞僧慧（本名卞伯耕，1912～）

〔註9〕黃萱，〈懷念陳寅恪教授——在十四年工作中的點滴回憶〉，紀念陳寅恪教授國際學術討論會秘書組編，《紀念陳寅恪教授國際學術討論會文集》（廣州：中山大學出版社，1989 年），頁 71。

〔註10〕此處所用「心法」係取義於朱子（1130～1200）《中庸章句》卷首：「此篇乃孔門傳授心法……其書始言一理，中散爲萬事，末後復爲一理，放之則彌六合，卷之則退藏於密。」

〔註11〕章培恆（1934～），〈《陳寅恪先生編年事輯》後記〉，蔣天樞，《陳寅恪先生編年事輯（增訂本）》（上海：上海古籍出版社，1997 年），頁 259。

編，《陳寅恪先生年譜長編（初稿）》（以下簡稱《年譜長編》）。此編係卞受蔣天樞生前所托，並提供蔣個人蒐集的相關資料。

新版《陳寅恪集》以《陳寅恪文集》為基礎，原第一冊《寒柳堂集》，新版收入〈寒柳堂記夢未定稿〉。原收在《寒柳堂集》內的《詩集附唐篔（1901～1969）詩存》另行抽出，加上新發現的十三首詩單獨另出《詩集》。

《讀書札記一集》原為《陳寅恪讀書箚記──舊唐書・新唐書之部》。新增《讀書札記二集》，收入《史記》、《漢書》、《後漢書》、《晉書》、《後漢紀》、《資治通鑑考異》、《唐律疏議》、《人物志》、《雲谿友議》、《酉陽雜俎》、《弘明集》、《廣弘明集》、《沖虛至德真經》、《陸宣公奏議》、《劉賓客集》、《韓翰林集》、《唐人小說》、《沙州文錄補遺附錄》、《敦煌零拾》等書的史文與批文。《讀書札記三集》收入《高僧傳》、《高僧傳二集》、《高僧傳三集》的史文與批文，並附《高僧傳箋證》稿本。

《書信集》係從各方徵集而來，特別是中央研究院歷史語言研究所傅斯年（1896～1950）檔案，藏有七十五通陳寅恪致傅斯年信件。為《書信集》數量最大的來源。若對照《傅斯年全集》第七卷所收傅斯年信函相關陳寅恪者，或可進一步了解陳、傅兩人關係。

《講義及雜稿》，收入 1953 年 12 月 1 日，陳寅恪口述，由汪籛（1916～1966）筆記〈對科學院的答覆〉〔註12〕，這是陳寅恪堅持個人理念，闡揚「獨立之精神，自由之思想」的重要文獻。

另，除《柳如是別傳》中、下兩冊外，各本均附載多幀陳寅恪本人、家人或與家人、親友合照，或陳寅恪的筆記、書信、以及書畫收藏，共計一百四十五幀照片或圖片。

《陳寅恪集》主編工作由陳寅恪的女兒陳流求（1929～）和陳美延（1937～）承擔，另動員了許多專家學者代為校勘、訂誤、增補。這是本書使用最多也是最基本的史料。

陳寅恪的三位女兒陳流求、陳小彭（1931～）、陳美延合撰《也同歡樂也同愁：憶父親陳寅恪母親唐篔》（以下簡稱《憶父親》），以深刻的兒時記憶和多幅從未發表的照片，重繪當年在清華校園裡的平居生活，對照逃難時的艱困、無奈，懸隔有若天壤之別。陳寅恪為女兒取名流求和小彭都和

〔註12〕陳寅恪口述，汪籛筆錄，〈對科學院的答覆〉。陸鍵東，《陳寅恪的最後二十年》（北京：三聯書店，1995 年），頁 110。又，香港天地圖書版（1996 年），頁 118。臺北聯經版（1997 年），頁 112。

台灣有關，書中述及1949春節剛過，陳寅恪和俞大維深談，決定了往下懸隔兩岸的不同命運，也爲陳寅恪一家何以未赴台灣，提供了一個重要線索。至於陳寅恪自述治學抱負的重要文獻〈與妹書〉，通過此書也可確認就是寫給陳新午（1894～1981）的。正如同此書後記所言，「有點彌補和佐證的作用。」

其次是陳寅恪的老友吳宓（1894～1978）所寫，由吳宓女兒吳學昭（1929～）提供、整理的《吳宓日記》及《吳宓日記》續編，各十冊。錢鍾書在序言中譽爲「不特一代文獻之資而已。」

《吳宓日記》有關陳寅恪的記載始於1919年3月26日，至1973年6月3日，猶於夢中出現陳寅恪。時陳寅恪已辭世四年，因文革消息阻隔，而吳不知。從《吳宓日記》中可窺吳宓與陳寅恪的交往，特別是在哈佛大學這一時期，吳宓用心錄下不少陳寅恪的談資，如中西文化及社會情狀之比較，或爲月旦人物之品評，兼及人之情欲和心理作用。若無吳宓爲之記錄，陳寅恪早年若干想法，勢將湮沒而無聞。

作爲史料，《吳宓日記》是迄今有關陳寅恪事跡記載量最大，則數最多的。陳寅恪多首詩作即係從《吳宓日記》中輯出。吳宓的《自編年譜》有關陳寅恪的記載和吳宓女兒吳學昭編寫的《吳宓與陳寅恪》都是依據《吳宓日記》爲底本。本書即多次引用《吳宓日記》。

《胡適（1891～1962）日記》中則有若干條有關陳三立（1853～1937）和陳寅恪父子的記載。比較新的版本是由曹伯言（1933～）整理，新校排的《胡適日記全集》。胡適和陳三立、陳寅恪父子交往的記載，分見二、四、六、七、九冊。《日記》附有索引，便於檢索。〔註13〕

其他還有夏承燾（1900～1986）《天風閣學詞日記》、《顧頡剛（1893～1980）日記》、《楊樹達（1885～1956）日記》、《陳君葆（1898～1982）日記全集》、浦江清（1904～1957）的《清華園日記》等，對陳寅恪的言行有少量記載。例如《顧頡剛日記》1953年10月10日條：「（胡）厚宣來言，暑假中蔣天樞

〔註13〕曹伯言整理，《胡適的日記》（臺北：聯經出版公司，2004年），全套共十冊，第十冊爲索引。聯經版《胡適的日記》較前此出版的遠流版《胡適的日記》（手稿本）整全，例如吳大猷（1907～2000）爲遠流版《胡適的日記》寫的序言提及胡適日記1917年8月～1920年這一段不知下落，目前已由聯經版補全，收入第二冊。原來胡適此段日記寫在「日程」（即今之行事曆）上。吳大猷，〈《胡適的日記》序〉，《胡適的日記》手稿本（臺北：遠流出版公司，1989年），冊1，正文前不分頁。

君往粵訪寅恪先生，問其應北京聘否（北大聘之於先），渠因身體衰弱，表示不願。」說明當時除中國科學院擬聘陳寅恪任中古史所長外，北京大學也曾擬議聘請陳寅恪，而爲前所未見。〔註14〕有關此事者還可見《楊樹達日記》（未刊稿，原稿藏北京中國科學院文獻中心）。

　　陳君葆在日記中提到郭沫若和陳寅恪就中古史研究所所長人事安排，相互往來的電報和日期，可與陳寅恪晚年最重要的〈對科學院的答覆〉文作一比對。另，《陳君葆書信集》附有1949年5月10日陳寅恪致馬鑒（1883～1959）和陳君葆的一封信，略謂萬不得已時，或有赴港一避之舉。

　　《夏承燾日記》有陳寅恪托買柳如是史料、拒見蘇聯科學院中國學研究所教授艾德林（Eydlin, Lev Zalmanovich，1909～1985）往訪，以及陳寅恪心理不正常的記載，都是前所未知。〔註15〕浦江清的《日記》，則有陳寅恪對官費留美學生的批評，以及1949前後，知識分子在北京圍城中走與不走的心理分析。

　　相關期刊及雜誌有《學衡》、《新青年》、《新潮》、《青鶴》、《中央研究院歷史語言研究所集刊》、《清華學報》、《自由中國》、天津《大公報》、北平《世界日報》。其中北平《世界口報》報導清華大學入學考國文科以「對對子」入題引發的爭論後，身爲出題者，陳寅恪一再爲之辯駁，而爲前賢相關研究未見採用者。缺了北平《世界日報》的報導及評論和陳寅恪的駁論，處理「對對子」爭論造成的社會反響，自不盡周延。筆者自台北世新大學（《世界日報》創辦人成舍我（1898～1991）所辦）圖書館得見這批珍貴舊藏，應可視同「新出土」的史料。〔註16〕

　　回憶文章方面，台灣傳記文學社出版的《談陳寅恪》（1970年）收入俞大維（1897～1993）、趙元任（1892～1982）和楊步偉（1889～1981）夫婦、楊聯陞（1914～1990）、勞榦（1907～2003）、毛子水（1893～1988）、牟潤孫（1908～1988）、今聖嘆（程靖宇）、費海璣（1924～）、梁嘉彬（1910～1995）等人在台北《中央日報副刊》、香港《香港時報》、台北《清華校友通訊》、《傳記文學》、《新夏》、《醒獅》等報刊雜誌已刊的追憶文章，爲兩岸最早出版的紀

〔註14〕《顧頡剛日記》（台北：聯經出版公司，2007年），卷7，頁454。

〔註15〕夏承燾，《天風閣學詞日記》（杭州：浙江古籍、浙江教育出版社，1998年），冊3，頁603、607；723。

〔註16〕案羅志田在〈斯文關天意：1932年清華大學入學考試的對對子風波〉、〈無名之輩改寫歷史：1932年清華大學入學考試的作文題爭議〉均提起這批新出土史料。兩文也參考了此一新史料。見羅志田，《近代讀書人的思想世界與治學取向》（北京：北京大學出版社，2009年），頁176，注2、頁200，注1。

念集。其中又以俞大維的〈懷念陳寅恪先生〉介紹陳寅恪的治學方法和經過，平生志在寫出一部「中國通史」，爲他文所不及。

仿《談陳寅恪》體例，大陸陸續出版有《陳寅恪印象》（1997 年）、《追憶陳寅恪》（1999 年）、《解析陳寅恪》（1999 年）等。收入季羨林（1911～2009）、周一良、蔣天樞、王永興、石泉（原名劉适，1918～2005）、陳守寔等人的回憶文章或當年日記。其中《解析陳寅恪》另收入了陳寅恪家人和親屬的文章，這包括夫人唐篔、女兒陳流求、陳美延及姪女陳小從（1923～）、姪兒陳封雄（1917～1999）等。此於陳寅恪的認識及推廣當有助瀾之功。

最近幾年新「出土」的資料有：劉隆凱整理《陳寅恪「元白詩證史」講席側記》（2005 年），這是劉隆凱取當年在中山大學聽課的筆記整理而成，類似萬繩楠（1923～）整理的《陳寅恪魏晉南北朝史講演錄》。不同者，萬繩楠整理的《演講錄》是依陳寅恪所編的《兩晉南北朝史引文資料》爲底本，另外參考了《金明館叢稿初編》、《二編》和《寒柳堂集》而成。〔註 17〕劉本則以聽課筆記爲主。劉隆凱在本文前〈整理者言〉提到 1958 年 6 月 29 日聽完《天可度》第一講後，全校停課下鄉參加大躍進，陳寅恪從此再也沒有開課，這一堂課也成了陳寅恪教授生涯的「最後一課」。〔註 18〕

陳美延編《陳寅恪先生遺墨》，主要收錄陳寅恪抗戰前任教清華時期的一批手跡、手錄資料等。從〈高鴻中明清議和條陳殘本跋〉原稿底本中可以看到陳寅恪刪稿痕跡，芟除的文句中有：「蓋不知古者，固不足以言今，知今者尤能以通古」等語。〔註 19〕爲陳寅恪談「不古不今之學」提供了一條最直接的材料。

1988～2000 年之間出版的五套以陳寅恪爲名的「文集」或「論文集」。既有回憶陳寅恪的文章，又有研究陳寅恪的學術論文，體例不齊。依序是：

一、1988 年 5 月在廣州中山大學舉辦的討論會並於次年出版的《紀念陳寅恪教授國際學術討論會文集》。

〔註 17〕萬繩楠，《陳寅恪魏晉南北朝史講演錄》（臺北：雲龍出版社，1996 年），序頁 3。

〔註 18〕劉隆凱，《陳寅恪「元白詩證史」講席側記》（武漢：湖北教育出版社，2006 年），頁 3。

〔註 19〕陳美延編，《陳寅恪先生遺墨》，頁 7。另，胡文輝（1967～）指提供陳寅恪這批遺墨的收藏家陳俊明手上還有初版《唐代政治史》，上有陳寅恪親筆改寫的文字，和後來版本有異文。胡文輝，〈新發現陳寅恪遺物印象記〉，廣州《收藏‧拍賣》創刊號（2004 年 1 月），頁 25。

二、1989 年，北京大學中古史研究中心主編並出版《紀念陳寅恪先生誕
辰百年學術論文集》。

三、1994 年，陳寅恪學生王文興主編，《紀念陳寅恪先生百年誕辰學術論
文集》出版。

四、1994 年 9 月初，廣州中山大學以陳寅恪《柳如是別傳》成書三十周
年，召開學術討論會，會後出版《《柳如是別傳》與國學研究：紀念
陳寅恪教授學術討論會論文集》。

五、1999 年 11 月，由香港嶺南大學贊助的《陳寅恪與二十世紀中國學術》
在廣州中山大學召開，2000 年底出版論文集。

這五本文集，扣除序言或編後記，約有一百七十二篇回憶、紀念或相關
陳寅恪的學術論文以及其他文章。其中回憶及紀念文章有二十三篇，相關陳
寅恪的學術論文有一百零八篇，本書多有取用。例如王鍾翰（1913～2007）、
石泉、陳守寔、陳小從的紀念文章，季羨林的〈紀念陳寅恪先生百年誕辰學
術論文集序〉，鄧小軍（1951～）〈陳寶箴之死考〉等屬之。還有李玉梅的兩
篇論文，也值得參考，詳見下文。

與本論文直接相關的研究，且具有代表性者，擇要介紹其內容及論述，
茲依專書及相關論文爲序，簡述如下：專書中相關傳記，最具全面性及深度
並有評述者要推汪榮祖《史家陳寅恪傳》。陸鍵東的《陳寅恪的最後二十年》
披露了外界前所未聞的重要史料，次則有吳定宇（1944～）《學人魂──陳寅
恪傳》、劉以煥（1938～）《一代宗師陳寅恪兼及陳氏一門》等。

汪榮祖的《史家陳寅恪傳》是最早全面研究陳寅恪者，一再改寫另出新
版。〔註 20〕大陸學界老一輩學者如周一良即予高度肯定，公開贊揚汪榮祖的
論斷，「堪稱史家卓識。」又說該書具「不凡的史識。」〔註 21〕汪著是陳寅恪
傳記中第一部有系統兼具全面評價，且於平實之中迭見文采，可以深刻感受
並理解陳寅恪生平的傳記，也爲史家陳寅恪賦予一個「難以超越」的歷史地

〔註20〕汪榮祖 1982 年 11 月就《史家陳寅恪傳》的新寫本說，「八年前得悉陳寅恪
先生在廣州逝世後，曾寫就七萬言的《史家陳寅恪傳》。」《史家陳寅恪傳·
新寫本前言》（臺北：聯經出版公司，1984 年），頁（一）。大陸版的《史家
陳寅恪傳》最初由江西百花洲文藝出版社收入《國學大師叢書》並改名爲《陳
寅恪評傳》。《史家陳寅恪傳（增訂本）·自敘》（臺北：聯經出版公司，1997
年）。

〔註21〕周一良，〈紀念陳寅恪先生〉，《紀念陳寅恪教授國際學術討論會文集》，頁 11
～14。

位。〔註22〕書末附錄〈胡適與陳寅恪〉開傳主與當時學人間互動研究方向，且拉高到思想和學術史層次，指出陳寅恪主多元思維，胡適偏於一元思考。〈關於陳寅恪在美治療眼疾醫學報告書〉則是關鍵陳寅恪失明，且具權威的第一手史料。〈謄有文章供笑罵——敬答余英時先生〉，觀題意即知內容為何，這是學界矚目的學術論辯，也為「陳寅恪熱」帶來若干話題效應。論辯大要詳見下文。

陸鍵東的《陳寅恪的最後二十年》，是第一部完整且帶有感情描述傳主晚年的傳記。出版後多次重印，是「陳寅恪熱」當中，最成為話題媒介的重要作品。作者利用廣東省檔案館、中山大學檔案館、北京大學和復旦大學有關傳主的檔案，加上實地採訪調查，重新描繪出陳寅恪最後二十年的生活遭遇和處境，以及與生活周遭人物的互動。其中最重要的是提供從事陳寅恪研究者，不少可資依據的第一手檔案資料，也相對準確地掌握了傳主個人信念和堅持。例如汪籛親筆錄下陳寅恪〈答科學院書〉，作者將原件局部影印附在書中，陳寅恪堅持學術自由和拒絕馬列主義的精神隨之躍然紙上。

吳定宇的《學人魂——陳寅恪傳》較偏重傳主晚年，由於吳定宇任教中山大學中文系，得以就近取得中山大學檔案館藏傳主於 1956 年 5 月 21 日委託夫人唐篔代填的「幹部經歷表」。親訪中山大學副校長馮乃超（1901～1983）的祕書饒鴻競，得知曾經留學德國且識陳寅恪的朱德（1886～1976），1958 年赴中大還曾面詢饒鴻競有關陳寅恪的情況，除周恩來（1898～1976）、陳毅（1901～1972）、陶鑄（1908～1969）對陳寅恪起過保護作用外，朱德也是一位。另一則史料是，馮乃超語饒鴻競，周恩來看過陳寅恪〈對科學院的答覆〉並交代：「可以答應陳寅恪的要求，只要他到北京來。」〔註23〕可與其他資料交互補充，掌握陳寅恪晚年的生活背景。劉以煥在出版《一代宗師陳寅恪兼及陳氏一門》之前，先有《國學大師——陳寅恪》。這本先出之書，引用了章品鎮（原名張懷智，1921～）文章，暗示毛澤東（1893～1976）曾交代照應陳寅恪的弟弟陳方恪（1891～1966），更何況陳寅恪本人。新版的《一代宗師》刪掉這一段，〔註24〕但未交代何以新版不取毛澤東有關陳家兄弟的談話。

〔註22〕 石茗（林亞杰，1943～），〈紀念陳寅恪教授國際學術討論會綜述〉，《紀念陳寅恪教授國際學術討論會文集》，頁 659。
〔註23〕 吳定宇，《學人魂——陳寅恪傳》（臺北：業強出版社，1996 年），頁 205。
〔註24〕 劉以煥，《國學大師陳寅恪》（重慶：重慶出版社，1996 年），頁 255～6。案，章品鎮，〈徜徉在新社會的舊貴族——記陳方恪〉，原刊《人物》雙月刊（1988

　　有關陳寅恪史學的專著有三，依序是是王永興的《陳寅恪先生史學述略稿》，其次是李玉梅的《陳寅恪之史學》。第三是德國漢學家施耐德（Axel Schneider，1961～）的《眞理與歷史：傅斯年、陳寅恪的史學思想與民族認同》。從單篇文章聚集成書者有余英時的《陳寅恪晚年詩文釋證》，可以單行成冊的如李錦繡（1965～）的〈陳寅恪學案〉，許冠三的〈陳寅恪：喜聚異同寧繁勿簡〉。

　　王永興的《陳寅恪先生史學述略稿》，應是由《略談陳寅恪先生的治史方法》發展而來。肯定陳寅恪的史學在方法上係承繼及發展了宋賢長編史學。此外，作者偏重疏證陳寅恪的唐史研究成就，大量引用唐史相關史料以期證成陳寅恪的學術判斷。例如唐末龐勛（？～869）之亂，王永興指《通鑑》於時間、地區及戰鬥的情況和了解，記載詳實，但陳寅恪進而指出如無沙陀騎兵，唐未必能在短期內平之。推許陳寅恪此一判斷誠爲卓識。王永興舉其妻李錦繡初學治史的經驗爲例，認爲只要用心讀先生《札記》，即可理解先生的結論，皆屬卓識。〔註25〕王永興以尊崇師說爲主，推許其師卓識之處不一而足，雖內容平實，但僅勤於上下求索，爲師說補充了不少史料。

　　李玉梅的《陳寅恪的史學》原是她的博士論文。李玉梅的指導老師就是陳寅恪在中山大學收的學生金應熙（1919～1991），具有師門淵源。周一良指此書最大優點也是特色爲窮盡材料，其表現則在繁富之腳注。其論史學兩章，則中外學人中贊成或反對寅恪先生論點者，悉皆搜羅排比，以供參證，惟作者廣搜博採而矜愼有餘，於諸家爭論不加按語，吝加論斷。〔註26〕結論部分以陳寅恪服膺人文主義爲結，並析論其治學基礎有二：一曰箋證，一曰詮釋。〔註27〕其附錄陳寅恪作品目錄，除有少數後出之遺文未能搜羅，應爲最詳備者。〔註28〕

年 3 期），原題爲〈陳方恪先生的前半生和後半生〉，後收入氏著《花木叢中人常在》（北京：三聯書店，1997 年）。又，潘益民，《陳方恪先生編年輯事》（北京：中國工人出版社，2005 年），又將章品鎮的文章列爲附錄。

〔註25〕王永興，《陳寅恪先生史學述略稿》，頁 249：204～14。又，《新唐書》指睿宗誠心傳位玄宗，作者即指出陳寅恪認爲：「歐陽實爲舊史所欺。」

〔註26〕周一良，〈陳寅恪之史學序〉，李玉梅，《陳寅恪之史學》，頁 1。

〔註27〕李玉梅，《陳寅恪之史學》，頁 427～9。

〔註28〕馬幼垣（1940～）指稱：「李目審愼準確，窮搜遠索，成就出於以前諸目者不可以道理計。惟疏漏之處仍有不少，出如版與寫作先後混合排次，所用體制亦嫌疊床架屋，不夠簡明，尚可試代改良。」馬幼垣，〈陳寅恪已刊學術論文全目初稿〉，《陳寅恪與二十世紀中國學術》，頁 592。

　　施耐德的《眞理與歷史：傅斯年、陳寅恪的史學思想與民族認同》，取傅斯年和陳寅恪作比較研究，但也沒有忽視自梁啓超（1876～1929）提出「新史學」概念以來的重要史家，包括章炳麟（1869～1936）、劉師培（1884～1919）、王國維（1877～1927）、胡適、顧頡剛、郭沫若、陶希聖（1899～1988）和錢穆（1895～1990）等人。作者自言：「本書以陳寅恪和傅斯年兩人的史學爲例，說明了世界觀、史學和政治三者之間有著什麼程度的系統關聯。」作者認爲漢學就是比較文化學，中國史家如何面對西方文化的衝擊，對現代化的反應和思維模式爲何，文化認同又是如何，即值得注意。陳寅恪的史學有無德國史家蘭克（Leopold von Ranke，1795～1886）歷史主義的成分，經作者梳理，指出大有關聯且頗類似，即陳寅恪多少是一位歷史主義者。作者另有論文〈道史之間：爲中國尋找現代認同的兩位中國史家〉即節錄出本書而略有改寫和數據上的補充。

　　余英時的《陳寅恪晚年詩文釋證》，著重於爲陳寅恪的晚年詩作「解碼」。書中所收文章，最早的一篇〈陳寅恪論再生緣書後〉發表於 1958 年，此後於1982 年有〈陳寅恪的學術精神和晚年心境〉和〈陳寅恪晚年詩文釋證〉。以上三篇文章都引起小大不等的反響。第一篇爲身在廣州的陳寅恪帶來了一些小麻煩，後兩篇引發的爭議則在如何詮釋陳寅恪詩作，頗涉及陳寅恪對中共政權的態度。文章批評了汪榮祖及來自廣州的「馮衣北」相關文章，且持論尖銳。余英時解詩固有其長處，雖不無鑿之過深處，尚頗能進入陳的心境；但若放大歷史格局看，詩之達詁否，未必就能概括當時全貌。例如陳寅恪和夫人唐篔於「己丑之變」前後，兩人究竟是不是爲赴台灣事曾起爭執，並演出唐篔出走香港一幕；陳拒赴台，其後是否中悔，又牽連及於陳寅恪對國共政爭的基本態度和心境轉變。然以詩解史，貴要能區隔態度和心境的不同層次。相關不同情況請見本書第五章第六節。若說這整個論辯有什麼盲點，應是忽視了陳寅恪作爲知識分子的自主性，讀者或可據此作出判斷，如前舉《我的父親陳寅恪母親唐篔》述及俞大維和陳寅恪的長談，即值得推敲。不論國共政權，陳寅恪對政治現實不可能不持批判態度，不能以陳寅恪批評國府而逕論將會如何，因批評中共或持疏離乃至持排拒的態度而視其又會如何，這會很容易地跌入非此即彼的陷阱而不自覺。無論如何，作爲理解陳寅恪晚年思想發展的參考，這場論辯應受重視。

　　再者，余英時依據「馮衣北」之名，斷定「馮衣北」是受北京中共指派，

不得不發的「弦箭文章」。〔註29〕「馮衣北」的文章於 1986 年於廣州集結成專書《陳寅恪晚年詩文及其他——與余英時先生商榷》出版，除了兩篇反駁余英時的正文外，附錄了五篇余英時的文章。反適可借以傳播相關陳寅恪的文章於大陸內地。也是助成「陳寅恪熱」的另一邊際效應。

　　余英時後在增訂本中收入〈陳寅恪與儒學實踐〉、〈試述陳寅恪的史學三變〉，始比較全面地處理了陳寅恪史學在不同階段的發展和個人價值觀的堅持，就理解陳寅恪而言，當更值得參考。

　　李錦繡的〈陳寅恪學案〉，指宋人長編考異之法是陳寅恪治史方法的核心，此後陳寅恪研治範圍有變，但其史學思想，治史方法仍一以貫之。並以新的長編考異之法，在中國史學與西洋東方學之間，在傳統學術與現代科學之間架起了津梁，從而促進了以世界為範圍的獨立的中國現代史學的建立。

　　劉克敵（1956～）的《陳寅恪與中國文化》，原是作者的博士論文，也是目前大陸內地所見相關陳寅恪博士論文唯一出版成書者。論文涵蓋面極廣，分從陳寅恪的文化觀、語言、歷史、文學研究，詩歌創作評析及治學原則與方法入手。在治學原則和方法上，作者主張：決不可以孤立地就方法談方法。方法中固然有見解、有思想，反之亦然。倘若硬要對陳寅恪的學術思想與方法進行剝離，然後抽取所謂的具體方法進行研究，作者認為這是不能正確理解其學術體系真髓的。作者另指陳寅恪治學，有一條原則是堅持少批評他人；不過若用心分析陳寅恪的論學、論治，此一原則甚難成立。應指陳寅恪的批評很少提名道姓，用心的讀者與受者，望之即能了然者反倒不少。

　　許冠三的〈陳寅恪：喜聚異同寧繁勿簡〉，是作者《新史學九十年》其中一章，專論陳寅恪史學特色以及所用史學方法。許冠三將陳寅恪歸於史料學派顯有簡化之嫌，作者於文中取汪榮祖《史家陳寅恪傳》轉引蕭公權（1897～1981）語，又謂陳寅恪論學時呈「尺幅千里」的勝境。唯結語中指陳寅恪的史論係「影射史學」似有過當。

　　金應熙的〈陳寅恪〉，收入陳清泉（1927～）、蘇雙碧（1934～）主編的《中國史學家評傳》。金應熙是陳寅恪在香港大學任教時的學生，後又同在中山大學。是陳寅恪晚年學生中少數能傳陳寅恪學術者。在〈陳寅恪〉中，金特別提及陳寅恪學術論證具有辯證法的因素，也提到陳寅恪運用「假設」（見

─────────────

〔註29〕　「馮衣北」為劉斯奮（1944～）筆名，著有以錢謙益（1582～1664）和河東君為背景的長篇歷史小說《白門柳》，是作家兼書畫家，曾長期擔任中共文化宣傳官員。

本書第三章），但未有作出進一步論證。

毛漢光的〈陳寅恪傳〉是受台北國史館《國史擬傳》委托撰寫的，以期備爲國史。從傅斯年始，即以陳寅恪擬於清代史家錢大昕（1728～1804），表揚陳寅恪〈吐蕃彝泰贊普名號年代考〉（即〈蒙古源流研究之一〉），於「千年舊史之誤書，異國譯音之訛讀，皆賴以訂（正）。」在漢學上的素養不下錢曉徵（錢大昕）。毛漢光引錢大昕語，「史家所當討論者有三端：曰輿地、曰官制、曰氏族。」進而引申「寅恪致力於官制、氏族、文化三端，其成果卓著，而文化因素之研究，更爲寅恪文史造詣之精華所在。」〔註30〕在當代學者心目中，這是陳寅恪上接乾嘉史學且能更上層樓的例證。

方朝暉（1965～）的《「中學」與「西學」：重新解讀現代中國學術史》，作者指出中國儒家的學術分類和西方傳統原本不同，西方學統關懷知識和儒家入世的關懷更是大異其趣。西方學術傳統裡最重要的哲學本意爲「愛知識」，作者警示，若以「愛智」或「愛智慧」來形容，以至誤解西方倫理學和中國的倫理觀原無不同，而未計及其方法論的差異，則失之太泛而難有所歸。此書與本書的關連在第三章的論述重點，即陳寅恪「獨立之精神，自由之思想」和希臘古典學統的關聯。方書第六章指「辯證法」和「辯證法」當中的「假設法」即是自希臘古典而來。而這些又都是本書論述史家陳寅恪學思的核心概念，兼可濟筆者在這方面的不足。

臺灣地區相關陳寅恪的博士論文有中央大學文學研究所李栩鈺撰《河東君《柳如是別傳》——「接受觀點」的考察》，這是運用西方接受美學，並以陳寅恪的作品《柳如是別傳》作爲對象的分析。重在以讀者觀點看陳寅恪的《柳如是別傳》，原書作者陳寅恪反居次要地位。全篇著重探求《柳如是別傳》的背景，即明清之際對此一「本事」的接受情況，以及《柳傳》成書後可得而見的「案頭小說」和「演出劇本」，兼及河東君的文物流傳的追索。據作者考察，相關河東君的「案頭小說」有十一本，「演出劇本」中影視劇有六種，傳統戲曲劇本有五種，可以看出「陳寅恪熱」的另一側面。

大陸地區博士論文有南京大學殷祝勝撰《陳寅恪的學術淵源及其演變》，目錄列有五章，但提出答辯者僅有導言，及一、二、四章。就提出答辯的部分觀察，僅述及陳寅恪與西洋東方學以及乾嘉和宋人史學與陳寅恪的背景及關連，以及治學重點的轉變。作者認爲陳寅恪所以捨西洋東方學，以史料不

〔註30〕毛漢光，〈陳寅恪傳〉，《國史擬傳》，輯五，頁157。

足故也。陳寅恪所以對乾嘉史學評價偏低，作者認爲乃清代史家但能各別解釋，卻乏系統論述。至於晚清公羊學雖有系統，唯其附會過甚，更不足取。

相關的單篇論文簡介如下：

王爾敏（1927～）的〈陳寅恪著「元白詩箋證稿」讀後〉，作者指在「方法和理論」部分，以對比法運用較多、較顯，亦最有貢獻。據以建立之通識可以概括爲：建立社會變動之通識；音樂通時政之理論；托古改制思想之本質。至論物產景觀之變化，對此，王爾敏特意著重介紹此爲關係民族生存國家盛衰至大之命題，而爲過去史家所輕忽；最後是中國民族擴大形成要素。並指陳寅恪於書中深露其史筆法義，而不時有褒貶之辭。此文雖完成於 1972年，唯至今仍具參考意義。

陳弱水（1956～）的〈現代中國史學史上的陳寅恪〉，應是從其〈1949 前的陳寅恪：學術淵源與治學大要〉一文發展而來。陳弱水注意到陳寅恪在論著中經常出現的「假設」或「假說」的觀念，並舉了五個例證。然而陳弱水認爲：「（假設）這個詞語不是指作爲論證出發點的假設，而是指研究提出的某種解釋。」因爲有些尚有未能實證的部分，即用「假設」以爲區別可以確定的事實及依據此事實的相關研討。但若陳寅恪的「假設」僅止於此，則作者於陳寅恪的「假設」的理解，尚有未盡之意。且與作者「提出經過論證的假定是必要的，這些假定，也常常就是陳氏著作的主要目標」自相矛盾。有關陳寅恪的「假設」，詳情可見本書第三章。

李玉梅的〈《柳如是別傳》與詮釋學〉，這是首先以詮釋學，專題處理陳寅恪作品者。李玉梅指《柳如是別傳》，特別是〈復明運動〉這一章，「假設」滿紙。且不時可見「久蓄此疑」、「姑記疑疑」、「以俟更考」等字眼，既見當日陳寅寅恪求證之苦，亦可資說明詮釋學之理論。本論文則以陳寅恪實指之「假設」，處理其於「辯證法」的運用，以及其學思觀點之所從出。作者結論指陳寅恪「歷史爲體，學術爲用」，惜無詳細推證，但可視爲高論。又，余英時的〈明明直照吾家路〉，即《陳寅恪晚年詩文釋證》1986 年版的自序，於陳寅恪作品和詮釋學的關聯曾有論及，認爲兩者之間頗有異同。

李玉梅另有一篇〈研究陳寅恪先生之英文著作兩種節譯並跋〉，這篇文章除節譯兩篇英文有關陳寅恪的學術文章外，最具特色的還在意圖窮盡陳寅恪的相關研究書目，注釋所附新見書目及文章篇目，足資研究陳寅恪者參考。

劉後濱（1966～）、張耐冬（1977～）合撰的〈陳寅恪的士大夫情結與學

術取向〉，作者從介紹《陳寅恪集》出版始，指稱研究陳寅恪的材料不可謂不齊備，已經完全有可能復原陳寅恪開創學術論域的過程，但也警告不宜僅就陳寅恪論陳寅恪，並指出陳寅恪堅持「獨立之精神，自由之思想」，作爲自由主義思想家的形象一步一步地強化，以此作爲自由主義的精神形象有其深度。對於此一相關論述，請見本書第三章。

袁荻涌（1955～）的〈陳寅恪與比較文學〉，作者是極少數從方法論的觀點，對陳寅恪提出批判者。袁荻涌舉陳寅恪〈與劉叔雅（1889～1958）論國文試題書〉中論比較方法的限制爲例，即「以今日中國文學系之中外文學比較一類之課程言，亦只能就白樂天（772～846）等在中國及日本之文學上，或佛教故事在印度及中國文學上之影響及演變等問題，互相比較研究，方符合比較研究之眞締。……否則古今中外，人天龍鬼，無一不可取予相與比較，……更無所謂研究之可言矣。」作爲比較研究的選擇，作者認爲陳寅恪僅認可有事實聯繫的影響，對無事實聯繫的平行研究不以爲然。今天看來，此一論點未免失之偏頗。本書第四章處理陳寅恪的歷史語言學的比較，著重漢語文法這一面的發展，介入點以及觀點和意趣皆大不同。

錢文忠（1966～）的〈略論寅恪先生之比較觀及其在文學研究中之運用〉指出，陳寅恪留德前後，正是歐洲東方學界呈現出一派前所未有新氣象之際。而比較方法的導入，更引起了研究方法重大的變革。和袁荻涌前引文所舉證的文章一樣，錢舉〈與劉叔雅論國文試題書〉內陳寅恪所舉的比較方法爲例，僅指出這是陳寅恪的比較理論，但無更多的分析或論證。

桑兵（1956～）的〈近代中外比較研究史管窺——陳寅恪《與劉叔雅論國文試題書》解析〉，此文從「對對子」引發的爭議談比較研究在文史哲方面的發展，兼及陳寅恪在比較研究這方面的重要位置，但作者未處理當時學術主流的態度以及陳寅恪批評的《馬氏文通》往下的發展情況。此文後有改寫，結論部分也增加了比較研究的三階段論，改題爲〈近代中國比較研究史管窺——陳寅恪《與劉叔雅論國文試題書》解析〉，收入氏著《晚清民國的學人與學術》。〔註31〕

劉克敵的〈對對子與中國文化精神〉，文章前段主要在作〈與劉叔雅論國文試題書〉的解題工作，次則引用陳寅恪其他談及語言的論述以爲支撐，強調陳寅恪看到中國語文具有詩的特性，但無更進一步的分析。

〔註31〕桑兵，《晚清民國的學人與學術》（北京：中華書局，2008年），頁304～336。

劉夢溪（1941～）的〈「一代文化所托命之人」——論陳寅恪先生的學術創獲和研究方法〉，作者注意到陳寅恪的「中體西用」論述，認爲這是陳寅恪不可移易的文化態度。至於「天竺爲體，華夏爲用」，作者則認爲係陳寅恪的「涉筆成趣」。無視陳寅恪在《元白詩箋證稿》所言：「元白諸公之所謂華夷之分，實不過今古之別，但認輸入較早之舶來品，或以外來材料之改裝品，爲眞正之國產土貨耳。」〔註32〕若要認識陳寅恪「體用論」的古今和中外之別，其實在此即有一重要分際，惜作者未察。

吳麗娛（1949～）的〈試論陳寅恪先生的文化繼承與維新史觀〉，明白指出陳寅恪在〈論韓愈〉一文中提出「天竺爲體，華夏爲用」，是以外來的佛教思想來改造本民族傳統的儒家觀念，以適應時代需要。可見即使傳統儒學本身也在吸收外來影響而不斷變化。其精神有類「古爲今用」或「洋爲中用」。〔註33〕並聯結陳寅恪在〈馮友蘭中國哲學史下冊審查報告〉文中所言：「至道教對輸入之思想，無不盡量吸收，然仍不忘其本來民族之地位。」惜未能進一步探索陳寅恪處理體用論的用心，以及和時勢變化的關聯。

相關研究中最新也是最後值得一提的是龔鵬程（1956～）以論述爲土的〈清華國學院傳奇〉。龔文從根本面質疑清華國學院名爲研究「國學」，其所使用的或盛行的一套，卻是西方人看東方中國的「漢學」方法，落入東方主義而不自知。雖然陳寅恪的研究並不局限於此，〔註34〕但在清華國學院時期，陳寅恪的研究偏重考證，嚴格推敲，在方法上和實際上往往站不住腳，但時人驚其語文知識和記問之博，於此大抵均未識破。龔所舉的例證，如《西游記玄奘弟子故事之演變》，當時人們讀此類文章之感受，不免嘆爲河漢遙不可及。這當然來自於國人對印度史事、文獻及語文缺乏相應之知識，根本無從判斷。但是穿過語文障礙後，這些考證的價值其實頗爲可疑。孫悟空和豬八戒的史事，與印度故事只是相似而已。像明明是豬八戒招親，偏說是「牛臥苾芻」之變貌。這不是考證，只是一肚皮印度知識無處張皇，故於史冊小說中去捕風捉影罷了。〔註35〕龔文另就陳寅恪的生命內在矛盾和大學的學術意

〔註32〕陳寅恪，《元白詩箋證稿》（北京：三聯書店，2001），以下簡稱《箋證稿》，頁 167。

〔註33〕吳麗娛，〈試論陳寅恪先生的文化繼承與維新史觀〉，收入王永興編，《紀念陳寅恪先生百年誕辰學術論文集》（南昌：江西教育出版社，1994 年）頁 516。

〔註34〕龔鵬程，〈清華國學院傳奇〉，《中國文化》，期 22（2006 年），頁 152～3。

〔註35〕龔鵬程，〈清華國學院傳奇〉，頁 153。

義作出批判，唯其與本書主旨無關，故從略。龔文的最大價值或不在推倒陳寅恪，其實也很難推倒，但若從一個相對冷靜的角度，重新審視「陳寅恪熱」，應是符應陳寅恪一生最堅持的信念：「獨立之精神，自由之思想」，足備一說。本書於陳寅恪的史學思想於中西傳統思維之所由來即有所申論。其餘未及介紹之論文，請詳見本書內文及徵引書目。

第四節　研究範圍、方法及各章主題

陳寅恪在《柳如是別傳》有言：「詳其所應詳，略其所當略，斯為寅恪箋證錢柳因緣詩之範圍與義例也。」〔註 36〕本論文本此原則，範圍僅限於陳寅恪所以成為史家以及身為史家的「自我認同」（自我別識）；處理其家世及游學歐美背景及相關論學思想議題；陳寅恪對學術理念的堅持。著重處理前賢所未及之少年和世家子認同傾向，並就陳寅恪得諸傳統和西方學術的思維運作，分別從「辯證法」、歷史語言學的比較研究以及「體用論」引發的相關論題著手論證，尋覓陳寅恪堅持「獨立之精神，自由之思想」之所從來的可能所在。

時賢多以陳寅恪平生為「不古不今」之學，舉中學和西學係其之所自，本論文則意圖從西學和中學之間，分別探求其學思運作淵源和實踐，形成一有機聯繫。在敘事方法上，主要依循符合邏輯的論述行文，並運用傳統文類的描述法。人事時地物的考證非有必要，例如處理兩類不同來源的史料時，若出現矛盾，必要作出判斷之外，不特別標明。此外，兼用心理分析的「假說」及其說明以為引證、推論或有限度的類比。大範圍的比較，或可謂之背景分析，間或涉及民初的新文學運動，乃至三十年代的全盤西化與中國文化本位論戰，都屬交代時代背景的描述。

是以本書係從陳寅恪之於史家認同之初的基本思維著手，輔以過去所忽視的史料，例如 1932 年 8 月間，北平《世界日報》有關對陳寅恪的評論文章，而為過去研究陳寅恪及治近現代學術和思想史家所忽略者，但此一史料的「重新出土」與「再現」（至於其他史料的運用請詳本論文內文及徵引書目），可以讓世人更多地了解陳寅恪，以及陳寅恪在研究選題上的堅持和態度。再如陳寅恪對傳統「體用論」的運用和「西體中用」，即「天竺為體，華夏為用」論的提出，特予以重點處理。意欲通過陳寅恪的思維，觀察其在史學不同領

〔註36〕陳寅恪，《柳如是別傳》（北京：三聯書店，2001 年），以下簡稱《柳傳》，頁13。

域和不同選題上的處理手法以及其間的互動和影響。本論文亦嘗試就陳寅恪發表的論文和當時客觀環境作一對照，觀察陳寅恪的處理方式及訴求，以及個人風格與堅持的所在。

茲將各章節主題，略作說明：

第一章 序論。包括「陳寅恪熱」和研究動機、問題意識、相關史料及近人研究之介紹或評述。其次是簡介本論文的各章節主題以及研究目的和預期成果。

第二章 思想認同及淵源。本章分三節，第一節是史家的童年和思想發展。探討陳寅恪童幼時的家世影響和個人特質，發現有向文史發展的傾向。第二節 游學——蘭克史學或東方語言學。本論文認為與其說陳寅恪受到蘭克史學影響，不若說陳寅恪留學德國主要是修習東方語文學。第三節 從西方漢學轉向中國史學。如題目所言，本節論證陳寅恪成為史家的意欲已可從帶有西方漢學或東方學風格的文章中窺見，轉向史學是個人抉擇，西方漢學只是工具和「入世之媒」。

第三章 古典辯證法和「假設」的提出。本章分四節，第一節尋求陳寅恪的「假設」和「辯證法」的西學淵源，並以胡適作為對照。第二節探討陳寅恪在中古史研究上如何運用「辯證法」和「假設」。第三節探討陳寅恪在〈論再生緣〉和《柳如是別傳》中，如何實踐「辯證法」和「假設」。第四節檢討陳寅恪運用「辯證法」和「假設」的不足以及牽強之處，是一種「陳氏辯證」，和希臘古典辯證法不盡相同，但因為有此一思維運作，陳寅恪的「獨立之精神，自由之思想」才有一思想淵源。

第四章 失焦的辯論：對對子和文法。本章分七節。第一節談「對對子」爭論之所由起，由於找到新史料，即北平《世界日報》的相關報導和評論，得以掌握陳寅恪當年以「對對子」入題引發的爭論，不僅是試務或學術上，或歷史語言學和比較方法的爭論，也是一社會話題。第二節處理陳寅恪基於對歷史語言學的認識，及何以批判《馬氏文通》不通。第三和第四節處理陳寅恪所拋出來的話題，以及學界無人就此一話題與其對話的情況。第五節論證《馬氏文通》未因陳寅恪評為格義式文法而受影響，反而是續有發展。第六節處理對對子爭論後面隱藏的不同文化觀，以及陳寅恪和胡適之間一些可能存在的心結。第七節小結指出，這不僅是陳寅恪於比較方法上的挫折，也涉及當時公共論壇對學術爭議的態度。

　　第五章　　中體西用／西體中用。本章分八節。第一節處理傳統體用論並溯源「中體西用」論之由來。第二節處理陳寅恪運用「體用論」於學術論證的不同形式。第三節的重點在處理陳寅恪所撰〈論韓愈〉的史論文章中，以「天竺爲體，華夏爲用」加諸韓愈，而陳寅恪原本同情「中體西用」，卻有此「石破天驚」之論。第四節處理陳寅恪對於「體用論」和「文化本位」的態度。推論「西體中用」在陳寅恪心中既應是過渡階段的權宜，也是面對現實的態度，正面看是道問學，學習應採擇於西學者。第五節至第六節，取嚴復（1854～1921）〈闢韓〉文章和〈論韓愈〉作一比較，兼論〈闢韓〉和〈論韓愈〉寫作年代的現實背景。第七節處理陳寅恪於「西體中用」的具體實踐，拒看中醫就是一例。第八節小結，以王國維「學無中西之分」的主張總結。

　　第六章　　餘論。爲前述各章再作一次簡要整理，指出前述各章中提出的論證既有新史料，也有新觀點和新視野。

　　總之，本書旨在指出，陳寅恪的研究還有不同的視角可以切入，不宜受「陳寅恪熱」干擾，應循「以陳還陳」的基本途徑，重新掌握史家陳寅恪的學思發展，以期彰顯此於史學史上的意義。陳寅恪所以成就爲史家的思維方式和淵源，當然要從陳寅恪的史學實踐中探尋，推求其思維運作。陳寅恪畢生所堅持的「獨立之精神，自由之思想」也由此得以彰顯。

第二章 思想發展之一——思想認同及淵源

第一節 史家的童年和思想發展

「每個人在生命周期的青春時期，都用殘存不忘的童年記憶和對未來成年期的希望，爲自己構造某種重要的觀點和方向，構造某種行動的協調。」這是馬丁路德（Martin Luther，1483～1546）傳記《青年路德：對精神分析學與歷史學的研究》作者艾力克森（Erik Erikson，1902～1994）在研究方法論上的「假定」。〔註1〕《童年憶往——中國孩子的歷史》的作者熊秉貞（1952～）說：「一些孩童對其自身存在的狀態，有其意覺，亦有其一番體會與說明，可視爲某種形式的自知之明。首先，兒童習於模做，故成長環境對其經驗與人格之形成有相當影響力。」〔註2〕雖然心理史學迄今爭議不斷，但也是不斷嘗試的新領域，以上兩家的說法用在陳寅恪身上，或可藉以觀察陳寅恪「志於學」的由來。

陳寅恪晚年有一段感傷的話：「此豈寅恪少時所自待及異日他人所望於寅恪者哉？」〔註3〕衡諸艾力克森的「假定」，即「每個人在青春時期都用殘存

〔註1〕 Erik Erikson, *Young Man Luther: A Study in Psychoanalysis and History*, New York, 1962,p.14.張廣智（1939～）、周兵，《心理史學》（臺北：揚智文化公司，2001年），頁75。案，在艾力克森《青年路德》之後，心理史學的適用雖然持續有爭議，但迄無定論。此處僅係借用其概念。

〔註2〕 熊秉貞，《童年憶往——中國兒童的歷史》（臺北：麥田出版社，2000年），頁313。

〔註3〕 陳寅恪，〈贈蔣秉南序〉，《陳寅恪集·寒柳堂集》（北京：三聯書店，2001年），以下簡稱《寒柳堂集》，頁182。

不忘的童年記憶和對未來成年期的希望爲自己構造某種重要的觀點和方向。」
記憶力驚人的陳寅恪直至老年，而有此「少時自待」的回憶，與艾力克森的
「假定」可謂若合符節，而陳寅恪另外加上了異日他人的期望。

　　陳寅恪在文章中屢屢提及和文字結緣的早年記憶，卻少見童趣。〔註 4〕
1947 年 2 月，陳寅恪有〈丁亥元夕用東坡韻〉詩。在「詞中梅柳泣華年」句
下自注：「光緒庚子元夕，先母授以姜白石（1155～1209）詞『柳慳梅小未教
知』之句。」〔註5〕案，這是陳寅恪最早關乎詩文的記憶。來自母親俞明詩（1865
～1923）的詩教，或可視爲陳寅恪啓蒙階段最深刻的記憶。以儒家教育思想
言，所傳者非僅詩學且具溫柔敦厚之旨，也直接影響後來陳寅恪能承繼陳三
立的詩學，在史家之外，又是一位詩人。本書第四章論對對子和大學試題爭
議，當可溯源於此，即得之於母親的「詩教」。陳寅恪又謂「童時讀庾信（513
～581）〈哀江南〉賦序云：『昔桓君山（桓譚，前 23～50）之志事，杜元凱（杜
預，222～284）之平生，並有著書，咸能自序。潘岳（247～300）之文采，
始述家風，陸機（261～303）之辭賦，先陳世德。信年始二毛，即逢喪亂，
藐是流離，至於暮齒。』深有感於其言，後稍長讀宋賢《涑水記聞》及《老
學庵筆記》二書，遂欲取爲楷模，從事著述。」〔註6〕這是陳寅恪因家世和家
學得識數十年間興廢盛衰之關鍵，而有撰述家史而兼信史即國史之意識，也
是自童稚即有感且深藏於內心者。

　　又曰：「清光緒之季年，寅恪家居白下，〔註 7〕一日偶檢架上舊書，見有
《易堂九子集》，取而讀之，不甚喜其文，唯深羨其事。」〔註8〕其事者爲何，
陳寅恪所推重的楊鍾羲（1865～1940）《雪橋詩話》中有一段話可資參考：「顧

〔註 4〕 陳寅恪的侄女陳小從說，陳寅恪從小秉性就好靜深思，流傳晚輩間的童趣僅
　　　　有一則。「先君言彼少時，頑皮甚，一日，有親戚某從鄉間來，小兄弟喜獲作
　　　　弄對象。經聚議，在花園內一大坑，上鋪以亂草雜枝爲掩飾。陷阱成，派寅
　　　　恪爲先鋒，誘敵入圈套。豈料先鋒誘敵未果，自己反中機關。」陳小從，〈庭
　　　　聞憶述〉，王永興主編，《紀念陳寅恪先生百年誕辰學術論文集》（南昌：江西
　　　　教育出版社，1994 年），頁 66～7。
〔註 5〕 陳寅恪，《陳寅恪集·詩集》（北京：三聯書店，2001 年），以下簡稱《詩集》，
　　　　頁 58。又，蔣天樞，《陳寅恪先生編年事輯（增訂本）》（上海：上海古籍出版
　　　　社，1997 年），以下簡稱《事輯》，頁 18。
〔註 6〕 陳寅恪，〈寒柳堂記夢未定稿〉，以下簡稱〈記夢稿〉，《寒柳堂集》，頁 185。
〔註 7〕 清光緒季年，陳寅恪家居白下（南京），約爲光緒二十七年前後，時年十二歲。
　　　　光緒二十八年春即東渡日本留學。蔣天樞，《事輯》，頁 19。
〔註 8〕 陳寅恪，〈贈蔣秉南序〉，《寒柳堂集》，頁 182。

－24－

景範（顧祖禹，1631～1692）撰《讀史方輿紀要》百三十卷，魏叔子（魏禧，1624～1681）爲之敘，稱爲數百千年所絕無而僅有之書。其送叔子還寧都詩：天地方沍寒，君行涉江水。問君行何爲，抱膝深山裡。易堂好弟兄，事業記文史。」〔註9〕特別是最後兩句「易堂好弟兄，事業記文史。」1942年底陳寅恪撰寫〈遼史補注序〉中言，「平生讀史四十年」，〔註10〕以此逆推，陳寅恪「讀詩」、「讀史」歲月當始於家居南京之時或稍前。撰〈元微之（元稹，779～831）遣悲懷詩之原題及其次序〉，開篇即言「元微之〈三遣悲懷詩〉童年即已誦習」云云。〔註11〕

陳寅恪又言：「寅恪少喜讀小說，雖至鄙陋者亦取寓目。」〔註12〕在回憶錄中亦言：「光緒二十五年己亥先祖寓南昌，一日諸孫侍側，閒話舊事。……寅恪自是始知有本草之書，……取便翻閱。是後，……唯藉作考證古史之資料。」〔註13〕同年在南昌，另有一段回憶夾在《柳如是別傳》中，陳寅恪隨父「夜訪書肆，購得尚存牧齋序文之梅村集。」案，錢牧齋（錢謙益，1582～1644）詩文遭乾隆帝禁毀，在當時，這是違禁書。〔註14〕此所以是陳寅柳如是恪筆下「早歲偷窺禁錮篇，白頭重讀倍淒然」〔註15〕的「本事」及正解。至「家居江寧頭條巷」時，雖然「海內尚稱乂安，而識者知其將變。寅恪雖

〔註9〕 楊鍾羲，《雪橋詩話》（北京：北京古籍出版社，1989年），頁37。

〔註10〕 陳寅恪，〈陳述遼史補注序〉，《陳寅恪集‧金明館叢稿二編》，以下簡稱《二編》，頁264。

〔註11〕 陳寅恪，〈元微之遣悲懷詩之原題及其次序〉，《清華學報》，卷10期3（1935年7月），頁545。

〔註12〕 陳寅恪，〈論再生緣〉，《寒柳堂集》，頁1。

〔註13〕 陳寅恪，〈記夢稿〉，《寒柳堂集》，頁190。取《本草》考史，可見《柳傳》，陳寅恪爲嘉興「檇李」又名「潘園李」的來歷，引《本草》果部「李條」附錄「徐李」。《柳傳》，頁808。又，陳寅恪在《柳傳》中有言：「寅恪少讀晉書，……少時讀史之疑滯，……」語，這是少時讀史的明證。至於吳梅村（吳偉業，1609～1671）更有「詩史」之稱，陳寅恪撰《柳傳》時說：「習誦圓圓曲已六十餘年。」「童時誦此曲（圓圓曲），……，辭旨敦厚，可謂善處人間骨肉矣。」《柳傳》，頁765；496～8。

〔註14〕 陳寅恪稱：「考乾隆三十四年後，清廷禁燬牧齋著述。」《柳傳》，頁1015。

〔註15〕 陳寅恪，《柳傳》，頁21。又，陳寅恪還自言少時曾讀錢牧齋詩。其中還頗有不解者。例如錢詩「蘇隄渾倒踏，黟水欲平塡。」句中「黟水」，未能通曉，又苦於無從求教於博雅通人，至晚年處理《柳如是別傳》材料，得讀《河東君尺牘》、《一笑堂集》、《春星堂集》等，始恍然大悟係指柳如是的知己，籍貫新安也可以黟水代稱的汪然明。見《柳傳》冊中，頁391。由此觀之，陳寅恪晚年從事《柳如是別傳》，蓋亦其來有自矣。

年在童幼，然亦有所感觸，因欲縱觀所未見之書，以釋幽憂之思。」〔註16〕

在這幾段回憶裡，陳寅恪通過和文史結緣的鋪陳，寫出個人之於傳統文史之學的偏好。以意逆志，可謂既表達了對中國傳統文化的關懷和嚮往，也發抒了個人一生之志節。例如為寫家傳而有回憶童時讀庾信文章的感慨，稍長或可謂青年時期發展出以撰史為平生之志。〈論再生緣〉，回溯少時閱讀小說，雖至鄙陋之小說包括七字唱在內的彈詞，也能和天竺希臘史詩與之比較並帶出連繫，這當然不屬於直線式的思維，而是委婉曲折表達出內心深處的偏好。〈寒柳堂記夢未定稿〉中提到《本草綱目》則是陳寅恪從事史學研究早期接觸到的材料和源頭。撰寫《柳如是別傳》時，所以會顯現六十年前兒時印象，固在強調讀書欲得通解之難，唯其所以會持續縈繞於陳寅恪心中，正是史家少年記憶起了絕大的作用，有意識地表述個人文化認同。而這亦可見於〈王觀堂（王國維，1877～1927）先生輓詞序〉所言：「吾中國文化之定義，具於白虎通三綱六紀之說。」就其求學歷程言，當得諸於家教者為多，值中西文化激盪衝擊之際，正如陳寅恪所形容者，「為此文化所化之人，必感苦痛，其表現此文化之程量愈宏，則所受之苦痛亦愈甚。」〔註17〕

陳寅恪幼時在南昌短暫的生活是帶著陰影的，而且是一家三代整個家庭均深受挫折。戊戌政變的同時，陳寅恪的父祖皆遭革職，祖父陳寶箴（1831～1900）從湖南巡撫任上得以「全身而退」，陳寅恪說：「都中盛傳先祖必受發往新疆之嚴譴，如李端棻（1833～1907）奏保康有為（1858～1927）及譚嗣同（1865～1898）之例。然止於革職永不敘用之薄懲，實由榮祿（1836～1903）及王元和（王文韶，1830～1908）碰頭乞請所致也。」〔註18〕在「嚴譴」和「薄懲」之間，本具極大的不可測，從8月6日發動政變到21日，短短半個月內，或生或死，每日均有來自北京的消息傳達。這種生死交關懸於一線的焦慮，對早慧的陳寅恪而言，無論如何都會是一種精神和意志上的壓抑。再者，猶有一公案未解者是庚子拳亂之際，陳寶箴有無遭慈禧（1835～1908）賜死之事。〔註19〕不論此事是否得實，但庚子拳亂之際，慈禧心目中

〔註16〕陳寅恪，《柳傳》，頁2～3。
〔註17〕陳寅恪，〈王觀堂先生輓詞並序〉，《詩集》，頁12。
〔註18〕陳寅恪，〈記夢稿〉，《寒柳堂集》，頁204。又「嚴譴」和「薄懲」，語出陳寶箴〈瀝陳悚感下忱并交卸湘撫日期摺〉中「乃蒙聖慈寬其嚴譴，僅加臣父子以薄懲。」《陳寶箴集》，卷22，頁861。
〔註19〕陳寶箴遭賜死事，出自戴遠傳《文錄》手稿，有「光緒二十六年庚子6月廿六，先嚴千總（名閎炯）率兵弁從巡撫馳往西山靖廬，宣太后密旨，賜陳寶

的帝黨如許景澄（1845～1900）、袁昶（1846～1900）、徐用儀（1826～1900）、
聯元（1838～1900）、立山（1843～1900），乃至已革職且發配新疆的前戶部
侍郎張蔭桓（1837～1900）等均遭「即行正法」的命運，且下令嚴查與曾國
藩（1811～1872）齊名的晚清重臣左宗棠（1812～1885）子左孝同（1857～1924）
有無鑽附陳寶箴等事，〔註20〕陳家上上下下，自不可能避開這種大難隨時降
臨的氛圍。這和陳寅恪少時即有「獨懷辛有索靖之憂」，以及「余少喜臨川新
法之新，晚同涑水迂叟之迂。」〔註21〕且帶有嚴重危機感的思想轉折。不能
不說和家世背景，特別是戊戌政變後的政局持續惡化有高度關聯。〔註22〕

箴自盡。寶箴北面匍伏受詔，即自縊死。巡撫令取喉骨，奏報太后。」對此
　　一記載，鄧小軍有詳細考論，以爲大有可能。可參考。鄧小軍，〈陳寶箴之死
　　考〉，《陳寅恪與二十世紀中國學術》，頁531～50。然而，陳寅恪晚年撰家傳
　　〈記夢稿〉，於此完全沒有提及，且戴遠傳《文錄》的記載屬於孤證，或仍可
　　存疑。
〔註20〕鄧小軍，前引文，頁548～50。
〔註21〕陳寅恪，〈讀吳其昌撰梁啓超傳書後〉，《寒柳堂集》，頁168。
〔註22〕對照艾力克森的一個核心理念，即青春期和青年時期對人格養成的作用。因爲
　　在青春期形成的自我同一性（identity），及可能出現的「自我同一性危機（認
　　同危機）」（identity crisis），對個人及社會都有極爲重要的意義。張廣智認爲這
　　個概念，可以簡單地理解爲個人在成長過程中個性和社會角色的形成對尋求社
　　會承認與認同，以及伴隨而生的一系列心理危機，這種心理危機往往對人的行
　　爲和一生具有巨大的影響，臨床顯示認同危機在青少年成長過程中的普遍存
　　在。張廣智前引書，頁73～4。又，張廣智另就從事心理史學者彼德·洛溫柏
　　格（Peter Loewenberg）〈納粹青年追隨者的心理淵源〉的研究指出：兒童由於
　　其自我的脆弱，在災難中所遭受的創傷也最大，而且性格的形成、基本驅力的
　　方向以及家庭和社會價值的內化等，都取決於嬰幼和兒童時期。張廣智，前引
　　書，頁90。譯文參見彼德·洛溫柏格著，張同濟譯，郝名瑋校，〈納粹青年追
　　隨者的心理歷史淵源〉，《史學理論研究》，1996年期3，頁133～45；期4，頁
　　143～56。又，彼德·洛溫柏格指稱：「在精神分析和臨床工作中，尤其是在精
　　神分析自我心理學，近來往往強調青春期這一年齡段對性格形成和解決「自我
　　同一（認同）」（identity）問題的重要性。在這段年齡中，經過大量痛苦的探索、
　　考驗和懷疑之後，作出了終生的基本選擇和承諾。彼德·洛溫柏格，前引文，
　　《史學理論研究》，1996年期4，頁146。案，英文identity譯爲「認同」，美國
　　學者林霨（Arthur N. Waldron）對此頗有商榷。2008年12月17日在北京大學
　　歷史系講座「How the West View the Chineseness of China」中說：這字在英文、
　　西方的語意中所指涉的多是「識別」、「別異」、「認識自己哪裡和人家不同」，
　　中文卻翻成「認同」，自己哪裡和同儕一樣。總之，英文identity在辨認你的「不
　　同」在哪裡，具獨特性。在中文則成了what you are like。即你和誰同。詳見《又
　　天周報》第33號。http://sites.google.com/site/youtien/ytzb。是以自我同一性亦可
　　譯爲「自我別識」或「別識」。

　　1927 年陳寅恪任教清華國學院的同事也是前輩學人王國維自殺事件，更
加重了戊戌以來的陰影，任何小小的不如意，都使他更加沮喪，對前途殊少
佳趣。〔註 23〕此時固因鼎革已無家國一體、休戚與共的負擔，然家國通一之
旨，一變而爲文化托命之感，文化意識承受的負擔或尤甚於前。從 1927 至四
〇年，陳寅恪爲王國維所撰的輓聯、輓詞、紀念碑銘，爲《王靜安先生遺書》
出版寫序，前後十餘年間，只要處理到此事，對陳寅恪都是一種提示和刺激。
在〈遺書序〉中，陳寅恪除就王國維的學術貢獻指出「要皆足以轉移一時之
風氣，而示來者以軌則。吾國他日文史考據之學，範圍縱廣，途徑縱多，恐
亦無以遠出（王國維治學內容和方法）……之外。」至論王國維平生之志事，
則曰：

> 寅恪以謂古今中外志士仁人，往往憔悴憂傷，繼之以死。其所傷之
> 事，所死之故，不止局於一時一地域而已。蓋別有超越時間地域之
> 理性存焉。而此超越時間地域之理性，必非其同時間同地域之眾人
> 所能共喻。然則先生之志事，多爲世人所不解，因而有是非之論者，
> 又何足怪耶？

此是非之論爲何？陳寅恪即舉近三十年來的世變爲言，逆推之，實即戊戌政
變迄清帝遜位之事。而曰：

> 嘗綜覽吾國三十年來，人世之劇變至異，等量而齊觀之，誠莊生所
> 謂彼亦一是非，此亦一是非者。若就彼此之是非者言之，則彼此終
> 古末由共喻，以其互局於一時間一地域故也。〔註24〕

陳寅恪認爲於王國維之志事鑽味既深，且得以神理相接，當可想見其人，想
見其世，或更能心喻王國維之奇哀遺恨。此奇哀遺恨者，蓋出於王國維與不
同調者彼此各有一是非也。不論觸發王國維決然自殺的背景或人事糾葛爲
何，但無論如何均不出兩套是非，即兩套價值標準的衝突，且相互之間缺乏
共同語言和共識，緊張和焦慮隨之而來，甚至惶惶不可終日。王國維見引爲
同調者如「南齋侍從欲自沈」或「北門學士邀同死」〔註25〕者言行不一，則

〔註23〕當時常隨侍陳寅恪的學生陳守寔引述戴幼和的信說，爲王國維紀念坊事向趙
　　　　元任募款遭拒，「陳寅恪師因此對前途殊少佳趣。」見陳守寔，〈記梁任公、
　　　　陳寅恪諸師事〉。案此文係從陳守寔《學術日錄》中節錄，收入《中國文化研
　　　　究集刊》第一輯，1984 年，頁 428。
〔註24〕以上兩段引文詳見陳寅恪，〈王靜安先生遺書序〉，《二編》，頁 248。
〔註25〕南齋指羅振玉（1866～1940）。南齋即南書房，1924 年年春，溥儀（1906～1967）

更有「越甲未應公獨恥」的評論，〔註26〕這應是陳寅恪直接得之王國維者。
陳寅恪形容和王國維在清華園裡話前清舊事的種種，而有「許我忘年為氣類」
和「風義平生師友間」，〔註27〕至於「回思寒夜話明昌，相對南冠泣數行」
〔註28〕語，自屬神理相接，且能心喻其奇哀遺恨者。尤有甚者，這或許更
加重了後死者的心理承受。而有「齊州禍亂何時歇，吾儕今日皆苟活」的
感慨。〔註29〕1929 年，陳寅恪在留學期間巴利語詞彙筆記本上附識：「回思
往事，眞如一夢。」〔註30〕就當時情境，與其說這和留學期間的夢境相接，
不若說和文化危機感更有關聯。

　　此一危機感以及焦慮的自我感知有一段記載很值得注意。1928 年 2 月 5
日，清華大學教授也是陳寅恪的知友和崇拜者吳宓在日記中記錄下和陳寅恪
的對話：「晚 7～9 訪陳寅恪閑談。寅恪謂各人瘋狂之可能性如下：陳達〔註31〕

召入直南書房，任南書房行走；北門學士指柯紹忞（1850～1933）。柯紹忞為
前清進士，曾任京師大學堂總監督，1914 年任清史館代館長、總纂，後為溥
儀小朝廷翰林院侍講學士。唐高宗時詔文學之士於北門討論，故以北門為翰
林院之代稱。羅、柯兩人曾約王國維共投清宮神武門外御河殉國，但羅、柯
兩人臨事而怯。陳寅恪，〈王觀堂先生輓詞〉，《詩集》，頁 16。

〔註26〕陳寅恪，〈輓王靜安先生〉，《詩集》，頁 11。案，越甲典出漢劉向《說苑·立
節》：「越甲至齊，雍門子狄請死之。齊王曰：『鼓鐸之聲未聞，矢石未交，長
兵未接，子何務死之？為人臣之禮邪？』雍門子狄對曰：『臣聞之，昔者王田
于圃，左轂鳴，車右請死之，而王曰：子何為死？車右對曰：為其鳴吾君
也。……遂刎頸而死。知有之乎？』齊王曰：『有之。』雍門子狄曰：『今越
甲至，其鳴吾君也，豈左轂之下哉？車右可以死左轂，而臣獨不可以死越甲
也？』遂刎頸而死。是日，越人引甲而退七十里，曰：『齊王有臣鈞如雍門子
狄，擬使越社稷不血食。』遂引甲而歸。」後世用此典指忠君報國。此處「越
甲」則指當時馮玉祥（1882～1948）國民軍逼宮在前，北伐軍在後。胡文輝，
《陳寅恪詩箋釋》（廣州：廣東人民出版社，2008 年），上卷，頁 30，〈輓王
靜安先生〉條。

〔註27〕李商隱（813？～858？）哭劉蕡（？～842）詩云：「平生風義兼師友，不敢
同君哭寢門。」陳寅恪，〈王觀堂先生輓詞〉，《詩集》，頁 17。

〔註28〕陳寅恪曾在清華工字廳與王國維話清朝舊事。元遺山（元好問，1190～1257）
〈除夜詩〉：「神功聖德三千牘，大定明昌五十年。甲子兩周今日盡，空將老
淚灑吳天。」明昌，金世宗年號，金之盛世也。南冠指南方人，王、陳兩人
皆長江以南之人。南冠亦指晉南渡後士族在南方者，暗喻遺民心理是以為泣。
陳寅恪，前引文，頁 17。

〔註29〕陳寅恪，〈王觀堂先生輓詞〉，《詩集》，頁 12～17。

〔註30〕季羨林，〈從學習筆記看陳寅恪先生的治學範圍和途徑〉，收入《討論會文集》，
頁 81。

〔註31〕陳達（1892～1975），時任教清華大學社會系主任兼教授。

95％；寅恪50％；宓70％云云。」

在吳宓筆下，未見陳寅恪有無更進一步的自我分析及解決之道，吳宓則謂：「宓種種銳敏之感觸，遠大之悲鬱，實應瘋狂。而決不至此者，則以有解救及預防瘋狂之策五。如下：（一）感情常使發泄。（二）興趣繁多而時有變換。（三）實事上每退一步想而知足。（四）滑稽之觀感。即自己譏評自己。（五）保持簡單之心性，本來之天眞。」〔註32〕但吳宓的這五種解決之道前四項並非陳寅恪的選擇。陳寅恪對吳宓的解決之道評曰：「言之易而行之難，身當其境，未必能把持也。」〔註33〕陳寅恪的宣洩多形諸文字，少有實際行動，幾乎不菸不酒；〔註34〕除聽戲和聽說書外，陳寅恪的興趣似乎不廣也少有變換；吳宓「退一步想而知足」者似不一見；「滑稽」更非陳寅恪所樂爲；第五項「保持本來之心性」這一部分，以陳寅恪對傳統文化價值的堅持觀察，則頗有接近之處。至於吳宓形容「種種銳敏之感觸，遠大之悲鬱，實應瘋狂」的程度，陳寅恪的自我期待或不在吳宓之下，但吳宓勇於自我宣洩個人感情，包括寫日記，公開個人情史、情詩等，皆非陳寅恪之所願爲，有之，則多爲感時之詩作或見諸其論著所藏之今典，至於帶有「個性」或「感情」的言行並不多見。一次是在1937年春間清華大學歷史系的師生茶會裡，高聲向同學說，何以目前有人會開「中國上古史」這門課。〔註35〕另一次，夏承燾1959年2月6日在其日記中言，清華中文系教授余冠英（1906～1995）聞彼中人云：「陳先生近日心理不大正常，不知究爲何也。」〔註36〕由於以上兩則訊息皆得諸傳言，不宜認定。至於直接見諸文字者，一在1932年，陳寅恪爲「對對子」

〔註32〕吳學昭整理注釋，《吳宓日記1928～1929》Ⅳ，頁19。

〔註33〕吳學昭，前引書，Ⅳ，頁19。

〔註34〕陳寅恪喝酒暢飲的記錄，僅見留學期間和李璜（1895～1991）、曾慕韓（1895～1951）抵掌談天下事，「酒酣耳熱，頓露激昂。」見李璜，〈憶陳寅恪、登恪兄弟〉，《大成雜誌》，期49，頁2～4。收入錢文忠編，《陳寅恪印象》（上海：學林出版社，1997年），頁6～7。回國後，和學生輩喝酒僅見陳守寔記載，飲義大利酒一琉璃盞。見陳守寔，〈記梁啓超、陳寅恪諸師事〉（1928年正月初二日），《中國文化研究集刊》第一輯，頁422。收入張杰、楊燕麗選編，《追憶陳寅恪》，頁41。

〔註35〕何炳棣（1917～），《讀史閱世六十年》，頁117。案，此係何炳棣得自同寢室同學黃明信（1917～）言，非現場第一手見聞。案，何炳棣的行文，以高聲發問形容，應指腔調的提高而非聲調而已，不能說沒有情緒。若要指實應係指雷海宗（1902～1962）開的課。

〔註36〕夏承燾，《天風閣學詞日記》（杭州：浙江古籍、浙江教育出版社，1998年），冊3，頁723。

風波致傅斯年（1896～1950）信，語中頗帶情緒。〔註37〕一在 1942 年，陳寅恪念及學生周一良，在論文序言中有「不禁涕淚之泫然」語。〔註 38〕就上述四則記錄，陳寅恪待人接物頗見個性，若有宣洩，似也不排除見諸公開的文字和語言，然皆屬偶一為之。1944 年冬季，陳寅恪還對學生說：「我對晚清歷史還是熟習的；不過我自己不能做這方面的研究。認真做，就要動感情。」〔註39〕晚年撰〈論再生緣〉和《柳如是別傳》，情況有了改變，陳寅恪不惜將個人感情之好惡，直接訴諸書中人物，似可反證陳寅恪壓抑個性和感情者多，宣洩者少。

家世與個人之間的關係，就陳寅恪個人言，其所涉及者或可從個人認同上略窺其取捨。1945 年冬天，陳寅恪眼盲就醫英國倫敦，聽人讀熊式一（1902～？）英文小說《天橋》，提到光緒戊戌李提摩太（Timothy Richard，1845～1919）上書事，讓陳寅恪回憶起壬寅 1902 年春天隨已過世的同父異母兄陳衡恪（1876～1923）東遊日本，出發前在上海遇到李提摩太。這位英籍傳教士以華語說：「君等世家子，能東遊，甚善。」〔註40〕

「世家子」之說是陳寅恪四十年後的回憶，也是陳寅恪首次藉由外人之口，明白以文字表露個人出身「世家子」的認同，此一認同見諸晚年回憶錄，再次提到其父為清末四公子。陳寅恪引黃秋岳（黃濬，1890～1937）《花隨人聖庵摭憶》文，指光緒甲午、乙未間，其父陳三立與丁慧康（1868—1909）、譚嗣同、吳葆初（1869～1913）號稱四公子。〔註41〕公子者，名臣大家之後具見文采風流而為當世所羨稱者。雖然這是通過回憶和外國傳教士之口，但就陳寅恪的性格，這兩件事都屬僅有。而世家子非有門第支撐，以及充分的文化傳承，不足以取得相應的社會地位，這正是陳寅恪處理魏晉南北朝以迄隋唐史實諸如門第的升降等，一個相當重要的切入點。此外，當然也是交友〔註42〕及選

〔註37〕詳情請見第四章第三節。
〔註38〕詳情請見第一章注 1。
〔註39〕石泉、李涵，〈追憶先師寅恪先生〉，《紀念陳寅恪教授國際學術討論會文集》，頁 57。
〔註40〕陳寅恪，《詩集》，頁 55。
〔註41〕陳寅恪，〈記夢稿〉，《寒柳堂集》，頁 194～5。
〔註42〕陳寅恪的詩友多有世家子，例如張遵驤（1916～1992），字公逸，係張之洞曾孫。朱少濱（朱師轍 1879～1969）的父親朱孔彰（1842～1919）和陳寅恪的祖父陳寶箴都曾為曾國藩幕賓，朱孔彰並著有《中興將帥別傳》。再如瞿兌之（1894～1973）係晚清重臣瞿鴻磯（1850～1918）之孫，陳寅恪 1956 年寄瞿兌之詩有「論交三世今餘幾」之嘆。曾國藩的孫女曾昭燏（1909～1956）自殺，陳寅恪輓詩有：「論交三世舊通家」語。

擇婚姻對象〔註43〕時的重要考量。

　　陳寅恪晚年撰〈寒柳堂記夢未定稿〉，於個人生活少有著墨，卻多敘個人家世，且集中於晚清士大夫和政局世態的演化，個人與家世在輕重之間形成一強烈對比。個人認同之於家世和政局演變在此形成一有機聯繫，實則家國一體，國事決定了家世的興替。〔註44〕陳寅恪自言：「寅恪本人或以世交之誼，或以姻婭之親，於此清濁兩黨，皆有關聯，故能通知兩黨之情狀並其所以分合錯綜之原委。」〔註45〕然而陳寅恪的關懷更在於：「咸同光宣以來之朝局，與寒家先世直接或間接有關。」且欲有所闡明當時清濁兩黨人事背景及其間分合，以期彰顯其門風家風和個人進退出處，實與數十年來家國興廢盛衰密不可分。〔註46〕而這也是陳寅恪悼王國維詩「元祐黨家慚陸子」〔註47〕的心情，直至晚年，再次以「元祐黨家」即「戊戌黨人」之後，概括個人身世和晚清的政局演變。並且直接影響了陳寅恪此生對政治的態度。對於晚清以來「吾家主張變法」也有一概括性的描述：

　　　咸豐之世，先祖亦應進士舉，居京師。親見圓明園干霄之火，痛哭南歸。其後治軍治民，益知中國舊法之不可不變。後交湘陰郭筠仙侍郎嵩燾（1818～1981），極相傾服，許為孤忠閎識。先君亦從郭公論文論學，而郭公者，亦頌美西法，當時士大夫目為漢奸國賊，群

〔註43〕陳寅恪妻唐篔為晚清最後一任臺灣巡撫唐景崧（1841～1903）孫女。陳寅恪自述：「（清華）同事中偶語及：見一女教師壁懸一詩幅，末署『南注生』。寅恪驚曰：『此人必灌陽唐公景崧之孫女也。』蓋寅恪曾讀唐公請纓日記。又親友當馬關中日和約割臺灣於日本時，多在臺佐唐公獨立，故其家世，知之尤諗。因冒昧造訪，未幾，遂定諧老之約。」陳寅恪，〈寒柳堂記夢未定稿補〉，《寒柳堂集》，頁 236。

〔註44〕〈記夢稿〉除弁言外，分七個子目：（一）吾家先世中醫之學、（二）清季世大夫清濁流之分野及其興替、（三）孝欽后最惡清流、（四）吾家與豐潤（張佩綸，1848～1903）之關係、（五）自光緒十年三月至二十年十一月間清室中央政治之腐敗、（六）戊戌政變與先祖先君之關係、（七）關於寅恪之婚姻。

〔註45〕陳寅恪，〈記夢稿〉，《寒柳堂集》，頁 187。

〔註46〕陳寅恪，〈記夢稿〉，《寒柳堂集》，頁 186。

〔註47〕「元祐黨家慚陸子」見陳寅恪，〈王觀堂先生輓詞〉，《詩集》，頁 17。蔣天樞代陳寅恪所下注解：「《渭南集·書啟》有：『以元祐之黨家，話貞元之朝士。』又云：『哀元祐之黨家，今其餘幾：數紹興之朝士，久矣無多。放翁祖父陸佃（1042～1102），名列元祐黨人碑。陸佃，荊公（王安石，1021～1086）門人，後又為司馬（司馬光，1019～1086）黨。』」而陳寅恪的祖父和父親皆列名戊戌黨人，但實不贊成康有為變法思想和策略，這是取以自況其家世與陸佃、陸游（1125～1210）祖孫情況甚接近。

欲得殺之而甘心者也。至南海康先生治今文公羊之學，附會孔子改制，以言變法。其與歷驗世務欲借鏡西國以變神州舊法者，本自不同。故先祖先君見義烏朱鼎甫先生一新（1846～1894）《無邪堂答問》駁斥南海《公羊春秋》之說，深以爲然。據是可知余家之主變法，其思想源流之所在矣。〔註48〕

陳寅恪上面這一段話的旨意，幾乎全出自其父陳三立所撰陳寶箴的〈行狀〉：

故府君獨知時變所當爲而已，不復較孰爲新舊，尤無所謂新黨舊黨之見。康有爲之初召對，即疏言其短長所在，推其疵弊。四章京〔註49〕之初值軍機亦然，曾疏言，變法事至重，四章京雖有異才，要資望輕而視事易。〔註50〕

這說明陳家三代均無新舊門戶之見，但知中國舊法不可不變。

在史論文章和詩文上陳寅恪更不時有所發抒。前舉「元祐黨家慚陸子」等固屬之。在《唐代政治史述論稿》中，陳寅恪論：「趙郡李氏、滎陽鄭氏俱是北朝數百年來顯著之士族，實可以代表唐代士大夫中主要之一派者。而（李）德裕（787～849）及（鄭）覃（？～842）父子又世爲宰相，其社會歷史之背景既無不相同，宜其共結一黨，深惡進士之科也。《文選》爲李氏所鄙視，石經爲鄭覃所建刊，其學術趣向有關家世遺傳，不可僅以個人偶然好惡爲解釋。否則李文饒（李栖筠，719～776）固有唐一代不屬於復古派之文雄，何以亦薄文選之書？推究其故，豈不以『熟精文選理』乃進士詞科之人，即高宗、武后以後新興階級之所致力，實與山東舊族以經術禮法爲其家學門風者迥然殊異，不能相容耶？」〔註51〕1964年5月5日，陳寅恪爲編定《金明館叢稿》，於1935年即已寫定的〈李德裕貶死年月及歸葬傳說辨證〉文末，附一詩：「萬國兵戈一葉舟，故邱歸死不夷猶。袖中縮手嗟空老，紙上劉肝或稍留，此日

〔註48〕陳寅恪，〈讀吳其昌（1904～1944）撰梁啓超傳書後〉，《寒柳堂集》，頁167。又，關於戊戌政變，陳寅恪指稱：「蓋先祖以爲中國之大，非一時悉能改變，故欲先以湘省爲全國之模楷，至若全國改革，則必以中央政府爲領導。當時中央政權實屬於那拉后，如那拉后不欲變更舊制，光緒帝（愛新覺羅・載湉，1871～1908）既無權力，更激起母子間衝突，大局遂不可收拾矣。」陳寅恪，〈記夢稿〉，《寒柳堂集》，頁203。

〔註49〕四章京爲：譚嗣同、楊銳（1857～1898）、劉光第（1859～1898）、林旭（1875～1898）。

〔註50〕陳寅恪，〈記夢稿〉，《寒柳堂集》，頁199。

〔註51〕陳寅恪，《陳寅恪集・唐代政治史述論稿》（北京：三聯書店，2001年），以下簡稱《述論稿》，頁264。

中原真一髮,當時遺恨已千秋。讀書久識人生苦,未得崩離早白頭。」並附以當日時事和感觸曰:「寅恪昔年於太平洋戰後,由海道自香港至廣州灣途中,曾次韻義山萬里風波無題詩一首,雖辭意鄙陋,然以其足資紀念當日個人身世之感。」〔註52〕從李德裕貶死及歸葬事聯想及於個人遭遇,正是與古人同入世家子之家國興亡遺恨,至老不能或忘。

　　陳寅恪論唐代山東舊族和武后以後進士科新興階級迥然殊異者,還有另一現代版本。蔣天樞在《陳寅恪先生編年事輯》民國21年3月13日條,記陳寅恪和同學的談話,針對國難會議表明不參加的態度兼及留學生的集會結社,並謂:

> 近年集會結社之風盛行,尤以留美學生為甚。互相攀援,危害於國家民族者殊烈。間有少數初發起者均甚好,及其發展,分子複雜,君子漸為小人所取代,最後將此社會變壞。結社之首要,在於有共同的高尚理想,有此精神,始能團結鞏固。

> 又謂:中國今日舊道德與新道德兩種標準同時並存。有人謂舊的已去,新的未到者,殊非事實。此猶如兩種斗,小人以大斗量入而以小斗量出,君子因此喫虧每有格格不入之處。吾人當準情酌理,行吾心之所安,總以不使傍人喫虧為準繩。至於細微處,則「大德不踰閑,小德可出入」。〔註53〕

對此,蔣天樞有一補白:「先生談話,大意如此。(參《元白詩箋證稿》第四章頁78──1955年版。案,三聯新版在85頁。)」〔註54〕蔣天樞提示這段話的原文如下:

> 縱覽史乘,凡士大夫階級轉移升降,往往與道德及社會風習之變遷有關,當其新舊蛻嬗之間際,常呈一紛紜綜錯之情態,即新道德標準與舊道德標準,新社會風習與舊社會風習並存雜用。各是其是,而互非其非也。斯誠亦事實之無可奈何者。雖然,值此道德標準社會風習紛亂變易之時,此轉移升降之士大夫階級之人,有賢不肖拙巧之分別,而其賢者拙者,常感受苦痛,終於消滅而後已。其不肖者巧者,則多享受歡樂,往往富貴榮顯,身泰名遂。

〔註52〕陳寅恪,〈李德裕貶死年月及歸葬傳說辨證〉,《二編》,頁56。
〔註53〕蔣天樞,《事輯》,頁79。
〔註54〕蔣天樞,前引書,頁79。

陳寅恪說明：

> 其故何也？由於善利用或不善利用此兩種以上標準及習俗，以應付
> 此環境而已。譬如市肆之中，新舊不同之度量衡並存雜用，則其巧
> 詐不肖之徒，以長大重之度量衡購入，而以短小輕之度量衡售出。
> 其賢者拙者之所爲適與之相反，於是兩者之得失成敗，即決定於是
> 矣。

從世家子的自我認同，擴及對家世以及世態的評論，而陳寅恪留學海外十餘年，對留學生誤國卻有嚴厲的批判，於此應可得一解。陳寅恪所謂的留學生集會結社，就是唐代進士科的新興階級結黨。然在此留學生新興階級中亦有所區隔，陳永發（1944～）論述中共開創初期黨員出身時說，「同樣是知識分子，卻有大知識分子、小知識分子和半知識分子的差別，其中一個差別的一個因素是教育程度，而出國留學成爲社會地位上升的終南捷徑。」可「同樣是出國留學，清末民初，歐美留學生的地位要比留日學生高，……『同樣是歐美留學生，一般大學畢業的，便遠遠趕不上哈佛、耶魯、牛津、劍橋等名校；同樣是日本留學生，　般大學的也遠遠趕不上帝國大學。』」〔註55〕準留學生即清華學校同學之間則計較家世和功名。〔註56〕陳寅恪當初所以選擇出洋留學，除追求西方知識外，當與清末民初此一社會心態有關，正如陳寅恪在史論文章中解釋李栖筠、李吉甫（758～814）、李德裕三代，雖貴爲唐代山東舊族，但因胡族入侵失去累世的根據地，並同失去地方豪族的身分背景，不能不屈就凡庸仕進之途徑，如李栖筠爲明經科之類，但又與新興階級詞科進士在心態上不能並存。〔註57〕若把陳寅恪對留學生的批判放在這一個語境裡，即可感受到世家子和留學生作爲新興階級的不同，是以陳寅恪雖從小即放洋留學，對留學生，特別是對留美的有嚴厲批判。〔註58〕

〔註55〕陳永發，《中國共產革命七十年》修訂版上冊（臺北：聯經出版公司，2001年），頁149～50。並見陶希聖（1899～1988），《潮流與點滴》（臺北：傳記文學出版社，1964年），頁74。

〔註56〕何炳棣說：「聞（一多，1899～1946）先生曾對我講過清華同班潘光旦（1899～1967）和羅隆基（1898～1965）……未出國前有一次潘光旦批評羅隆基某篇文章不通。羅很生氣地說：『我的文章怎會不通，我父親是舉人。』潘馬上回答：『你父親是舉人算得了什麼，我父親是翰林！』」何炳棣，《讀史閱世六十年》，頁187。

〔註57〕陳寅恪，〈論李栖筠自趙徙衛事〉，《二編》，頁8。

〔註58〕案，陳寅恪對留學生的批判，另見吳宓於1919年8月8日和12月14日的日

陳寅恪自小即「『獨』懷辛有索靖〔註 59〕之憂」，直到晚年處理《柳如是別傳》時依然如此，有深刻的悲劇意識。此固出於客觀環境，從家世到個人處境，但未嘗不可視爲陳寅恪個人獨有的憂患意識和「認同危機」，就算在相對「承平」之時，即九一八事變前任教清華國學院和改制後的清華大學直至抗戰爆發之時，也不免有此「憂患」。1928 年春 3 月撰〈俞曲園先生病中囈語跋〉，即充分流露出此一「來日大難」將無從倖免的憂思。

記記載：「陳君寅恪嘗謂『昔賢如諸葛武侯，負經濟匡時之才，而其初隱居隆中，嘯歌自適，決無用世之志。『苟全性命於亂世，不求聞達於諸侯。』及遇先主，爲報知己，乃願出山，鞠躬盡瘁。豈若今之插標賣首，盛服自炫，『Advertisement』爭攘權位。本自無才，徒以債事，甚且假愛國利群、急公好義之美名，以行貪圖傾軋之實，而遂功名利祿之私。舉世風靡，莊莊一概。吾國固然，歐美各國亦不異。且其中爲惡者，操術尤工。吾留學生，十之七八，在此所學，蓋惟欺世盜名，縱欲攬財之本領而已。』」又曰：「中國之哲學美術，遠不如希臘，不特科學遠遜泰西也。但中國古人，素擅長政治及實踐倫理學。與羅馬人最相似。其言道德，惟重實用，不究處理。其長處短處均在此。長處即修齊治平之旨；短處即實事之利害得失，觀察過明，而乏精深遠大之思。故昔則士子群習八股，以得功名富貴。而學德之士，終屬極少數。今則凡留學生，皆學工程實業，其希慕富貴，不肯用力學問之意則一。而不知實業以科學爲根本，不揣其本，而治其末、充其極，只成下等之工匠。境遇學理，略有變遷，則其技不復能用。所謂最實用者，乃適成爲最不實用。至若天理人事之學，精深博奧者，互萬古、橫九垓，而不變。凡時凡地，均可用之。而救國經世，尤必以精神之學問（謂形而上之學）爲根基。乃吾國留學生不知研究，且鄙棄之。不自傷其愚陋，皆由偏重實用積習未改之故。……今之留學生，動以「耶教救國」爲言，實屬謬誤。又皆反客爲主，背理逆情之見也。」《吳宓日記》（北京：三聯書店，1998 年），冊 2，頁 66～7；100～04。又，浦江清於 1928 年 1 月 14 日的日記記載：「陳寅恪先生嘗云，禍中國最大者有二事，一爲袁世凱之北洋練兵，二爲派送留美官費生。」浦江清，《清華園日記．西行日記（增補本）》（北京：三聯書店，1999 年，2 版），頁 4。此外，陳寅恪對留學生的治學態度也有批判，陳的學生下伯耕回憶其論新學和舊學之失有一段話：以往研究文化史有二失，舊派失之滯。新派失之誣。……新派是留學生，所謂「以科學方法整理國故」者，新派書有解釋，看上去似很有條理，然甚危險。……講歷史重在準確，不嫌瑣細。……就是要看原書，要從原書中的具體史實，經過認眞細致、實事求是的研究，得出自己的結論。一定要養成獨立之精神，自由思想，批評態度。」轉引自蔣天樞，《事輯》，頁 222。

〔註 59〕 案，「辛有索靖之憂」指辛有和索靖（239～303）兩人均有以夷變夏的憂懼。辛有事蹟見《左傳．僖公二十二年（前 637）》：初，平王之東遷也，辛有適伊川，見被髮而祭於野者，曰：「不及百年，此其戎乎！其禮先亡矣。」索靖事蹟見《晉書．卷六十．索靖》：靖有先識遠量，知天下將亂，指洛陽宮門銅駝，歎曰：「會見汝在荊棘中耳！」

　　俞曲園（俞樾，1813～1884），在 1900～1901 年之間有〈病中囈語〉九首，或說在其臨終前預言身後二百年事。陳寅恪受俞樾曾孫也是陳寅恪清華同事俞平伯（1900～1990）之托題寫跋語：「此詩之作，在舊朝德宗景皇帝庚子辛丑之歲，蓋今日神州之世局，卅年前已成定而不可移易。當時中智之士莫不惴惴然睹大禍之將屆，……吾徒今日處身於不夷不惠之間，托命於非驢非馬之國，其所遭遇，在此詩第貳第陸首之間，至第七首則邈不可期，未能留命以相待。」〔註 60〕大禍將屆的想像情景，陳寅恪沒有描述，但覆按第二至第六首詩，則可想像陳寅恪的心情，其詩如下：

第二首：

　　　　無端橫議起平民，從此人間事事新。

　　　　三綱五常收拾起，大家齊作自由人。

第三首：

　　　　才喜平權得自由，誰知從此又戈矛。

　　　　弱者之肉強者食，膏血成河遍地流。

第四首：

　　　　發憤英雄喜自強，各自提封各連坊。

　　　　道路不通商斷絕，紛紛海客整歸裝。

第五首：

　　　　大邦齊晉小邦滕，各自提封各自爭。

　　　　郡縣窮時封建起，秦皇已廢又重興。

第六首：

　　　　幾家玉帛幾家戎，又是春秋戰國風。

　　　　太息斯時無管仲（前 716 ？～前 645），茫茫殺氣幾時終。〔註 61〕

這要較諸陳寅恪童幼所懷「辛有索靖之憂」更見嚴重，例如「膏血成河遍地流」、「茫茫殺氣幾時終」的連續畫面，皆屬人間至慘之悲劇，卻似無盡無期。雖然陳寅恪或有取第七首「天心仁愛亦垂憐」，第八首「人間錦繡似華胥」等句，〔註 62〕並自下一轉語，雖「邈不可期，未能留命相待，亦姑誦之玩之，

〔註 60〕陳寅恪，〈俞曲園先生病中囈語跋〉，《寒柳堂集》，頁 164。

〔註 61〕俞曲園，〈病中囈語〉，錢仲聯主編，《清詩紀事》（南京：鳳凰出版社，2004年），頁 10411。

〔註 62〕案第七、第八、第九首全文如下：「觸鬥相爭年復年，天心仁愛亦垂憐。六龍一出乾坤定，八百諸侯拜殿前。」「人間錦繡似華胥，偃武修文樂有餘。璧水

譬如望海上神山，雖不可及，但知來日尚有此一境者，未嘗不可以少紓憂生之念。」〔註63〕其後，陳寅恪婚禮在即，〔註64〕卻有請俞平伯以楷書寫韋莊（836～910）〈秦婦吟〉長卷張掛，俾便平居吟誦，俞平伯在跋語中即指此事別有寄托：「余與寅恪傾蓋相逢，忘言夙契。同四海以漂流，念一身之焦萃，所謂去日苦多，來日大難，學道無成，憂生益甚，斯信楚囚對泣之言，然不自病其惑也。今歲丁香花開後，屬寫此篇，明知字跡塵下，無以塞命，唯念古今來不乏鴻篇巨製，流布詞場，而寅恪兄獨有取於此，且有取於稚弱之筆法，則其意固在牝牡驪黃之外也。」〔註65〕此蓋俞平伯在跋語中所言「來日大難，憂生益甚」，即取之於陳寅恪的時代感觸。其為陳寅恪個人人生之陰影，始終揮之不去。

陳寅恪平生除開抗戰勝利之際有「大酺三日樂無窮」，〔註66〕國府還都紀念有「金甌微缺花仍好，且唱清平樂府詞」〔註67〕的興奮或欣然外，若單從詩文中觀察，少有開朗之時。〔註68〕然而，陳寅恪的幽闇意識和危機感少有來自

橋邊修禮教，山巖野壑訪遺書。」「張弛由來道似弓，聊將數語示兒童。悠悠二百餘年事，都入衰翁一夢中。」又，第一首：「歷觀成敗與興衰，福有根由禍有基。不過六十花甲子，釀成天下盡瘡痍。」從鴉片戰爭到庚子拳亂，正巧近一甲子。

〔註63〕 陳寅恪，〈俞曲園先生病中囈語跋〉，《寒柳堂集》，頁 164。
〔註64〕 陳寅恪父親陳三立於 1927 年 11 月在上海有「為子婦納吉」語，蔣天樞推定係為陳寅恪辦訂婚事，時唐篔寓上海。1928 年 7 月 17 日與唐篔在滬結婚。蔣天樞，《事輯》，頁 69～70。
〔註65〕 蔣天樞，前引書，頁 69～70。
〔註66〕 陳寅恪，〈連日慶賀勝利以病目不能出女嬰美延亦病相對成一絕〉，《詩集》，頁 50。
〔註67〕 陳寅恪，〈新清平調一首〉，《詩集》。
〔註68〕 李堅指稱：「筆者對（陳寅恪）《詩集》中使用意義相反的悲、哀、愁、怨、病、死亡和喜、笑、歡、樂兩組十二個詞組的次數作了初步統計，結果前一組八個詞共出現 253 次，後一組四個詞共出現 64 次，而且使用與第一組詞含義相近的淒、愴、傷、淚、哭、泣等詞，亦復不少。這表明寅恪先生的詩絕大部分都帶有濃重的悲觀主義傷感色彩，而且始終不渝。」李堅，《《陳寅恪詩集》中的悲觀主義色彩淺釋〉，胡守為主編，《《柳如是別傳》與國學研究》（杭州：浙江人民出版社，1995 年），頁 103。又，程千帆指：「寅恪六丈當代通儒，餘事為詩，……而近百年時運推移，人情變幻，莫不寓焉。」程千帆、張宏生，〈七言律詩中的政治內涵──從杜甫到李商隱、韓偓〉，《紀念陳寅恪先生誕辰百年學術論文集》，頁 153。然則陳寅恪在生活中不是完全沒有幽默感的人。例如，他曾說：「我對美國的留戀只是波士頓中國飯館醉香樓的龍蝦。」學生姜亮夫說陳寅恪不肯在公開場合說笑，但私下笑話極多，尤以做對子為長，還曾自我調侃得清華教職為：「訓蒙不足，養老有餘。」陳寅恪還

個人內在的心理因素，雖然陳寅恪承認平生負氣，〔註69〕但感觸有更多係來自和客觀環境互動下的不滿和無力感。1953 年秋天，陳寅恪於〈論再生緣〉完稿後感言：「有清一代，乾隆朝最稱承平之世。然陳端生（1751～1792？）以絕代才華之女子，竟憔悴憂傷而死，身名湮沒，百餘年後，其事蹟幾不可考見。江都汪中（1744～1794）者，有清中葉極負盛名之文士，而又與端生生值同時者也，作弔馬守眞（1548～1604）文，以寓自傷之意，謂『榮期二樂，幸而爲男』。今觀端生之遭遇，容甫之言其在當日，信有徵矣。然寅恪所感者，則爲端生於再生緣第壹柒卷第陸伍回，『豈是蚤爲今日讖』一語。」〔註70〕

陳寅恪另附載自九一八事變以來詩作六首並加自注。第一首有「鍾阜徒聞蔣骨青，也無人對泣新亭，南朝舊史皆平話，說與趙家莊裡聽。」自注：「詩成數年果有蘆溝橋之變，流徙西南，致喪兩目。」或就〈蒙自南湖作〉詩有「北歸端恐待來生」句自注：「此十六年前詩，句中竟有端生之名，豈是『蚤爲今日讖』耶？」第三、第四首詩句中有「赤縣塵昏人換世」、「卻在山河破碎中」等句。自注：「自是求醫萬里，乞食多門。竟『蚤爲今日讖』矣。」轉到 1945 年臥病英倫醫院，憶及前引李提摩太「君等世家子」語，而有「萬里乾坤迷去住，詞人終古泣天涯」句。1946 年回到南京，有「金粉南朝是舊遊，徐妃半面足風流。蒼天已死三千歲，青骨成神二十秋。」上引詩句中，「蔣骨」、「青骨」指當時蔣中正領導的國民政府及蔣本人。「趙家莊」語出陸游（1125～1210）詩《小舟遊近村舍舟步歸》之四：「斜陽古柳趙家莊，負鼓盲翁正作場。死後是非誰管得，滿村聽說蔡中郎。」陳寅恪此時眼盲，加上陸游是元祐黨人子，正足以自況。亂離和悲劇意識成了中年以後陳寅恪生命中的主調。等到 1948 年由北京南飛，在飛機上有「臨老三回值亂離」的感嘆，從上海搭輪轉往廣州，再嘆「避地難希五月花」。這些只能說是外部客觀環境讓陳寅恪的悲劇感受不斷延伸。直至撰寫〈論再生緣〉畢，看似已爲前半生的命運作

曾在演講中曾拿學生羅香林在李唐姓氏的問題上開玩笑說，不知他該依老師還是岳丈的說法。以上資料分見楊步偉、趙元任，〈憶寅恪〉，收入《談陳寅恪》（台北：傳記文學出版社，1978 年），頁 24；姜亮夫，〈憶清華國學研究院〉；收入卞僧慧，《年譜長編》，頁 95、101；羅香林，〈回憶陳寅恪師〉，《傳記文學》卷 17，期 4，頁 19。在畫家徐悲鴻眼中，與陳寅恪、陳登恪在巴黎時談詩論畫，也曾極其歡樂。詳見注 84。

〔註69〕1927 年春，陳寅恪〈春日獨遊玉泉靜明園〉詩，有「回首平生終負氣，此身未死已銷魂」句。1945 年 4 月 30 日〈憶故居〉詩有「一生負氣成今日，四海無人對夕陽」。陳寅恪，《詩集》，頁 11；42。

〔註70〕陳寅恪，〈論再生緣〉，《寒柳堂集》，頁 83。

出總結：「絕世才華偏命薄，戍邊離恨更歸遲。文章我自甘淪落，不覓封侯但覓詩。」〔註71〕

1954年陳寅恪〈無題〉詩，有「回首卅年題尾在，處身夷惠泣枯魚。」〔註72〕案，陳寅恪於1928年〈俞曲園先生病中囈語跋〉有言：「嘗與平伯（俞平伯）言：『吾徒今日處身於不夷不惠之間，托命于非驢非馬之國……』」指身處中國亂局之中。1964年，有詩「人生終有死，遺恨塞乾坤。」〔註73〕在《柳如是別傳》寫到柳如是結束和明末幾社風流才子的來往，轉向錢牧齋，嘆身世之飄零，陳寅恪取河東君《金明池·詠寒柳》詞，「春日釀成秋日雨，念疇昔風流，暗傷如許」句，直揭其悲劇意識大有由來：

> 「釀成」者，事理必致之意。實悲劇中主人翁結局之原則。古代希臘亞力斯多德（亞里斯多德 Aristotélēs，前384～前322）《論悲劇》，近年海甯王國維論《紅樓夢》，皆略同此旨。然自河東君本身言之，一為前不知之古人，一為後不見之來者，竟相符會，可謂奇矣！至若瀛海之遠，鄉里之近，地域同異，又可不論矣。〔註74〕

其後更預為夫人唐篔寫輓聯。〔註75〕陳寅恪的悲劇意識，於撰寫〈論再生緣〉和《柳如是別傳》時，不憚辭費，為要寫出陳端生和河東君的悲劇，也可以溯源於陳寅恪本人的「心曲」。可悲者或不僅止於「前不見之古人」和「後不見之來者」，上下求索，兩皆茫茫。而在「豈是蟲爲今日讖」的無所逃避於天地之間。從1927年悼王國維的輓詞、輓聯以及相關銘、序，非僅是「夫子自道」借題發揮，也未嘗不可視為自我壓抑的宣洩，等到為夫人唐篔預寫輓聯，直可視為最後的宣洩和表白，一個無法掙脫的悲劇命運。這一帶有悲劇命運的意識和思維運作，非僅影響陳寅恪史學研究的選題方向，也決定了如何取材和論證。此所以陳寅恪治中古史看重家世、家學，晚年抉出陳端生和柳如是兩位女性而有〈論再生緣〉和《柳如是別傳》之作，也皆先就身世和婚姻論證兩位女性的不幸遭遇以為自況。在在說明陳寅恪從身分認同始，即帶有悲劇自覺。

〔註71〕陳寅恪，〈論再生緣〉，《寒柳堂集》，頁83～6。

〔註72〕陳寅恪，〈無題〉，《詩集》，頁109。

〔註73〕陳寅恪，〈枕上偶憶建炎以來《繫年要錄》所載何縝絕命詩因戲次韻亦作一首可謂無病呻吟者也〉，《詩集》，頁161。

〔註74〕陳寅恪，《柳傳》，冊上，頁347。

〔註75〕輓聯為：「淚泣對牛衣，卅載都成斷腸史；廢殘難豹隱，九泉稍待眼枯人。」陳寅恪，〈輓曉瑩〉，《詩集》，頁190。

第二節　游學——蘭克史學或東方語言學

　　陳寅恪留學海外，前後積累長達十七個年頭，扣除來回旅程不計至少也有十三年以上，且是典型的小留學生。1902 年（光緒二十八年），陳寅恪以年僅十三歲稚齡隨異母長兄陳衡恪東渡日本留學。〔註 76〕這一年冬天，父陳三立上廬山謁陳寶箴墓有詩：「大孫覊東溟，諸孫解西史。」〔註 77〕此時或已開始學習西方歷史，當然陳家兄弟受父祖兩輩推動新政影響，加上國內講究新學薰染，自小即進入家中所設的新學學堂，或在此之前均有可能讀過傳教士李提摩太口述、蔡爾康（1851～1921）筆錄《泰西新史攬要》之類的西方史籍。〔註 78〕兩年後 1904 年，考取日本官費。日本學者池田溫（1931～）說，陳寅恪兩次留學日本，都是入東京新文學院中學，但陳寅恪自稱第二次係入日本東京巢鴨弘文學院。〔註 79〕此年兄弟三人在東京有一張合影，長兄衡恪已是西式髮型，隆恪（1881～1956）、寅恪皆已剪辮，留平頭。〔註 80〕1906 年因腳氣病即維他命 B1 缺乏症返國，次年春，插班考入復旦公學。陳寅恪的女兒說，父親在復旦學習成績優秀，且一直有再赴海外求學的志向。〔註 81〕1909 年（宣統元年）從復旦畢業，赴德考入柏林大學。父陳三立形容陳寅恪此行「孤游有如打包僧」，期望陳寅恪學成後「時至儻作摩霄鷹」。〔註 82〕

〔註 76〕陳寅恪自稱是東游，但蔣天樞認係留學。蔣天樞，《事輯》，頁 21。

〔註 77〕陳三立著、李開軍校點，〈壬寅長至抵崝廬謁墓〉，《散原精舍詩文集》（上海：上海古籍出版社，2003 年 6 月），頁 55～6。

〔註 78〕陳寅恪的姪兒陳封懷（1900～1993）回憶：「自祖父挈家寄寓金陵，延聘西席外，在家裡又辦了一所學堂。四書五經外還開有數學、英文、繪畫等課程。」轉引自蔣天樞，《事輯》，頁 19。而李提摩太的《泰西新史攬要》，1894 年於《萬國公報》先以《泰西近百年來大事記》連載，而此為當時講究新學者廣為傳閱之報紙，康有為以此書進呈光緒皇帝，而李鴻章和張之洞據聞均是讀者，風氣所及，此書成為晚清中譯西史銷量最大的一部。馬軍，《《泰西新史攬要》點校說明》，（英）麥肯齊著，李提摩太、蔡爾康譯，《泰西新史攬要》（上海：上海書店，2002 年），頁 1～2。

〔註 79〕池田溫，〈陳寅恪先生和日本〉，《紀念陳寅恪教授國際學術討論會文集》，頁 115。案，陳寅恪留日情況迄今不明。陸鍵東引陳寅恪在中山大學填寫的〈幹部經歷表〉說：「陳寅恪第二次赴日本，進入東京巢鴨弘文學院讀高中。」應屬可信。陸鍵東，《陳寅恪的最後二十年》，頁 14。

〔註 80〕陳寅恪，《詩集》，目錄前所附第一幀照片。

〔註 81〕陳流求等，《憶父親陳寅恪》，頁 28～29。書中附有兩幀照片，係攝自復旦大學檔案館所藏陳寅恪班上的考試等第名冊封面，及班上成績表格。陳寅恪的成績最高 94.2 分，同班竺可楨 86.6 分。

〔註 82〕陳三立，前引書，頁 287。蔣天樞，《事輯》，頁 27。

　　1910 年陳寅恪聞日本合併朝鮮，有詩「興亡今古鬱孤懷，一放悲歌仰天吼。」1911 年秋，轉入瑞士蘇黎世大學。1912 年，短暫歸國。1913 年入法國巴黎高等政治學校社會經濟部就讀，間赴倫敦一遊。〔註 83〕又，陳寅恪幾年後除在巴黎留下一些「談詩論畫」的傳聞外，〔註 84〕似未見其他記載。1914 年秋，以江西省教育司召，回南昌，閱留德考生卷。本年 8 月歐戰爆發。

　　據《吳宓自編年譜》，1915 年陳寅恪曾至北京出任蔡鍔（1882～1916）祕書。1981 年陳寅恪擬赴德，以歐戰善後未靖，先赴美，次年入哈佛大學從 Lanman（蘭曼，全名爲：Charles Rockwell Lanman，1850～1941）習印歐語系的梵文、巴利文及希臘文。1921 年 9 月，離美赴德，進柏林大學研究院，研究梵文及東方古文字學，在歐洲約四年。〔註 85〕

　　汪榮祖和余英時一前一後都提到陳寅恪留德期間，應受到德國蘭克學派的影響。〔註 86〕誠然蘭克史學必然會有影響，但蘭克學派或蘭克果然對陳寅恪有直接而具體影響？答案應屬懸疑，既難謂沒有受到影響，至少蘭克學派

〔註 83〕 吳定宇，《學人魂──陳寅恪傳》（臺北：業強出版社，1996 年），頁 38。吳定宇此說是根據中山大學檔案館藏，1956 年 5 月 21 日陳寅恪委託夫人唐篔代填的〈幹部經歷表〉。又，蔣天樞，《事輯》，頁 32～3。

〔註 84〕 案，戴密微（Paul Demieville，1894～1979）說：「他在巴黎度過些日子，我沒去訪查這些情形，在此地可能聽過 Pelliot（伯希和）的課，他了解伯希和的作品。」《通報》，卷 26，頁 138。又，《徐悲鴻年譜》1921 年 7 月（在巴黎）條：「再遇宗白華，……在宗的引導下，結識徐志摩、陳寅恪、俞大維、及楊度的兩公子楊公庶、楊公召等許多朋友。」8 月下旬條：「陳寅恪、陳登恪，常來談詩論畫，極爲歡樂。……張道藩、傅斯年合租一屋，過著花花公子生活。」徐伯陽、金山合編，《徐悲鴻年譜》（臺北：藝術家出版社，1991 年），頁 27。對照蔣天樞，《事輯》，陳寅恪是年 9 月始離美再赴德國。雖然在時間上兜不攏，但談詩論畫的歡樂場面是有可能的，更何況，徐悲鴻和陳家三代均熟識。1981 年 2 月，北京大學成立畫法研究會，陳寅恪長兄陳衡恪和徐悲鴻同受聘爲導師。1927 年，徐悲鴻爲陳三立繪有油畫像一幅，至 1930 年 7 月，徐悲鴻上盧山再爲陳三立繪全身像。次年三上盧山松門別墅陳三立隱居處住了一個多月，爲山上的陳家人各繪像一幅。1933 年，徐悲鴻攜畫赴「巴黎中國美術展覽會」，其中即有陳寅恪的侄兒陳封可的作品。王震編，《徐悲鴻文集》（上海：上海畫報出版社，2005 年），頁 59；240。陳小從，《圖說義寧陳氏》（濟南：山東畫報出版社，2004 年），頁 83。

〔註 85〕 見第七次交代底稿，轉引自蔣天樞，《事輯》，頁 44。

〔註 86〕 汪榮祖說：「陳寅恪在德國讀書時，正當蘭克學派的盛世，對蘭克史學必定熟悉。」《史家陳寅恪傳》（臺北：聯經出版公司，1984 年），頁 56。余英時也說：「他在文獻考證方面，可能受到蘭克一派史學影響。這在當時有『科學的史學』之稱，是注重實證知識的。」《陳寅恪晚年詩文釋證》（臺北：東大圖書公司，1998 年 1 月），頁 17。

是當時德國史學主流；但若謂曾受到直接影響，則無具體事證可資說明。

　　就陳寅恪留學柏林大學的入學及選課資料看，陳寅恪在柏林大學申請的學科是哲學，自 1921 年 11 月至 1925 年夏季學期結束，領有肄業證書。據戰後殘餘史料，1921 年到 22 年柏林大學的學生名冊顯示，陳寅恪主修梵文。〔註 87〕俞大維說：「寅恪先生在美國哈佛大學，隨 Lanman 學習梵文與巴利文二年，在德國柏林大學梵文研究所隨 Lüders（路得施或呂德斯，全名爲：Heinrich Lüders，1869～1943）學習梵文及巴利文。〔註 88〕回國後，在北平，他又與鋼和泰（Baron A. von Stael～Holstein，1877～1937）繼續研究梵文四五年。前後共十餘年，故他的梵文和巴利文都特精。但他的興趣是研究佛教對我國一般社會和思想的一般影響。至於印度的因明學及辯證學，他的興趣就比較淡薄了。」〔註 89〕

　　陳寅恪在〈論再生緣〉文中：「及長遊學四方，從師受天竺希臘之文，讀其史詩名著，……。」〔註 90〕於文革期間作的「交代稿」，1909 年秋赴德考入柏林大學。1911 年秋入瑞士蘇黎世大學，第二年春天回國。1913 年春在巴黎大學，1914 年秋返國。1919 年到美，入哈佛大學學梵文和希臘文等。陳寅恪的學生胡守爲說陳寅恪在哈佛：「隨蘭曼（Lanman）教授學梵文和巴利文。從這時起，先生專攻中古文學和佛教學。」〔註 91〕1921 年離開美國，重赴德國，進柏林大學研究院，研究梵文及東方文字學等，在歐洲約四年。〔註 92〕1923 年 8 月，《學衡》第十八期刊出陳寅恪的〈與妹書〉〔註 93〕說：「我今學藏文甚有興趣。」〔註 94〕李璜於 1923 年冬自巴黎赴柏林，形容初

〔註 87〕　劉桂生，〈陳寅恪、傅斯年留德學籍材料之劫餘殘件〉，《北大史學》，輯 4（1997 年 8 月），頁 308～9。

〔註 88〕　胡守爲，《陳寅恪論文選・前言》：「1921 年轉學於柏林大學梵文研究所，在路施德教授指導下，學習東方古文字長達四年。這種訓練，使先生後來能廣泛利用多種文字的資料和語言學的知識來佐證歷史，而爲他人所不及。」胡守爲編，《陳寅恪論文選》（北京：中華書局，1998 年），頁 2～4。

〔註 89〕　俞大維，〈談陳寅恪先生〉，《談陳寅恪》（臺北：傳記文學出版社，1970 年），頁 9。

〔註 90〕　陳寅恪，〈論再生緣〉，《寒柳堂集》，頁 1。

〔註 91〕　胡守爲，前引書，頁 2。

〔註 92〕　蔣天樞，《事輯》，頁 27～55。

〔註 93〕　案，陳寅恪的妹妹有三，〈與妹書〉的收信人是誰，歷來未明。陳寅恪的女兒陳流求等在《憶父親陳寅恪》中，首次說明係寫給陳新午。見該書頁 42。

〔註 94〕　陳寅恪，〈與妹書〉，《學衡》，期 20（1932 年 8 月），頁 19。陳寅恪，《陳寅恪集・書信集》（北京：三聯書店，2001 年），以下簡稱《書信集》，頁 1。

識的陳寅恪:「研究梵文甚勤。」〔註95〕1924 年 3 月北大派遣留學德國的姚從吾（姚士鰲，1894～1970）形容陳寅恪治域外（域內指中原漢文化所在，此乃相對而言）文字的能力:「能暢讀英法德文，並通希伯來、拉丁、土耳其、西夏、蒙古、西藏、滿洲等十餘國文字，近專攻毗鄰中國各民族之語言，尤致力於西藏文。印度經典，中土未全譯或譯者，西藏文多已譯出。印度經典散亡，西洋治印度學者，多依據中國人之記載。實在重要部分，多在西藏文書中，就中間涉及文學、美術者亦甚多。陳君欲依據西人最近編著之西藏文書目錄，從事翻譯，此實學術界之偉業。」〔註96〕總之，陳寅恪的留學情況特別是歐戰前的幾年，幾乎沒有留下任何學習的資料，後期除東方語文學外，也相當有限。此外，1914 到 1981 年之間留在國內，在學術和詩文方面也是一片空白。

　　同是留德的學者季羨林說:「寅恪曾在幾個歐美國家留學，在德國時間更長，受業於 Heinrich Lüders 諸大師，學習梵語及其他古代語言文字，深通德國學者的治學方法。但是，他學習德國考據學，並非奴隸式的模仿。在加注方面，他不學習德國學者半頁加注作法，他的辦法毋寧說是更接近中國傳統作法，腳注極少，有的地方他又超越了德國考據學。德國學者往往只求規律，不講義理。而寅恪先生則是規律與義理並重。」〔註97〕

　　季羨林不提蘭克，卻提了呂德斯（Heinrich Lüders），德國的梵文大師。並將兩人並列為「中西兩個考據大師」，在世界上享有極高的聲譽。季羨林說:「他同寅恪先生有很多共同之處，他們考證名物，旁徵博引，分析入微，如剝芭蕉，漸剝漸深。開始時人們往往不能理解，為什麼這樣假設。但是只要跟著他們剝下去，到最後，必然是『山重水複疑無路，柳暗花明又一村。』茅塞頓開，豁然開朗了。」〔註98〕

　　季羨林上面這一段話應相當可信，季羨林回憶師門淵源說，清華四年，留給他深遠影響的，其中之一是陳寅恪的「佛經翻譯文學」。到了德國歌廷根大學，開始學梵文、巴利文和吐火羅文，則是一生治學的轉折點。而德國老

〔註95〕李璜，〈憶陳寅恪登恪昆仲〉，香港《大成雜誌》，期 49，頁 3。
〔註96〕《北京大學日刊》，號 1465（1924 年 5 月 9 日），轉引自桑兵，《晚清民國的國學研究》（上海:上海古籍出版社，2001 年），頁 141。又見卞僧慧，《年譜長編》，頁 85。
〔註97〕季羨林，〈紀念陳寅恪先生百年誕辰學術論文集序〉，《紀念陳寅恪先生百年誕辰學術論文集》，頁 8。
〔註98〕季羨林，前引文，頁 9。

師瓦爾特施米特和陳寅恪在柏林大學是同學，同爲呂德斯教授的學生。〔註99〕
陳寅恪罕言師承，唯一的一次見諸〈童受喻鬘論梵文殘本跋〉，略曰：「寅恪
嘗遊普魯士，從柏林大學路得施（即季羨林說的呂德斯）教授治東方古文字
學，……教授有盛名於世，……。」〔註100〕

周樑楷（1947～）說：「陳寅恪在巴黎大學和哈佛大學以及遊學各地期間，
對語言學一直情有獨鍾。1921年，當他轉赴柏林大學研究院時，更致力攻讀毗
鄰中國各民族的語言。所以直截了當地說，陳寅恪治學以歷史語言學爲基礎，
應該是毫無疑問的。」〔註101〕進而指出：「陳寅恪在柏林時，想必耳聞蘭克大
名。但依據初步考量，他似乎不曾閱讀蘭克以及相關學者的專著。」並指蘭克
除了歷史語言考證（據）學，還有其歷史主義及相關涉的知識論、宗教信仰和
政治立場，乃至於實證史學，都不必加諸留德學者如陳寅恪身上。〔註102〕至如
留德專攻史學思想和方法的姚從吾，也只僅及於蘭克的歷史語言學。〔註103〕

張國剛（1956～）轉引德國漢堡大學中國語言文化系教授劉茂才（1914
～）的說法，陳寅恪在德國時，除了向呂德斯學梵文外，其他的老師還有海
尼士（Erich Haenisch，1880～1966）、米勒（F. W. K. Mueller，1863～1930）、
豪爾（Erich Hauer，1878～1936）、福蘭閣（Otto Franke，1863～1946）〔註104〕
等等。這些都是當時柏林大學印度系、漢學系和柏林民俗博物館的教授或東
方學家。不但證實了季羨林的說法，而且擴充了解到陳寅恪在德國的師門淵

〔註99〕季羨林，〈回憶陳寅恪先生〉，錢文忠編，《陳寅恪印象》（上海：學林出版社，
1997年），頁164～5。

〔註100〕陳寅恪，〈童受喻鬘論梵文殘本跋〉，《二編》，頁234。

〔註101〕周樑楷，〈傅斯年和陳寅恪的歷史觀點——從西方學術背景所作的討論〉，《臺
大歷史學報》，期20（1996年11月），頁113。

〔註102〕周樑楷，前引文，頁115。周文本意在澄清蘭克和實證史學無關，頗具針對
性；案，德國漢學家施耐德從歷史主義和詮釋學的觀點指出，基於史家的任
務，即重拾民族精神，陳寅恪雖從來沒有提到過蘭克，但陳寅恪只能採用歷
主義的、詮釋學方法。這就很難分辨出蘭克的影響，且更接近蘭克詮釋學的
理論。如果考慮到陳寅恪曾經在德國留學多年，「我們有理由相信他了解蘭克
以及德國的歷史主義傳統。」，見施耐德，《真理與歷史：傅斯年、陳寅恪的
史學思想與民族認同》（北京：社會科學文獻出版社，2008年），頁235。施
耐德今之視昔的見解只是後設性的推想，無從得出確認。

〔註103〕周樑楷，前引文，頁115。

〔註104〕據指陳寅恪從福蘭克（閣）修藏文，傅斯年1925～26年從修，留有筆記。福
蘭克當年爲柏林大學額外教授。王汎森、杜正勝編，《傅斯年文物資料選輯》
（臺北：中央研究院歷史語言研究所，1995年），頁52。又福蘭閣有子傅吾
康（Wolfang Franke，1912～2007）也是知名漢學家。

源，係集中在東方學特別是梵文和相關語文方面。總之，張國剛從陳寅恪在德國的師承和治學實踐中，完全沒有提到蘭克。〔註105〕

不僅在陳寅恪個人，蘭克對中國歷史學界的影響究竟如何，或許是另一個懸疑。〔註106〕傅斯年初創史語所時，「蘭克」還不時掛在傅的口中；但到了三十年代，情況有了改變。張致遠說：「先生於抗戰前語我：『史語所的研究工作係根據漢學與德國語文考證學派的優良傳統。』」〔註107〕這一段話應非張致遠、傅斯年當時對話的全部，而是張致遠有選擇的重點轉述。由於張致遠引用這段話時，主題是講蘭克史學，若傅斯年的重點有蘭克，張致遠應不致忽略。

正因為此時蘭克已不在傅的口中，只聞漢學和德國語文考證學派的優良傳統，而蘭克和德國語文考證學派關係又如此密切，只要提及德國語文考證學派當必有蘭克，然這並非蘭克史學的全部。是以傅的談話重點或許還在兩者的「優良傳統」，而漢學當不僅是乾嘉學派的漢學，而傅所指的，有更多可能應是以巴黎伯希和為中心的西方漢學。是以就傅斯年而言，用上「優良傳統」一辭，意味傅斯年個人對蘭克史學的認識已有變化，區隔西方漢學和德國語文學派有所不同。

以傅斯年研究作為博士論文主角的王汎森指出，傅斯年和蘭克史學的關係，並沒有像過往史學界所認為的那樣簡單、確定。例如傅斯年的藏書中沒有任何一本蘭克的書，卻有一本從德國帶回來，蘭克再傳弟子伯倫漢（Ernst Bernheim，1850～1942，又譯班海穆、班漢姆、伯因海姆）所寫的《史學方法論》（1920）。這本書1937年還重新裝裱過一次。至於建立中央研究院歷史語言研究所、史家成為專業，以及發行史語所集刊，又不能不說和蘭克史學有關。〔註108〕

〔註105〕張國剛，〈陳寅恪留德時期柏林的漢學與印度學——關於陳寅恪先生治學道路的若干背景知識〉，《陳寅恪與二十世紀中國學術》（杭州：浙江人民出版社，2000年），頁210～19。

〔註106〕張廣智，〈傅斯年、陳寅恪與蘭克史學〉，《二十一世紀的中國史學和比較歷史思想會議論文集》（上海：復旦大學，2004年），頁17。

〔註107〕張致遠，《張致遠文集》（臺北：國防研究院出版部，1967年），頁124。引文內容係張撰寫〈蘭克的生平與著作〉的引言，第一句即為：「本文為紀念傅孟真先生而作。」

〔註108〕Wang, Fan-shen. *Fu Ssu-nien: A life in Chinese History and Politics*（Cambridge: Cambridge University Press, 2000.）pp.93～7。傅斯年帶回伯倫漢的《史學方法論》曾重新裝裱，傅斯年在扉頁上題寫：「1937年重裝」。題寫圖片見王汎森、杜正勝，前引書，頁51。

　　再就「蘭克史學在中國」的傳播觀察，史家汪榮祖即指蘭克本人有五十四部著作，幾乎無一譯成中文；若說蘭克史學對中國史學有影響，唯中國學者並不一定有真理解。何炳松譯介美國魯賓遜（James Haryey Robinson,1863～1936）年的《新史學》（The New History，1912），當時中國史家如傅斯年似均視而不見，鮮知魯賓遜之新乃針對蘭克之舊，不滿長期以來一直以政治史和通史為專業研究的對象，以冀開拓史學研究的新方法與新領域。〔註109〕而陳寅恪本人未嘗就史學方法或史學觀念引進任何西方學者或蘭克本人的論述。

　　留德多年且承擔史學方法論課程的姚從吾，以班海穆於1889年寫的《歷史學導論》為底本，供北京大學歷史方法論教學的參考講義。然而。姚從吾身後出版的文集，第一集就是歷史學的方法論，廿四開本的本文共七十四頁，僅薄薄一冊，書中大致吸收了班海穆的重要論點，如「近代歐洲歷史方法論的起源」、「略論直接史料中幾類最佳史料」、「略論歷史學的補助科學」等，後期與姚從吾共同開課的杜維運（1928～）教授指稱「多採用班氏之說，而濟國史的例證。」〔註110〕清華歷史系第一屆畢業，後來留學德國的張致遠（1908～1965）曾節譯班漢姆的另一本書《史學導論》（1926），收入由張貴永（致遠）編著《史學講話》的前三章，無巧不巧本文也只有七十四頁。〔註111〕商務印書館另有伯倫漢著、陳韜譯的《史學方法論》，而姚認為陳韜可能是採用日譯本轉譯過來的。〔註112〕雖然姚從吾說：「蘭克的科學治史方法，甚風行中土。」〔註113〕牟潤孫就中西史學結合的觀點評述姚從吾的史學：「先師（陳垣）當年全力支持姚從吾留學德國，即希望他學會西洋史學方法與中國史學相結

〔註109〕此承汪榮祖先生面告，並見汪榮祖，《史學九章》，頁53；60。案，蘭克的著作直至2010年始有北京大學出版社出版，由楊培英主譯的中文譯本《歷史上的各個時代》。

〔註110〕杜維運，〈姚從吾先生全集──歷史方法論──後記〉，收入姚從吾，《姚從吾先生全集（一）‧歷史方法論》，頁77～8。

〔註111〕杜維運指張致遠《史學講話》僅前三章講班漢姆的史學理論和史學方法。杜維運，〈西方史學輸入中國考〉，《與西方史家論中國史學‧附錄二》（臺北：東大圖書公司，1981年），頁325。張致遠自稱這三章，「主要依據班漢姆的《史學導論》，此書較其大著《歷史方法教本》（《史學方法論》），尤為讀者所歡迎。」史家汪榮祖指張致遠於〈蘭克史學〉即〈蘭克的生平與著作〉一文，「平鋪直述，無多發揮。」見氏著，《史學九章》，頁68。

〔註112〕姚從吾，《姚從吾先生全集（一）‧史學方法論》，頁14～5。

〔註113〕杜維運，《聽濤集》（臺北：弘文館，1985年），頁304。

合，而結果並不理想。」〔註114〕

汪榮祖在《史學九章》中特別標目：「蘭克的史學被化約爲方法論。」汪榮祖說：「蘭克強調客觀和史料，導致他的史學被化約爲史學方法論。美國史學界自1870年代以後，即力傚蘭克的科學方法治史，並將蘭克創導的專題討論班介紹到美國著名大學。姚從吾在國內講授的蘭克史學，主要亦是方法論，故譽之爲：『批評史料的方法對於近代史學的貢獻，異常偉大，不愧是當年應用科學方法研究歷史的開創人。』」〔註115〕此前汪榮祖更說：蘭克「決不曾說過『史學即史料學』，他的著作也決不是史料的編排！」〔註116〕王爾敏在其《史學方法》一書中，列有專節討論「史料」，集中於檢討「史學便是史料學」的命題，但完全不見蘭克之名，於陳韜譯伯倫漢《史學方法論》也僅僅一見，且係帶有譏刺地說：「近世學者探討史學方法，每不厭其史料分類……綱舉目張，頗見系統。然所見既多，立覺種種分類，全爲排列組合之遊戲。」〔註117〕汪榮祖的評論更直接：「我們講史學史，花一小時講蘭克就可以了。」〔註118〕杜維運則說陳韜所譯的《史學方法論》「頗似天書。」〔註119〕

就現有可資印證的史料，陳寅恪在留德期間，主修梵文和其他東方語文。俞大維提及陳寅恪研究中西一般的關係，尤其於文化的交流、佛學的傳播及中亞的史地，深受西方學者的影響，但未提及陳寅恪受到西方史學家的影響。對陳寅恪有影響的學者，俞大維說，有法國的 P. Pelliot（伯希和，1878～1945）、德國的 F.W.K. Mueller、〔註120〕俄國的 W. Barthold。〔註121〕從這三位學者著

〔註114〕牟潤孫，〈從《通鑑胡注表微》論援庵先師的史學〉，《勵耘書屋問學記：史學家陳垣的治學》（北京：三聯書店，1987年），頁75～6。

〔註115〕汪榮祖，《史學九章》，頁63～4。

〔註116〕汪榮祖，〈蘭克史學眞相〉，《食貨月刊復刊》，卷5期1（1975年4月），頁18。

〔註117〕王爾敏，《史學方法》，頁127。

〔註118〕汪榮祖，前引文，頁19。

〔註119〕杜維運，前引書，頁328。

〔註120〕德國著名東方學家繆勒（米勒）。據王汎森、杜正勝《〈中央研究院歷史語言研究所〉所史資料稿》（一），頁22的記載，史語所初創時，傅斯年即擬聘其爲外國通信員。杜正勝，〈無中生有的志業——傅斯年與史語所的創立〉，《新學術之路》（臺北：中央研究院歷史語言研究所，1998年），頁29。傅斯年推崇繆勒能「發讀回紇文書。」傅斯年，〈歷史語言研究所工作之旨趣〉，《中央研究院歷史語言研究所集刊》，第一本第一分，頁5。胡守爲說：「穆勒研究摩尼教經典與回紇民族。」胡守爲，《陳寅恪史學論文選集·前言》（上海：上海古籍出版社，1992年），頁11。

作目錄多集中於東方學或漢學可以理解，這三位不是漢學家就是東方學者，伯希和更是西方漢學祭酒。而陳寅恪則曾通過沈曾植（1850～1922）得識王國維於上海，並獲王國維的介紹信，在巴黎見過伯希和。〔註122〕

又，季羨林處理陳寅恪身後遺留的六十四本留學德國期間的六十四本筆記，其中關於東方語文的有五十九本，相關語文有藏文、蒙文、突厥回鶻文、吐貨羅（土火羅）文、西夏文、滿文、朝鮮文、佉盧文、梵文、巴利文、粟特文、印地文、俄文、摩揭陀語、古代波斯文、中世紀波斯文、希伯來文、東土耳其文等十八種，從部分筆記中還可以看出「功夫下得很深。」〔註123〕

胡適於 1937 年 2 月 22 日對陳寅恪的學問有一段評語：「讀陳寅恪先生的論文若干篇。寅恪治史學，當然是今日最淵博，最有識見，最能用材料的人。」〔註124〕其中「最淵博」和「最能用材料」應該包括陳寅恪的東方語文能力，而此又非當時研治史學者所能望其項背。

然而蘭克對陳寅恪有沒有可能產生若干直接間接影響？由於陳寅恪曾兩度遊學日本，亦有可能間接從日本獲知蘭克史學並受其影響。持此說的留日學者劉正就陳寅恪兩次留日的情況推論，經第一次留日，陳寅恪的日本語文能力即達到與日本同齡人不相上下的水平，第二次留日時以其日本語文能力開始了對日本東洋史和佛教書籍的研讀。而日本的近代歷史學始於 1886 年，

〔註121〕全名應爲 V.V. Barthold，而非 W. Barthold。蘇聯科學院院士巴爾托里德（1869～1930 年）是知名的突厥和蒙古史學者。巴爾托里德關於中亞歷史的主要著作有《蒙古入侵前的突厥斯坦》、《突厥斯坦文化生活史》、《突厥斯坦簡史》、《中亞景教史》、《中亞突厥史十二講》以及關於塔吉克、土庫曼、吉爾吉斯等民族的簡史多種；關於伊斯蘭教和其他伊斯蘭國家、地區的著作有《伊斯蘭世界》、《伊朗簡史》、《伊朗歷史地理》等。作者的許多主要著作曾先後被譯成英、德、法和土耳其等文字。

〔註122〕蔣天樞筆錄陳寅恪〈王觀堂先生輓詞〉「伯沙博士同揚榷，海日尚書互唱酬」這兩句所作的注文，前句爲：「法人伯希和、沙畹兩博士。」後句爲：「沈曾植，宣統復辟時學部大臣，有海日樓詩集。法國漢學者曾勸羅王兩先生往遊巴黎，然終不果。余之得識伯希和於巴黎，由先生作書介紹也。先生詩集中有與沈乙庵唱和詩，蓋返自日本居上海時所作。」此先生指王國維，蓋陳寅恪或即於此時通過沈曾植得識王國維於上海。

〔註123〕季羨林，〈從學習筆記本看陳寅恪先生的治學範圍和途徑〉，《紀念陳寅恪教授國際學術討論會文集》，頁 86。另陳寅恪的女兒陳美延主編的《陳寅恪先生遺墨》（廣州：嶺南美術出版社，2005 年）收有陳寅恪於抗戰前清華大學時的手跡。其中涉及東方語文的有：《佛經翻譯文學》、《闋特勤碑》、《蒙兀史料》、《法稱著菩薩本生鬘論疏藏文譯本》及外族文字抄件散頁。

〔註124〕曹伯言整理，《胡適日記全集》（臺北：聯經出版公司，2005 年），頁 387。

作爲德國歷史語言學派代表之一的路德維希‧利斯（Ludwig Riess，1861～1928）博士，出任日本東京帝國大學新開創的史學系主任教授，直到他 1902 年回德爲止，他把德國歷史語言考據學派的治學方法和史學理論傳給了白鳥庫吉等日本東洋史學的先驅們。在劉正的論述裡，這些先驅應該還有那珂通世、児島獻吉郎（1866～1931）、市村瓚次郎（1864～1947）、桑原隲藏（1871～1931）等，這些學者的著作應是陳寅恪第二次留日時的閱讀內容。〔註 125〕

劉正的論述證據可以說間接而又間接。陳寅恪所有傳世的文獻中，非但沒有任何有關西方史學的譯述，也無涉及相關蘭克史學的闡述。這應該是可以確定的。蘭克史學在中土甚流行的種種，並加諸在陳寅恪身上，應可歸爲「未求甚解」的誤會。

據汪榮祖修正後的最新提法也說，「就具體的證據而言，陳寅恪從來沒有提過蘭克，也沒有讀過蘭克重要著作的跡象，更重要的是，執教荷蘭的德國漢學家施耐德指出，陳氏與蘭克的精神世界完全不同。」〔註 126〕

第三節　從西方漢學轉向中國史學

陳寅恪的東方語言學實踐與其說是歷史語言學於中國史學的運用，不若說是陳寅恪係當年唯一能廣泛運用域外文字治中古及佛教在華傳播的學者。國內學者當時居國際漢學一席之地者首推王國維和陳垣（1880～1971）兩人。王國維於陳寅恪「許我忘年爲氣類」除在文化意識上有共識外，陳的域外語文知識當亦受觀堂先生推許。王國維自殺後，陳垣在日本學界乃至伯希和眼中則穩居首席。緊接在後的既不是胡適或傅斯年、顧頡剛等，而是陳寅恪。〔註 127〕但陳

〔註 125〕劉正，〈陳寅恪先生年譜研究序說〉，《文史哲》，1996 年期 3，頁 46～7。

〔註 126〕汪榮祖，〈史家陳寅恪的自我（稿）〉，收入《華人的人觀與我觀之跨科學及跨文化整合型研究學術討論會手冊》（台北：2010），頁 127。

〔註 127〕尹炎武曾據伯希和言（「中國近代之世界學者，惟王國維及陳（垣）先生兩人。」）致信陳垣：「不幸國維死矣，魯殿靈光，長受士人之愛護者，獨吾陳君也。在平 4 月，（伯希和）遍見故國遺老及當代勝流，而少所許可。乃心悅誠服，矢口不移，必以執事爲首屈一指。」陳智超（1934～）編注，《陳垣來往書信集》（上海：上海古籍出版社，1990 年），頁 96。而據梁宗岱（1903～1983）回憶，1930 年代初在北平一次熱鬧的餐宴中，席上有人問伯希和：「當今中國的歷史學界，你以爲誰是最高的權威？」伯希和不假思索回答：「我以爲應推陳垣先生。」載鎦齡，〈梁宗岱與胡適的不合〉，趙白生編，《中國文化名人畫名家》（北京：中央編譯出版社，1995 年），頁 413～4。又，蔣天樞在其所編

寅恪在陳垣心目中則是後起之秀，且有後來居上之勢。此蓋出於陳寅恪的博通中外，較陳垣更能掌握國內學者最匱乏的工具，諸如梵文等域外文字和外來的治學觀念，這自然要較乾嘉諸老若錢大昕輩能更上層樓。〔註128〕作爲進入史學圈，而新史學還處在成形發展階段，陳寅恪的域外文字和塞外殊族之史相關史料，加上留學歐美的見聞，爲陳寅恪提供了一個強有力的「入世之媒」。1932 年清華大學入學考試國文卷陳寅恪以對對子入題，引發爭議，蘇州國學會辦的《國學論衡》即有評論：「旁徵博引，累數千言，辭甚辯，人以其名震一時，夙爲故都人士尊信，故難者無以難而難自解。」（對對子爭議請見第四章）。〔註129〕而且陳寅恪是能談義理的學者，誠如錢鍾書形容陳寅恪「作漢學，

〈陳寅恪先生論著編年目錄〉中言，「此目寫成後之次日（1953 年 10 月 22 日），接門生周荷珍代鈔《東洋史研究》二卷二期（號）中，日本小野川秀美（1909～1980）所編目錄，除誤收吳其昌文一篇外，並未能有所增補。」但蔣氏或未知，該刊自二卷一號起，選刊了五位名家目錄，第一位就是陳垣，依次是陳寅恪（二卷二號）、朱希祖（1879～1944）、（二卷四號）、傅斯年（二卷五號）和顧頡剛（二卷六號）。顯然，這是日本京都大學東洋學對中國當代史家的排名。而陳寅恪在五人當中任教資歷最淺，但很快就進入主流群，排名僅次於陳垣。陳寅恪部分見《東洋史研究》二卷二號，頁 78～9。目錄扣除誤收，有三十五篇文章，其中一篇〈須達起精舍因緣曲跋〉也收入日本《東洋學論叢》（1934 年 5 月），並附一短短的日文小傳：「陳寅恪，江西修水人。英法等諸國留學。現爲北平國立清華大學中國文學系教授兼中國史教授，同爲國立中央研究院歷史語言研究所兼任研究員兼第一組主任。年四十四。」在上述五位史家中，於顧頡剛的介紹最詳，唯執筆者小川茂樹（1904～1987）說，顧之古史及歷史地理的論述極可能受日本學者內藤湖南（1866～1934）、津田左右吉（1873～1961）以及小川茂樹的父親小川琢治（1870～1941）的影響而不言。《東洋史研究》，卷 2 號 6（1937 年 8 月），頁 72～7。此非本書論旨所在。相關此說已有錢婉約（1963～）〈「層累地造成說」與「加上原則」——中日近代史學辨偽理論〉，針對宮崎市定（1901～1995）1965年對顧說檢自內藤湖南的提法，已作出否定，可參考。日本留華學者倉石武四郎（1897～1975）形容：「陳氏論如利刃斷亂麻，不愧靜庵先生（王國維）後起矣。」（日）倉石武四郎著，榮新江、朱玉麒輯注，《倉石武四郎中國留學記》（北京：中華書局，2002 年），頁 153。

〔註128〕傅斯年即推許：「我的朋友陳寅恪先生，在漢學上的素養不下爲錢曉徵，更能通習西方古今語言若干種，尤精梵藏經典。」傅斯年，《史學方法導論》，《傅斯年全集》（長沙：湖南教育出版社，2003 年），卷 2，頁 321。陳寅恪再將此語轉讓給陳垣，曰：「陳援庵先生之書，尤爲中外學人所推服。蓋先生之精思博識，吾國學者，自錢曉徵以來未之有也。」陳寅恪，〈陳垣元西域人華化考序〉，《二編》，頁 270。

〔註129〕陳旭旦，〈國蠹〉，《國學論衡》，期 1（1933 年 12 月 1 日），轉引自桑兵，〈近代中外比較研究史管窺〉，《中國社會科學》，2003 年期 1，頁 19。

講宋學。」〔註130〕陳寅恪爲陳垣寫過三篇序文,於陳垣史學成就和研治均高度推崇,在這三篇序文中,陳寅恪創造了「燉煌學」一詞,提出了「預流」西方漢學以及「宗教和政治終不能無涉」的觀點,兼及清代和宋代史學的高下軒輊,除欲追求現代史學眞諦外,更及於闡揚傳統文化和外來文化接觸之際的別擇去取。〔註131〕隱然之間,已露不以西方漢學乃至乾嘉漢學但求語文考證爲滿足,而欲轉爲帶有中外文化價値觀的比較研究。在 1939 年之前,以中土史料爲主,不涉域外文字,且帶有史論傾向的論文,如〈李德裕貶死年月及歸葬傳說考辨〉、〔註132〕〈論李懷光(729~785)之叛〉等篇章不計外。取陳寅恪帶有西方漢學,強調語文考證方法的論文,而其中最見微意者,一爲〈蓮花色尼出家因緣跋〉,一爲〈韋莊秦婦吟校箋〉。特別是〈秦婦吟校箋〉,乃有鑒西方漢學家「有見無識」,和國內史家如王國維於語文工具之不足,而發新見和補充。〔註133〕前者在闡明敦煌寫本有關蓮花色尼出家事原有七種咒誓惡報何以中譯僅見六種,蓋其中一種惡報係中國傳統文化所無法見容的「聚麀」亂倫惡報,並兼及論述佛法與中國倫理觀念相衝突的演變史實,例如天竺佛教「無父無君說」在華夏的遞演過程,由「沙門不敬王者」變爲「僧拜父母」,再爲「崇奉君主」,至元代則已全部支那化矣。而曰:「夫僧徒戒本本從釋迦部族共和國之法制蛻蟬而來,今數典忘祖,輕重倒置,至於斯極,橘遷地而爲枳,吾民族同化力可謂大矣。」〔註134〕後者〈韋莊秦婦吟校箋〉,非

〔註130〕據汪榮祖 2006 年 12 月 6 日轉述。桑兵引用「講宋學,做漢學」語,據稱也係得自汪榮祖。《晚清民國的國學研究》,頁 168;187。汪榮祖自稱,1986年 7 月 8 日晨 9 時,在北京三里河錢寓,親聆錢鍾書所言:「陳先生治學崇漢學,卻尊崇宋學。」汪榮祖另以「宋皮漢骨」形容陳寅恪,見汪榮祖,〈史家陳寅恪的自我〉,頁 125。案,「宋皮漢骨」或應改爲「漢皮宋骨」爲宜。

〔註131〕陳寅恪爲陳垣所撰的三篇序文爲:〈陳垣燉煌劫餘錄序〉、〈陳垣元西域人華化考序〉、〈陳垣明季滇黔佛教考序〉。

〔註132〕〈李德裕貶死年月及歸葬傳說考辨〉,後有兩次增補,並改題爲〈李德裕貶死年月及歸葬傳說辨證〉,《二編》,頁 9~56。

〔註133〕余英時形容陳寅恪:「他的文史論著是中國的傳統學人和現代專家所都能相悅以解的。傳統學人能接受他,因爲他的概念結構(conceptualization)是從中國文獻的内在脈絡中自然呈露出來的,這是他『舊學邃密』的一面。現代專家能欣賞他,則因爲他所處理的問題完全是現代的。這又是他『新知深沈』的一面。更重要的是,在他所處的早期過渡階段,這種『舊學』和『新知』的結合無論在精神上或形式上都順理成章,不見勉強牽湊的痕跡。」余英時,〈明明直照吾家路〉,《詩文釋證》,頁 5。

〔註134〕陳寅恪,〈蓮花色尼出家因緣跋〉,《寒柳堂集》,頁 169~74。

僅在補前人王國維以來學者考證之不足，或澄清海外漢學研究者如翟林奈（L. Giles，1875～1958）於地望解釋之疑滯，重新考釋「秦婦」逃難之路徑和過程，而在書寫「故國亂離之慘狀」。〔註135〕

　　再就〈大乘義章書後〉一文為例，首言：「大藏中此土撰述總詮通論之書，其著者有三，《大乘法苑義林章》，《宗鏡錄》及遠法師（慧遠，334～416）此書（《大乘義章》）是已。《宗鏡錄》最晚出，亦最繁博。然永明之世，支那佛教已漸衰弱，故其書雖平正篤實，罕有倫比，而精采微遜，雄盛之氣，更遠不逮遠基（釋窺基，632～682）之作，亦猶耶教聖奧古斯丁（St. Augustin，約354～430）與巴士卡兒（Blaise Pascal，1623～1662），其欽聖之情，固無差異，而欣戚之感，則洞不相侔也。」〔註136〕這是一段中西宗教思想的比較之學，已非西方漢學題跋之文所能範圍，更非傳統義理性命之學的文章可相比擬。

　　至於〈大乘義章書後〉的西方漢學成分，主要在講佛教名詞的翻譯和誤解，並舉悉檀為例引申擴大。然其早在1923年〈與妹書〉的信中即已言及，先敘「如以西洋語言科學之法，為中藏比較之學，則成效當較乾嘉諸老，更上一層。」然此非陳寅恪所注意者也，其所注意者有二，一歷史，一佛教。〔註137〕這說明在漢學之上，還有歷史和佛教，而佛教也集中於佛教史和中印文化交流。次則談到佛典翻譯問題：「我偶取金剛經對勘一過，其注解自晉唐起至俞曲園止，其間數十百家，誤解不知其數。……隋智者大師（智顗，538～597）天台宗之祖師，其解悉檀二字，錯得可笑。」〔註138〕至寫〈大乘義章書後〉，陳寅恪取天竺悉檀梵語對音為解，旨在破題，導出《大乘義章》涉及「五時判教」之說的爭議。

　　而其本意在論述「『五時判教』之說，絕無歷史根據，固不待詳辨，然自中國哲學史方面論，凡南北朝時四宗之說，皆中國人思想整理之一表現，亦此土自創佛教成績之一，殆未可厚非也。」陳寅恪再進一步推論：

> 嘗謂世間往往有一類學說，以歷史語言學論，固為謬妄，而以哲學思想論，未始非進步者。如易非卜筮象數之書，王輔嗣（王弼，226～249）程伊川（程頤，1033～1107）之注傳，雖與易之本義不符，然為一種哲學思想之書，或竟勝於正確之訓詁。以此推論，則徐健

〔註135〕陳寅恪，〈韋莊秦婦吟校箋〉，《寒柳堂集》，頁125～40。
〔註136〕陳寅恪，〈大乘義章書後〉，《二編》，頁181。
〔註137〕陳寅恪，〈與妹書〉，《陳寅恪集·書信集》，頁1。
〔註138〕陳寅恪，前引文，頁2。

庵（徐乾學，1631～1694）成容若（納蘭容若，1655～1685）之經
解，亦未必不於阮伯元（阮元，1764～1849）王益吾（王先謙，1842
～1917）之經解外，別具優點，要在從何方面觀察評論之耳。〔註139〕
從上面陳寅恪的推論，西方漢學雖爲當時之顯學，然於陳寅恪，不過是其治史
之預備功夫。據蔣天樞《陳寅恪先生編年事輯》：「先生自歸國任教清華後，逐
漸展開對中譯本佛經之研究，尤其在遷居清華西院三十六號後，用力尤勤。」
此事蔣天樞繫於1935年。然自1936年起，陳寅恪即從中譯本佛經之研究轉向
校治並圈點《舊唐書》，蓋爲「唐史三稿」預爲準備。〔註140〕陳寅恪的學生卞
僧慧指：同在這年秋，陳寅恪在清華中文系「專家研究」系列項目下，開設了
「歐陽修（1007～1072）」這門課，作爲研究宋史初入手之小課題。〔註141〕

　　雖然陳寅恪在清華開的課程或皆和漢學有關，〔註142〕陳寅恪得以入聘清華
研究院，即清華國學院，應是以專家即具東方語文學特長的身分應聘，〔註143〕
但陳寅恪的自我認同則以史學爲專業，以史家爲職志，殆無疑問。〔註144〕這

〔註139〕陳寅恪，〈大乘義章書後〉，《二編》，頁185。〈朱延豐突厥通考序〉，《寒柳堂
集》，頁162。
〔註140〕蔣天樞，《事輯》，頁85～100。
〔註141〕卞僧慧，《年譜長編》，頁124。
〔註142〕案，陳寅恪初在清華國學院的「課堂演講」分別爲「西人之東方學目錄學」、
「梵文（金剛經研究）」，指導學科範圍有：年歷學（中國古代閏朔日月食之
類）、古代碑志與外族有關係者之研究（如唐蕃會盟碑之藏文闕特勤碑之突厥
文部分與中文比較之類、摩尼教經典回紇文譯本之研究、佛教經典各種文字
譯本之比較研究（梵文巴利文藏文回紇文及中央亞細亞諸文字譯本與中文譯
本比較研究）、蒙古滿洲之書籍及碑誌與歷史有關係者之研究。幾乎皆屬古代
東方語文學的範疇，但總要拉回來和中文或歷史作一比較。在北京大學兼課
也是《佛經翻譯文學》和《蒙古源流研究》。蘇雲峰，《從清華學堂到清華大
學：1911～1929——近代中國高等教育研究》（臺北：中央研究院近代史研究
所，1996年），頁335～37、355。
〔註143〕例如顧頡剛早在1924年，即把陳寅恪列爲「研究亞洲漢族以外的各民族的文
化」以及「東方古文言語學及史學」的學者，和歐洲的伯希和、斯坦因，國
內的陳垣、張星烺、羅福成等同列。顧頡剛的看法或係受姚從吾影響，1924
年3月12日，姚從吾致書朱希祖提及留德學生習歷史者，陳寅恪欲依據西人
最近著編著之西藏文書目錄，從事翻譯，此實學界之偉業。陳先生志趣純潔，
強識多聞，他日之成就當不可限量。應可視同當時史學界的一種認識。顧潮，
《顧頡剛年譜》（北京：中國社會科學出版社，1993年），頁97。另見卞僧慧，
《年譜長編》，頁85。
〔註144〕陳寅恪的學生卞僧慧說：先生自幼泛覽群籍，深通舊學。及游學東西洋，識
見日以廣，感受日以深，……，在治學與應世之間，歧路徘徊，反復思考。
終乃決意以國史爲己任。見卞僧慧，《年譜長編》，頁123。

些都說明，陳寅恪從西方漢學轉入中外文化價值觀的比較研究，並轉向校治《舊唐書》，及欲爲宋代思想史，開設「歐陽修」課。學年結束，還寫出《五代史記注》，意在考釋永叔議論之根據，亦北宋思想史一片斷也。〔註145〕與其說接近西方漢學，不如說更接近史學，也是陳寅恪分別於 1941 年和 1943 年，兩次聲明「捐棄故技（西方漢學、塞表殊族之史事）」，「不復敢上下議論於其間。」且「年來自審所知，實限於禹域之內。」〔註146〕所以有此「捐棄故技」者的根源，當在西方漢學或東方學〔註147〕與中國史學之間，寧取史學，即更上層樓，由考據而爲史學，既脫清代經師之舊染，更洗西方漢學之新鑊。〔註148〕轉向史

〔註145〕卞僧慧，《年譜長編》，頁 124。

〔註146〕陳寅恪，〈論許地山先生宗教史之學〉，《二編》，頁 360。

〔註147〕西方漢學（Sinology）或東方學自十九世紀末，二十世紀初期以來迄三○年代，偏重中亞以及東亞包括中國的史地和語言的研究，積極從事實地考古發掘，並長於利用西方發展出來的歷史語言學知識和方法論，從事中亞宗教包括佛教不同語言經典的對勘研究。選題也傾向此一領域。漢學其實是東方學當中，以中國語文和考古爲主題的東方學，例如敦煌學，偏重材料即新史料的解讀和分析，即考證之學，在當時多證而不疏，但自法國葛蘭言（Marcel Granet）出，批評漢學偏於語文研究的僅停留於考證爲能事，要求疏證，提倡引入社會學的分析法，法國漢學爲之一變。等到美國費正清（John King Fairbank）革出，又爲一變，除「刺激與反應」論外，現代化論隨之而起，而此皆承西方學術主流而爲之轉移者。相對而言，中亞史地考古和歷史語言比較非中國學者所長，更無財力、人力從事考古發掘與西方漢學家所擁有的資源競爭。1929 年陳寅恪致書傅斯年即曾慨嘆連買書都不可能和外人競財力（《書信集》，頁 23）。史語所的創建即深受西方漢學影響，要把漢學的中心轉移到中國、要建立「科學的東方學正統」以期「有以裹進世界之學術於將來。」陳寅恪從域外之學轉向史學，當非二分法之此是彼非，應指即不僅從事考證，而且看重疏通。考證爲輔，是工具；論述爲主，是目的。其轉向於中古史特別是《隋唐制度淵源略論稿》、《唐代政治史述論稿》、《元白詩箋證稿》「唐史三稿」所取得的成就，當有合於陳寅恪所言史學眞締之屬。又者，漢學重新材料或新史料，其研治範與其以學門概括不若以地區概括，漢學自指相關中國的所有學問，但視其所研治的材料而定。另請參考桑兵的專著，《國學與漢學——近代中外學界交往錄》（杭州：浙江人民出版社，1999 年）。

〔註148〕有謂陳寅恪治學不甘隨隊逐人，其於西方漢學由於傳承、環境、資料等條件限制，盡管他已超越前賢同儕，爲中國學者群中最爲擅長，但很難在爲數不少的歐洲專家中技壓群雄。所以有捨漢學捐棄故技之舉。桑兵，《國學與漢學——近代中外學界交往錄》（杭州：浙江人民出版社，1999 年），頁 143。殷祝勝認爲係受史料不足的局限，不足以成系統之學。殷祝勝，〈陳寅恪的學術淵源及其演變〉（南京：南京大學，1997 年），頁 37～8。但若就陳寅恪的內在思維言，轉向史學而非西方漢學應是陳寅恪的既定方向，外緣因素只可能增強其轉向的速度。

學更明確的跡象，一在陳寅恪 1939 年始撰《隋唐制度淵源略論稿》，1940 年在香港撰《唐代政治史述論稿》，1944 年撰《長恨歌箋證》，後結集為《元白詩箋證稿》而為「唐史三稿」，這些已非西方漢學可以範圍，而且可以從 1942 年陳寅恪致劉永濟信，談《隋唐制度淵源略論稿》、《唐代政治史述論稿》係「廿餘年來所擬著述而未成之稿」〔註149〕，以此逆推，當在先生從復旦畢業或留學德國柏林大學時即已有志於此，至遲不出 1919 年，且可證諸吳宓在日記中引述陳寅恪論點的相關記載：「漢晉以還，佛教輸入，而以唐為盛。唐之文治武功，交通西域，佛教流布，實為世界文明史上，大可研究者。」〔註150〕前賢或有陳寅恪「史學三變」說，唯從陳寅恪發表的第一篇文章〈與妹書〉始，「我今學藏文甚有興趣……我所注意者有二，一歷史，……一佛教……。」很清楚地視藏文為治史之工具，更往前溯，陳寅恪的父親陳三立早在 1902 年就有「諸孫（案，實指子）解西史」，或陳寅恪於 1919 年自稱：「我今學習世界史」，父子兩代之認識皆以史學或歷史為歸趨。其於「殊族之文，塞外之史」或「中古以降」之史，直至完成《柳如是別傳》，都是從事帶有價值取向的史學工作。《柳如是別傳》中大量的考據和辯證，只為證成柳如是其人其事，以為表彰。陳寅恪在《柳如是別傳》〈緣起〉一章說：「蓋牧齋博通文史，……寅恪平生才識學問固遠不逮昔賢，而研治領域，則約有略近似之處。」〔註151〕陳寅恪為錢牧齋「發皇心曲」，〔註152〕不僅「藉以溫舊夢，寄遐思，亦欲自驗所學深淺」，其於劉銘恕信中言：「弟近年從事著述，然已捐棄故技，為一游戲試驗（明清間詩詞，及方志筆記等。）固不同於乾嘉考據之舊規，亦更非太史公沖虛真人之新說。」〔註153〕此等捐棄故技之變，皆屬史家運用工具之能事。至於其為史家之認同，由於至老未嘗有變，不論其於史學工夫之演示，或重域外文字，而有塞外之史，更有中古以降民族文化之史，終結以「心史」，

〔註149〕《書信集》，頁 244。

〔註150〕參見《吳宓日記》，冊Ⅱ，頁 100～106，特別是頁 102。

〔註151〕陳寅恪，《柳傳》，冊上，頁 3。

〔註152〕陳寅恪有言：「昔元裕之（元好問）、危太僕（危素）、錢受之（錢謙益）、萬季野（斯同）諸人，其品格之隆汙，學術之歧異，不可以一概而論；然其心意中有一共同觀念，即國可亡，而史不可滅。」而陳寅恪心中所治者當為史學，並以國史自任。陳寅恪，〈吾國學術之現狀及清華之職責〉，《二編》，頁 361～2。

〔註153〕劉銘恕，〈憶陳寅恪先生〉，《敦煌語言文學研究通訊》，1988 年期 1，頁 5～6。「太史公沖虛真人之新說」指馬列新說。見余英時，《陳寅恪晚年詩文釋證》，頁 290。

亦皆史家之能事。言其不欲為專家，而欲為具有通識之博雅學者可，但因此而有三階段三變之說，則或猶未盡陳寅恪之心曲。

第四節　小　結

　　陳寅恪自小所承受的家世和個人傾向文史，而且是以儒家價值為旨歸的史家。〔註154〕其於陳寅恪後來成為史家，或具決定性的關聯，至少陳寅恪在相關論述以及晚年所撰回憶錄中都有具體的描述，即性好閱讀，且偏重文史和佛教經典。至論其有取於蘭克史學和東方語言學，前者似有若無，甚至蘭克史學於中國新史學的影響都值得進一步探索。至於後者，陳寅恪學習東方語文，則有具體的資料可以印證。從陳寅恪對留學生的尖銳評論可以感知，陳寅恪個人於中西文化的接觸，非僅別有懷抱，更有其自信得之西方學術真諦者。是以本書論述陳寅恪由西方漢學轉向史學，或說由乾嘉諸老，更上層樓，不受乾嘉史學但以考據見長的學風所拘束。進而可以確認陳寅恪的學術認同和價值取向，自始即以史學為其歸趨。

〔註154〕陳寅恪的儒家價值旨歸具見〈王觀堂先生輓詞並序〉，在〈序〉中，陳寅恪說：
　　　　「吾中國文化之定義，具於白虎通三綱六紀之說。其意義為抽象理想最高之
　　　　境，猶希臘柏拉圖所謂 Eidos 者。」陳寅恪，〈王觀堂先生輓詞並序〉，《詩集》，
　　　　頁 12。

第三章　思想發展之二——古典辯證法和「假設」的提出

　　陳寅恪留學國外多年，返國任教，罕見直接論述西方學術，也無譯著。〔註1〕但在王觀堂先生輓詞中有言：「吾國文化之定義，具於白虎通三綱六紀之說，其意義爲抽象理想最高之境，猶希臘柏拉圖所謂『Eidos』者。」〔註2〕此「抽象理想最高之境」，固屬西方古典於學術上的探求，其於王國維身上所闡揚的「獨立之精神，自由之思想」，〔註3〕或更係由此而來。而這也正是陳寅恪一生念茲在茲，堅持不易者。與此相關的是陳寅恪的學術論證經常出以「假定」(「假設」或「假說」〔註4〕)」的命題形式，這是自梁啓超倡言「新

〔註1〕陳寅恪個人雖無譯著，但曾參與中華教育文化基金會編譯委員會，並提供譯介西方歷史意見。1930 年 10 月 19 日胡適日記：「在歐美同學會邀編譯委員會同人聚餐，我提出歷史選譯問題，訂開：Greece 用 Grote。Rome 用 Mommsen。Middle Ages 擬用 D. C. Munse。The Renaissance Reformation 擬用 E.M.Hulme: The Renaissance, the Protestant Revolution & the Catholic Reformation。Modern Europe 擬用 ⓐW.C. Abbott: The Expansion of Europe（1415～1789）。ⓑH. E. Bowrne: The Revolutionary Period（1763～1815）。England 擬用 I. R. Green 或 E. Ingfield～Stratford（The History of British Civilization）。France 擬從李幼春（椿）說，用 Albert Malet: Nouvelle Historie de France（1924）。U.S.A 擬用 Beard: Rise of American Civilization。大家對於 Grote、Gibbon、Mommsen、Green 都無異言，但對於其他書則頗懷疑。寅恪謂前四人懸格過高，餘人則降格到教科書了。」胡適著，曹伯言整理，《胡適日記全集》（臺北：聯經出版公司，2004 年），冊 6，頁 340～41。

〔註2〕陳寅恪，《詩集》，頁 12。

〔註3〕陳寅恪，〈清華大學王觀堂先生紀念碑銘〉，《二編》，頁 246。

〔註4〕案，「假定」或「假想」、「假設」以及下文會提到的「辯證法」都是現代漢語新

史學」〔註5〕以來，陳寅恪大異於近代其他史家的論證思想。〔註6〕但若從柏拉圖的學說中則可以發現，柏拉圖的「辨證法」就是在對話或論辯之前，先提出一個「假設」（hypothesize），以期在論辯過程中能有一超越，由當下的論題或現實而進入一抽象的「理念世界」。陳寅恪提出的「假說（假設）」雖用於歷史論證，往往也期待能超越現實而進入另一論述境界而為一具有新意的認識，既類似「演繹法」又與柏拉圖的「辯證法」似有暗合之處。〔註7〕本章僅就陳寅恪的「假說」及其「辯證」備求一說。〔註8〕

借自日語的詞彙，但無法確認陳寅恪留日時是否已經熟悉此一詞義。參見實藤惠秀著，譚汝謙、林啓彥譯，《中國人留學日本史·第七章：現代漢語與日語詞彙的攝取》（香港：中文大學出版部，1982年），頁234；237。

〔註5〕 梁啓超倡言「新史學」，首見於1902年創刊的《新民叢報》。梁啓超在《新民叢報》第一號「史傳欄」以「中國之新民」筆名發表〈新史學〉，未完部分刊在第二、第三號。自十一號起發表〈論正統〉，另標目「懸談一」、〈新史學三〉。十四號〈歷史與人種之關係〉，標目〈續懸談一〉、〈新史學四〉、十六號〈論書法〉、〈懸談二〉，〈新史學五〉。二十號〈論紀年〉、〈懸談三〉，〈新史學六〉。

〔註6〕 陳寅恪使用「假定」、「假想」、「假設」在詞義上略無區隔。依文章發表年代為序，分別見於〈元代漢人譯名考〉，《二編》，頁100。《隋唐制度淵源略論稿》（北京：三聯書店，2001年），以下簡稱《略論稿》，頁73～4；76；《述論稿》，頁213；230。〈崔浩與寇謙之〉，《初編》，頁120。〈論隋末唐初所謂「山東豪傑」〉，《金明館叢稿初編》（北京：三聯書店，2001年），以下簡稱《初編》，頁243；265。〈李德裕貶死年月及歸葬傳說辨證〉，《二編》，頁35、37。〈元白詩中俸料錢問題〉，《二編》，頁65、67、78。〈敦煌石室寫經題記彙編序〉，《二編》，頁229、233。《柳傳》，冊上，頁16；60；136、143。《柳傳》，冊中，頁417～96、504；464；471；572；701～2。《柳傳》，冊下，頁899。

〔註7〕 余英時有類似的說法，指陳寅恪的學術權威是建立在四根柱子上，其一就是「他對西方古典文化的親切瞭解。」陳寅恪留學西方十餘年，「除了專治東方古文字以外，兼通西方古典……，陳先生能直接閱讀希臘、拉丁文原典，如荷馬史詩、柏拉圖與亞里斯多德的哲學，西色羅的經典作品，奧古斯丁的《上帝之都》等。」余英時，〈陳寅恪的學術精神和晚年心境〉，《詩文釋證》，頁2。

〔註8〕 案，陳寅恪的學生季羨林指陳寅恪有樸素的辨證法，而且有不少學者都有這種看法。見季羨林，〈紀念陳寅恪教授國際學術討論會閉幕詞〉，收入《紀念陳寅恪教授國際學術討論會文集》，頁28。又，王文興在1986年時稱陳寅恪先生有樸素的辯證方法。見氏著《陳門問學叢稿》（南昌：江西人民出版社，1993年），頁16～17。1997年完成《陳寅恪先生史學述略稿》，則改言：「辯證方法亦為寅恪先生治史方法之一。」不再以樸素形容。見氏著《陳寅恪先生史學述略稿》，頁172。

第一節　陳寅恪「假設」和「辯證」〔註9〕淵源
──與胡適的「假設」對照

　　學者追求知識或解決問題時一般步驟如下：一、建立「假設」；二、蒐集資料；三、分析資料；四、推演結論。「假設」既立，進入蒐集資料階段，還須先作研究設計，創造適當的驗證情境，俾便研究對象出現變化時，可以有效地測量。建立「假設」常須運用演繹法；從蒐集資料、分析資料到獲得結論，主要靠歸納法。〔註10〕社會科學的研究方法在中國史學領域的運用，以胡適介紹杜威（John Dewey，1859～1952）實驗主義，強調科學方法，主張「大膽的假設，小心的求證」最有影響。〔註11〕此一方法至少影響了顧頡剛從事「古史辨」研究，以及當時閱讀胡適著作的廣大讀者。〔註12〕「大膽

〔註 9〕　陳寅恪常用「辨證」，但究其實，亦即「辯證」。行文中所以出現「辨證」和「辯證」交錯使用者，在尊重陳寅恪的原初使用。

〔註10〕　楊國樞、文崇一、吳聰賢、李亦園，《社會及行為科學研究法》（臺北：東華書局，1980 年），頁 6～7。

〔註11〕　胡適從思想源頭說：「我的思想受兩個人的影響最大：一個是赫胥黎，一個是杜威先生。赫胥黎教我怎樣懷疑，教我不信任一切沒有充分證據的東西。杜威先生教我怎樣思想，教我處處顧到當前的問題，教我把一切學說理想看作待證的『假設』，教我處處顧到待證的『假設』，教我處處顧到思想的結果。……科學的方法只是『大膽的假設，小心的求證』十個字。沒有證據，只可懸而不斷，證據不夠，只可假設，必須等到證實之後，方才奉為定論。」胡適，〈介紹我自己的思想〉，《胡適文集》（北京：北京大學出版社，1998 年）冊 5，頁 507～9；519。胡適將杜威實驗主義的方法論歸類為「歷史的方法」和「實驗的方法」，並將「待證的假設」列入「實驗的方法」。「一切學說理想，一切知識，都只是待證的假設，並非天經地義。」胡適，〈杜威先生與中國〉，《胡適文集》，冊 2，頁 280。又，1919 年胡適在北大演講實驗主義，談到杜威論思想，分成五步驟，第三步就是「假設」。胡適，〈實驗主義〉，《胡適文集》，冊 2，頁 233～7。又，1934 年任教清華大學的社會學者潘光旦（1899～1967），在《中國伶人血緣之研究》中有一段關於「假設」的白描：「其實這『假定』早就暗示著結論，不過為行文格式起見，我們不能直接把它叫做結論，而只好遵循研究筆墨的慣例，把它叫做『假定』罷了。打開天窗說一句亮話，凡是寫成文字的研究的嘗試，其中的假定與結論未有不符合的，未有不呼應的，換一種說法，就是假定中沒有不先暗示著結論的，不過語氣的肯定的程度故意寫得有些不同罷了。」準此，潘光旦視「假定」和行文格式有關，這要較胡適的方法論觀點更帶有工具化傾向。潘光旦，《中國伶人血緣之研究》，《潘光旦文集》（北京：北京大學出版社，2000 年），冊 2，頁 259。

〔註12〕　顧頡剛說：「適之先生帶了西洋的史學方法回來，……聽了適之先生的課，知道研究歷史的方法在於尋求一件事情的前後左右的關係，不把它看作突然出現的。我先把世界上的事物看成許多散亂的材料，再用了這些零碎的科學方

的假設，小心的求證」浸假更成了口頭禪。〔註13〕然而，胡適在這方面的學術淵源主要來自近代自然科學的發展。胡適自言：「近世的實驗主義乃是近世科學的自然產兒，根據格外堅牢，方法格外精密，並不是古代實驗主義的嫡派子孫，故我們可老老實實的從近世實驗主義的始祖皮耳士（C. S. Peirce，1839～1914）說起。」〔註14〕但對社會科學方法的運用，胡適晚年告訴何炳棣：「記得你對我說過好幾次，傅孟真辦史語所，不但繼承了清代樸學的傳統，而且把歐洲語言、哲學、心理、甚至比較宗教等工具都向所裡輸入了；但是他卻未曾注意到西洋史學觀點、選題、綜合、方法和社會科學工具的重要。你每次說，我每次把你搪塞住，總是說這事談何容易等等……今天我非要向你講實話不可：你必須了解，我在康奈爾頭兩年是念農科的，後兩年才攻文科，在哥大研究院念哲學也不過只有兩年；我根本就不懂多少西洋史和社會科學，我自己都做不到的事，怎麼要求史語所做到？」〔註15〕胡適以及當時人文學術界的主流，史語所的創立者傅斯年輩的方法論及學術源流，至此可謂有很清楚的上下限、範疇和限制所在。林正弘（1938～）即說胡適未強調科學理論系統的功能及結構，忽略了科學很重要的一個面向。〔註16〕至於辯證法，胡適頗有保留，認爲黑格爾的哲學，是生物進化論成立以前的玄學方法。〔註17〕

　　本文無意比較陳寅恪和胡適的異同或使用方法論的高下，而在指出陳寅恪留學期間接觸的學術環境和胡適有很大不同，時間也長得多。陳寅恪先在美國即已修習梵文和希臘文，轉進柏林大學東方語文研究所更集中於梵文和東方古文字學。是以陳寅恪在史學論文中提出的「假說」，由於接觸面的不同，與其說接近現代社會科學，不如說陳寅恪從學習希臘文始，即已直接接觸古

法實施于各種散亂的材料上，就歡喜分析、分類、比較、試驗，尋求因果，敢於作歸納，立假設，搜集證成假設的證據而發表新主張。」顧頡剛，《古史辨第一冊·自序》（臺灣影印本據北平：樸社，1926年），頁95。
〔註13〕杜維運，〈西方史學輸入中國考〉，《與西方史家論中國史學》（臺北：東大圖書公司，1981年），頁304。
〔註14〕胡適，〈實驗主義〉，《胡適文集》，冊2，頁213。
〔註15〕何炳棣，《讀史閱世六十年》（臺北：允晨文化公司，2004年），頁329。
〔註16〕林正弘，〈胡適與殷海光的科學觀〉，《自由民主的思想與文化：紀念殷海光逝世20周年學術研討會論文集》（臺北：自立晚報社文化出版部，1990年），頁286。另林正弘從胡適的科學觀看到胡適很強調「假設」。林正弘，前引書，頁279～85。
〔註17〕胡適，〈介紹我自己的思想〉，《胡適文集》，頁508。

典的希臘學術，〔註 18〕有機會接近柏拉圖（Plato，前 428/427～前 348/347）學說中的「辯證法」。〔註 19〕再者，從陳寅恪對留學生持社會科學理論「整理國故」者的評論，也可看出端倪，略見其治學歸趨及意趣所在。卞僧慧據「晉南北朝隋唐文化史」聽課筆記，錄有「論新學和舊學之失」的一段話：

> 以往研究文化史有二失，舊派失之滯。舊派所作「中國文化史」，其材料采自廿二史中儒林文苑等傳及諸志。以及《文獻通考》、《玉海》等類書，……不過抄抄而已。其缺點是只有死材料而沒有解釋。讀後不能使人了解人民精神生活與社會制度的關係。新派失之誣。新派是留學生，所謂「以科學方法整理國故」者，新派書有解釋，看上去似很有條理，然甚危險。他們以外國的社會科學理論解釋中國

〔註 18〕 李玉梅訪問陳寅恪的學生胡守爲，胡指陳寅恪「捐給復旦大學的一批書中，種類繁多，包括西哲亞里士多德及近世哲人著作等，甚至《資本論》一書，寅恪亦於早年在瑞士讀過，可見其學甚博。」李玉梅，《陳寅恪之史學》（香港：三聯書店，1997 年），頁 11。

〔註 19〕 德國從事古希臘哲學研究的學者策勒爾對辯證法的定義爲：「辯證法，顧名思義，起初指論辯的藝術，後來成爲以問答方式發展的科學知識的藝術，最後從概念上把握那存在者的藝術。因此，在柏拉圖那裡，辯證法成了一種科學理論，一種認識事物的眞正實在的手段。」策勒爾著，翁紹軍譯，《古希臘哲學史綱》（濟南：山東人民出版社，1992 年），頁 139。又，卡爾·波普爾說：「希臘字『He dialektike（techne）』可譯爲『語言的論證用法（的藝術）。該詞的這一意義可追溯到柏拉圖：但即使在柏拉圖書中也有各有不同意義。它在古代至少有一種意義十分接近於我所說的『科學方法』。因爲它用以描述構成解釋性理論的方法以及對這些理論進行批判討論的方法。」卡爾·波普爾，《猜想與反駁》（上海：上海譯文出版社，1986 年），頁 448。又，柏拉圖的「辯證法」的重要內容包括「詰問法」、「回憶法」、「假設法」、「分」「合」法、轉向法等五種。其中又以「假設法」（hypothetical method）爲柏拉圖最常用的方法。爲了論證的需要，先放一個命題，或說引入一個分命題，在此基礎上推理、反駁，或由此出發建立一套自圓其說的命題。方朝暉根據 Robinson 對「假設法」所作的系統研究，指稱柏拉圖對話中的「假設法」至少有五個含義：（1）「辯證法」可以有意識地採納某些「意見」作爲討論的前提以便展開論證；（2）「辯證法」是一種與直覺相對立、但不與歸納相對立的演繹推理；（3）「辯證法」竭力避免任何自相矛盾的論證，無論是直接還是間接的矛盾；（4）「辯證法」不把任何前提當成不變的教條，隨時可以因爲理據不足而放棄它；（5）「辯證法」是一個不斷修正命題以便向眞理無限逼近的過程。以上引文多直接轉引自方朝暉，《「中學」與「西學」──重新解讀現代中國學術史》（保定：河北大學出版社，2002 年），頁 216～8。又，有關柏拉圖對「假設法」的描述，請直接參閱柏拉圖的《國家篇》和《巴門尼德篇》。柏拉圖著，王曉朝譯，《柏拉圖全集》，卷 2，頁 509；769。

的材料。此種理論，不過是假設的理論。而其所以成立的原因，是由研究西洋歷史、政治、社會的材料，歸納而得的結論。結論如果正確，對於我們的材料也有適用之處。因為人類活動本有其共同之處。所以「以科學方法整理國故」，是很有可能性的。不過也有時不適用，因為中國的材料有時在其範圍之外。所以講「大概似乎對」，講到精細處則不夠準確。而講歷史重在準確，不嫌瑣細。本課程的學習方法，就是要看原書，要從原書中的具體史實，經過認真細致、實事求是的研究，得出自己的結論。一定要養成獨立精神，自由思想，批評態度。〔註20〕

從上面的引文中，可以看到陳寅恪和何炳棣的看法不盡一致，特別是對留學生運用社會科學的態度頗有保留。其與以胡適為首，標榜「整理國故」這一派的治學觀點和方法上的認知，更是互為鑿枘，格格不入。陳寅恪要求讀原典、實事求是的研究，以期得出自己的解釋和結論，重點在於能否養成獨立精神、自由思想和批評態度。然而，不論是「獨立精神」、「自由思想」以及「批評態度」，都是抽象的「理念」。

柏拉圖在《國家篇》中說：「他們從來沒有嚴肅認真地充分聆聽公正而又自由的討論，這種討論的唯一目的是為了知識而不惜一切代價去尋求真理。」〔註21〕再對照亞里斯（士）多德在《形而上學》中論求「知」和「自由」的一段話：「如若人們為了擺脫無知而進行哲學思考，那麼，很顯然他們是為了知而追求知識，並不以某種實用為目的。……可以說，只有在生活必需品全部齊備之後，人們為了娛樂消遣才開始進行這樣的思考。顯然，我們追求它並不是為了其他效用，正如我們把一個為自己、並不為他人而存在的人稱為自由人一樣，在各種科學中唯有這種科學才是自由的，只有它才僅是為了自身而存在。」〔註22〕再看陳寅恪要能得出「自己的結論」，可謂前後輝映。

至論柏拉圖所謂「理念」者，原為辯證法所欲論證的理想境界，在柏拉圖看來，「辯證法」是認識事物的科學方法，和「理念」同等重要。在柏拉圖

〔註20〕卞僧慧，《年譜長編》，頁146。又見蔣天樞，《事輯》，頁222。

〔註21〕柏拉圖著，王曉朝譯，《國家篇》，《柏拉圖全集》（北京：人民出版社，2005年），卷2，頁492。

〔註22〕亞里士多德著，苗力田譯，《形而上學》，《亞里士多德全集》（北京：中國人民大學出版社，1993年），卷7，頁30。

的概念裡，對話或辯論的程序宜從「假設」出發，運用「辯證法」的終極目的則是要取消一切「假設」，讓「理念」不再依賴「假設」即可成立。〔註23〕換言之，通過辯證法，「假設」得以成立，「理念」即可成立。而陳寅恪還有「虛者實之」與柏拉圖意識形態互相證發的提法。在《柳如是別傳》中，陳寅恪就《紅樓夢》的林黛玉有一論述：

> 清代曹雪芹（1719～1764）糅合王實甫（1620～1336）「多愁多病身」及「傾國傾城貌」，形容張崔兩方之辭，成爲理想中之林黛玉。殊不知雍乾百年之前，吳越一隅之地，實有將此理想具體化之河東君。
>
> 眞如湯玉茗（1550～1617）所寫柳春卿夢中之美人，杜麗娘夢中之書生。後來果成爲南安道院之小姐，廣州學宮之秀才。居然中國老聃所謂「虛者實之」者，可與希臘柏拉圖意識形態之學說，互相證發，豈不異哉。〔註24〕

此「互相證發」者，就在陳寅恪能取柏拉圖意識形態學說立論。且「證發」當與一般所謂「證成」不同，就在能有一抽象境界的理念可資寄托。

陳寅恪在〈與劉叔雅論國文試題書〉中提到黑格爾辯證法的正反合（肯定、否定、否定之否定），並舉「對對子」的實例說明：

> 凡上等之對子，必具正反合三階段。（平生不解黑智兒〔註25〕之哲學，今論此事，不覺與其說暗合，殊覺可笑也。）對一對子，其詞類聲調皆不適當，則爲不對，是爲下等，不及格。即使詞類聲調皆合，而思想重複，如燕山外史中之「斯爲美矣，豈不妙哉！」之句，舊日稱爲合掌對者，亦爲下等，不及格。因其有正，而無反也。若詞類聲調皆適當，即有正，又有反，是爲中等，可及格。此類對子至多，不須舉例。若正及反前後二階段之詞類聲調，不但能相當對，而且所表現之意義，復能互相貫通，因得綜合組織，別產生之新意義，此新意義，雖不似前之正及反二階段之意義，顯著於子句之上，但確可以想像而得之，所謂言外之意是也。此類對子，既能備具第三階段之合，即對子中最上等者。趙甌北詩話盛稱吳梅村歌行中對句之妙，其所舉之例，如「南內方看起桂宮，北兵早報臨瓜步。」

〔註23〕策勒爾著，翁紹軍譯，《古希臘哲學史綱》，頁139。又見方朝暉，前引書，頁233～4。

〔註24〕陳寅恪，《柳傳》，冊中，頁583。

〔註25〕黑智兒今譯黑格爾。

等，皆合上等對子之條件。〔註26〕

就陳寅恪對辯證法的解譬，對古典希臘的辨證法或不陌生，並就「對對子」演示了黑格爾辯證法的「正反合」，〔註27〕而這是胡適心目中的玄學方法。修習過希臘文的陳寅恪或更易接觸到柏拉圖。1919 年陳寅恪在哈佛對初識的吳宓說：「我今學習世界史。」〔註28〕柏拉圖學說既是西方古典文化的泉源之一，對陳寅恪當具吸引力。陳寅恪在〈論再生緣〉文中：「及長遊學四方，從師受天竺希臘之文，讀其史詩名著。」〔註29〕另在《柳如是別傳》中提過亞力（里）斯多德論悲劇之旨，〔註30〕相信前面提到的柏拉圖，應該也可當得起陳寅恪筆下的希臘名著。此外，陳寅恪在《柳傳》中評論錢牧齋能平恕看待河東君與其他異性交往：「依活埋庵道人所引，則深合希臘之邏輯。」〔註31〕另一可為間接證據者為陳寅恪在〈《幾何原本》（The Elements）滿文譯本跋〉中的一段話：「夫歐幾里得之書，條理統系，精密絕倫，非僅論數論象之書，實為希臘民族精神之所表現。」〔註32〕姑不論何謂「希臘民族精神」及其「表現」，但據此可以表見陳寅恪於希臘古典文化的興趣，不可能僅止於歐幾里得的《幾何原本》而已。

李堅回憶當年上陳寅恪第一堂課的難忘印象：

〔註26〕陳寅恪，〈與劉叔雅論國文試題書〉，以下簡稱〈與劉叔雅書〉，《二編》，頁 255。
〔註27〕案，黑格爾的辯證法雖有新的發展，如對立的統一，此即與和希臘柏拉圖的辯證法並不相同。黑格爾對古代辯證法的闡述，完全是「六經注我」的作法。參考方朝暉，前引書，頁 227～8。
〔註28〕吳宓，《吳宓自編年譜》（北京：三聯書店，1995 年），頁 191。
〔註29〕陳寅恪，〈論再生緣〉，《寒柳堂集》，頁 1。
〔註30〕陳寅恪，《柳傳》，冊上，頁 290。又，陳寅恪另有：「『釀成』（柳如是有『春日釀成秋日雨』句）者，事理所必致之意。實悲劇中主人翁結局之原則。古代希臘亞力斯多德論悲劇，近年海寧王國維論紅樓，皆略同此旨。」陳寅恪，前引書，頁 347。
〔註31〕陳寅恪，《柳傳》，冊下，頁 887。活埋庵道人語，出自陳寅恪所引林時對，《荷牐叢談‧東林中依草附木之徒》，卷 3，頁 9。原文云：「當謙益往北，柳氏與人通姦，子憤之，鳴官究懲。及歸，怒罵其子，不容相見。謂國破君亡，士大夫尚不能全節，乃以不能守身責一女子耶！此言可謂平而恕矣。」對林時對的記載，周法高評：「林氏似乎不是一個誇大說妄語的，他的話可供參考。」〈柳如是事考〉，《錢牧齋柳如是佚詩及柳如是有關資料》（臺北：作者自印本，1978 年），頁 30～6。至於希臘之邏輯，就廣義言，不論驗證邏輯或形式邏輯當在辯證法中。參見方朝暉，前引書，頁 224～6。
〔註32〕陳寅恪，〈幾何原本滿文譯本跋〉，《中央研究院歷史語言研究所集刊》，2 本 3 分。《二編》，頁 107。

　　他首先強調歷史是一門科學，是可以通過科學方法和歷史事實加以
印證的。他不同意黑格爾把歷史說成是人類理性或精神的自由發
展；也不贊成把人類歷史發展過程刻板地分為五種社會形態。他認
為人類歷史從整體看，是統一的，存在因果關係，有軌跡可循；從
部分看，它又是多樣性的，世界上絕無完全相同的歷史現象重演。
因其有軌跡可循，故研究歷史可以垂教於後世；又因其是多樣性的，
故不存在放之四海而皆準的必然規律。他強調研究歷史，首先要全
面掌握歷史資料，證明歷史事實，然後可以作出正確的判斷；在研
究方法上，切忌拘泥於一派一家之見，而主張博取眾長，融匯百家。
〔註33〕

李堅並引陳寅恪自述研讀各家學說的情況：

　　他說自己研究過黑格爾的辯證法和歷史哲學、馬克思的經濟史觀，
也研究過孔德的實證主義、詹姆斯、杜威等的實用主義和羅素的數
理邏輯；他稱自己的史學方法既非一元論，也非二元論，不屬唯心
論，也非唯物論，可以說是多元的史學方法；既吸收中國乾嘉學派
的考據方法，又結合十九世紀德國歷史學派等語言文字學考據方
法。他還在黑板上書寫了好些西方歷史學家的外文名字。記得其中
有被譽為「近代史學之父」的德國考據學派史家蘭克（Ranke）及英
國劍橋學派史家阿克頓（Acton）。〔註34〕

陳寅恪上面所言，很類似「史學通論」的導言，約略提到思想和方法，並非
個人立言。比較明確的論點是反對馬克思資本論和黑格爾的歷史哲學，但不
廢陳寅恪對西方思想的接觸有其開闊的一面。

　　雖然陳寅恪反對黑格爾的歷史哲學，但若取黑格爾論述希臘哲學以及獨
立和自由思想的關聯時，則應有不同於陳寅恪的理解，此即：

　　思想必須獨立，必須從自然事物裡擺脫出來，並且必須從感性直觀
裡超拔出來。思想即是自由的，則它必須深入自身，而達到自由的
意志。哲學的真正起始是從這裡出發。〔註35〕

〔註33〕李堅，〈陳寅恪二三事〉，《民國春秋》，期5（1990年9月25日），頁35。
〔註34〕李堅，　前引文，頁35。
〔註35〕黑格爾著，賀麟、王太慶譯，《哲學史演講錄》（北京：商務印書館，1959年），
　　　　卷1，頁93。

又說：

> 真正的哲學是從西方開始。惟有在西方這種自我意識的自由才首先
> 得到發展……在希臘我們看見了真正的自由在開花……。〔註36〕

案，黑格爾對「辯證法」雖有新的發展，但毫無疑問是得古典希臘文化的精髓，得之於柏拉圖和亞里斯多德。而其對思想自由和思想獨立的概括，和陳寅恪「獨立之精神，自由之思想」又何其神似。而黑格爾的重要作品也應是陳寅恪留德期間足以有機會接近的。

如果胡適的史學方法在傳承上得之於赫胥黎和杜威，且僅上溯至皮耳士。那麼，陳寅恪的思想方法及問題意識則有可能得之於柏拉圖和亞里斯多德，且自嘲「暗合」黑格爾的「辯證法」，與胡適的思想源流大不同。在史學實踐上，胡適視方法論爲純工具，「假設法」僅爲一必要的過程。在胡適的理念世界中，更看重的或是達爾文以來的進化論、赫胥黎的懷疑主義和杜威的實驗主義。而陳寅恪至老均持「假設法」論證，如下文所顯示，頻繁地運用於歷史研究，於進化論及懷疑主義均不置一詞，甚且於進化論是否普遍適用頗有質疑。〔註37〕胡適借徑杜威，有意識地輸入西方近代以來的科學方法，強調方法論，且勇於付諸實踐以爲示範。〔註38〕陳寅恪未嘗有任何西方科學方法的譯述，在方法論上僅能從其史事論證所採方法及思維模式略窺一二，以下僅就其論證過程中提出的「假設」命題，及其所以視爲「假設」者與其「辯證」之關係擇要加以分析。

第二節　陳寅恪「假設」與「辯證」的中古史實踐

在陳寅恪的史學實踐中，「假設」作爲命題的提出，最早見於 1929 年 8 月刊於清華國學院《國學論叢》二卷一號的〈元代漢人譯名考〉。這也是陳寅恪第一篇正式以考據爲名的學術論文。據此可以推知，「假設」法的論證形式在此之前即已醞釀，依陳寅恪的謹慎性格，且自覺已相當成熟，否則不可能正式見諸學術論文。這當然也是以實踐的途徑傳入西方治學方法。用於中古

〔註36〕黑格爾著，賀麟、王太慶譯，《哲學史演講錄》，卷 1，頁 98～9。
〔註37〕陳寅恪有「則知五十年來，如車輪之逆轉，似有合於所謂退化論之說者」語。這至少說明陳寅恪不相信從演化論可以推出進步史觀。陳寅恪，〈讀吳其昌撰梁啓超傳書後〉，《寒柳堂集》，頁 168。
〔註38〕胡適嘗改古詩「繡取鴛鴦從君看，『莫』把金針度與人」爲「繡取鴛鴦從君看，『要』把金針度與人。」一再在文章中主張或示範方法論。

史實踐也是著力甚深，成就最受肯定者。

陳寅恪第一個所立的「假設」如下：

> 寅恪案，錢氏（錢大昕）言遼金舊族，元時謂之漢人，其說是也。
> 然元代遼金舊族，何以俱稱漢人，而陶九成（陶宗儀）以黃巖人（今
> 浙江黃岩）著書（《輟耕錄》），列舉漢人氏族八種之名（契丹、高麗、
> 女直、竹因歹、尤里闊歹、竹溫、竹赤歹、渤海），轉遺漢族本身而
> 不載。陶氏縱極疏忽，亦何至譌謬如此。蓋元代漢人之名，必有待
> 發之覆。今為考證當日漢人之名，其譯語本為何字，兼采近年外國
> 成說，覈以蒙古波斯舊史之文，依其界說之變遷及涵義之廣狹，立
> 一假定之說，以解釋之。〔註39〕

在此一「假設」中，陳寅恪並未直接明言其「假設」內容，而是先推定必有
待發之覆。再取域外波斯文的蒙古史籍對照蒙古譯音的變化，比較推證不同
譯音的訛傳。陳寅恪的推論是：陶書中八種之名，「其實是列舉當日氏族之名，
其總目為漢人，以別無他名，稱金治下漢族之故，其子目遂不列漢人。」探
求譯名不是本文的重點，而在此一推論有無必要先立此一「假設」。推敲所以
會立「假設」，或係出於陳寅恪的辯證思維，此一「假設」若果成立，則可進
而推出新的解釋或說「理念」。即：

> 蓋一時代之名詞，有一時代之界說，其涵義之廣狹，隨政治社會之
> 變遷而不同，往往鉅大糾紛譌謬，即因茲細故而起，此尤為治史者
> 所宜審慎也。〔註40〕

這是一個通則性的判斷，由「假設」推演出一個概括面較大的看法。即隨著
政治社會的變遷，名詞的界說和涵義也會隨之變化，譌謬也隨之而生。1928
年 6 月 2 日，王國維自沈於頤和園昆明湖，陳寅恪更進一步發揮時代變遷的
影響，並作出第二個假設。此即為王國維之死作出解釋前要先定下一個假設，
也是基準。其文曰：

> 近人有東西文化之說，其區域分割之當否，固不必論，即所謂異同
> 優劣，亦姑不具言；然而可得一假定之義焉。其義曰：凡一種文化
> 值衰弱之時，為此文化所化之人，必感苦痛，其表現此文化之程量
> 愈宏，則其所受之苦痛亦愈甚；殆既達極深之度，殆非出於自殺無

〔註39〕陳寅恪，〈元代漢人譯名考〉，《二編》，頁 100。
〔註40〕陳寅恪，前引文，頁 105。

以求一己之心安而義盡也。〔註41〕

王國維正是陳寅恪欲為論證其假定其義的對象、一位為挽文化沈淪的殉道者。所撰〈王國維先生輓詞序〉，即為一篇極為精簡的中國文化宣言。

陳寅恪的第三個「假設」是「以詩治史」面臨的問題。在〈元微之遣悲懷詩之原題及其次序〉文中：「元微之遣悲懷詩七律三首，……近日研治唐代官俸問題，發現此三首中有互相衝突格礙難通之處。今特假設三義以詮釋此三首之詩。至《元氏長慶集》平生獲見佳本至少，茲篇所考錯誤必多，故不敢自信能解決問題，或者可以視為提出問題，藉供詩論耳。」陳寅恪再分提三個子目的「假設」如下：

　　一、此三首詩為不同時期之所作。

　　二、此三首詩排列之秩序應與今本適相反。

　　三、此三首詩本來每首各有其題目。其兩首之原題皆已略去，今所存之題乃繫於第三首之原題，故不可以為概括此三首時之總題。〔註42〕

但這些「假設」旋遭陳寅恪放棄，自認有錯誤且未收入《陳寅恪集》。〔註43〕這主要是陳寅恪設定的三個「假設」中的第一項假設，因為白居易的三首答詩皆作於元和五年而遭推翻，反證不是不同時期所作。為此，陳寅恪緊接另寫一文敘明：「其中多是元和五年白公在長安時所作」〔註44〕以為取代，並順著官俸問題，取詩中有「今日俸錢過十萬」句，另寫一篇〈元白詩中俸料錢問題〉並新立一「假設」。陳寅恪的這個「假設」是：「唐代官俸隨時隨地互不相同。」陳寅恪依《唐會要》、《冊府元龜》、《新唐書·食貨志》所載，元稹十萬官俸與「京兆諸府判司月俸之額相差甚遠，按之法制固不相合。」而元稹時「由御史貶為士曹，即有如斯厚俸，即不得身入帝城，復何足以為恨，是於人情亦不可通。此點誠關係唐代官俸全部之問題，非僅一詩一句之考證而已。」

〔註41〕陳寅恪，《詩集》，頁12。

〔註42〕陳寅恪，〈元微之遣悲懷詩之原題及其秩序〉，《清華學報》，卷10期3（1935年7月），頁545。

〔註43〕蔣天樞說：「此文遵師囑未編入文集，師云文中有誤處。」〈陳寅恪先生論著編年目錄〉，《事輯》，頁196。又，汪榮祖引蔣天樞語：「除了未依陳先生的意思刪去那幾篇有關李唐先世的文章之外，其餘完全遵照師命無誤。」汪榮祖，〈長使書生淚滿襟：悼念周一良先生〉，《載物集：周一良先生的學術與人生》（北京：清華大學出版社，2003年），頁48。

〔註44〕陳寅恪，〈元白詩中俸料錢問題〉，《二編》，頁66。

　　陳寅恪另取白居易的詩文，參互比證、推論，以期「考釋唐代京外官俸制不同之問題，及證明肅（宗）代（宗）以後，內輕外重與社會經濟之情勢。」〔註45〕然而陳寅恪所能掌握的史料僅能支持地方官的俸額「使職官多於郡縣之吏，俸優於臺省之官。」此外，內外官吏同一時間，同一官職，而俸料亦因人因地而互異。是以陳寅恪得出另一個結論，「故考史者不可但依官書紙面之記載，遽爾斷定官吏俸料之實數。祇可隨時隨地隨人隨事，偶有特別之記載，因而得以依據證實之。若欲獲一全部系統之知識，殊非易事。此亦治唐史者所不可不知者也。」〔註46〕

　　由於缺乏「全部系統之知識」，陳寅恪的論述還是停留在「假設」階段，「僅可備參考，不得視為定論也。」〔註47〕歸結上述陳寅恪的「假設」其實都涵藏著「歸謬法」，並不企求直接導出結論或正確的答案，而在呈現只要有充分的語言學工具和充分的資料以資比勘，應可盡量接近答案。且由於論證對象和論證主旨，既看不到因果律也不是一直線式思考的推論，故與其說接近社會科學的方法論，不若說更接近「辯證法」。再者，陳寅恪意在「證明肅（宗）代（宗）以後，內輕外重與社會經濟之情勢。」推而廣之，而有陳寅恪日後撰述《元白詩箋證稿》，開創「以詩證史」的典範。

　　第四個「假說」為唐朝宰相李德裕的歸葬年月，陳寅恪設定為唐宣宗大中六年。單從論文題目〈李德裕貶死年月及歸葬傳說辨證〉，陳寅恪即首揭「辯證」題意。文中言：「李衛公（李德裕）貶死年月及歸葬傳說二事昔人已有論述，今所以為辨證者，意在指明《資治通鑑》紀事之有脫誤，及清代學者檢書之疏忽。」〔註48〕陳寅恪指出：「此一「假設」（即大中六年）並無確據，不過依時日地理及人事之關係，推測其可能而已。」在這篇文章完成後，陳寅恪的表弟俞大綱為此「遍檢北芒出土新誌，忽獲李德裕妾劉氏墓誌。其子燁於誌末親誌奉柩歸葬年月，與考訂者實相符。」〔註49〕

　　在文章中陳寅恪另引李商隱的詩作，推論前人繫年有誤。俞大綱形容：「甚矣，治史言詩之不易也如此。夫治史實有待於新史料之發現，而言詩則貴能

〔註45〕陳寅恪，前引文，《二編》，頁 67。
〔註46〕陳寅恪，前引文，《二編》，頁 76～7。
〔註47〕陳寅恪，前引文，《二編》，頁 78。
〔註48〕陳寅恪，〈李德裕貶死年月及歸葬傳說辨證〉，《二編》，頁 9。
〔註49〕俞大綱，《寥音閣詩話》，《俞大綱全集·詩文詩話卷》（臺北：幼獅圖書公司，1987 年），頁 220～1。

以意逆志，玉溪詩詞最爲微晦，馮（馮浩，1719～1801）譜（《玉溪生年譜》）張（張爾田，1874～1945）箋（《玉溪生年譜會箋》），已盡其闡微發覆之功，然錦瑟鄭箋，仍有得於後學（此處指陳寅恪）之冥搜勤治，庶可赴張氏所言『務使作者曲衷謎語，不隔一塵』矣。」俞大綱的「塵」其實就是「遮蔽」，有「錯誤」。「不隔一塵」，即排除所有錯誤和障礙。這是另闢一段相關論證以期對前一論證有一更有力的支撐。〔註50〕

然俞大綱的記述僅限於以詩論詩，謹稍及學術論辯態度及史學方法論。察陳寅恪更欲有言者，當在唐代史事的解讀；爲李商隱的詩作解謎固爲史家之能事，論其用心或還在爲後學示範以「辯證」爲路徑的治史方法。蔣天樞在〈陳寅恪先生傳〉中有一段引自陳寅恪學生卞伯耕筆記，詳述陳寅恪在課堂上接受學生提問有關李德裕歸葬事的講話，足以擴充俞大綱的說法，茲錄其大要如下：

> 1932年2月10日，在「晉南北朝史」課堂上，同學中有以2月3日《北平晨報》上所刊張爾田〈與吳雨生論陳君寅恪《李德裕歸葬辨證》書〉爲問者，先生爲剖析如次：「孟劬先生（張爾田）爲義山專家，然其爲此說，殊屬勉強，實難成立。今不擬答辯，免得使張先生生氣。而且與本文論證文饒歸葬主旨關係不大。」

這是陳寅恪對前輩學人的態度，以「不相干」回應不相干的爭論，著重談考證方法：

> 先確定「時」與「地」，然後核以人事，合則是，否則非。先生謂「時」與「地」之交叉點，猶如解析幾何之 Cartesian point（笛卡爾直角坐標係 OXY 下的坐標，簡稱「直角坐標」）。義山峽中諸詩，如《漢南書事》、《荊門西下》、《無題》、《風》、《搖落》諸作，反映他在四川、湖北間有一度往返，所謂「巴蜀游蹤」。自乾隆以來有一種說法，認爲這些詩作於大中二年。孟劬（張爾田）先生亦持此說，謂「巴蜀之游，馮浩氏參考詩意，定爲是年，說最精確」。不過又別出一說，謂此巴蜀之游，當是有求於杜悰（時任西川節度使，是李商隱遠房表兄），行至巴西而中悔，認爲杜悰不足託，遂不見而還。依此說則行程應先上峽而後下峽。然所引之詩乃爲下峽而後上峽，時地不合，情事也不合。

〔註50〕俞大綱，前引書，頁221。

先生從洛陽出土墓誌，知李德裕歸葬洛陽在大中六年。並謂以上諸詩即作於是年。義山於大中六年夏間奉東川節度使柳仲郢之命迎送杜悰（移鎮淮南），並乘便至江陵代祭李德裕歸柩，然後於秋間返回東川。以此立說，則各詩皆通，不致如馮張之滯礙難通。

《荊門西下》云：「一夕南風一葉危，荊門回望夏雲時」，言下水在夏季。

《風》云：「迴拂來鴻急，斜依別燕高。（《禮記‧月令》：「仲秋之月，盲風至，鴻雁來，玄鳥歸。」）……楚色分西塞，夷音接下牢。」是上水在仲秋。又云「歸舟天外有」，如找杜悰謀事，不應稱「歸舟」。

《漢南書事》云：「西師萬眾幾時回，哀痛天書近已裁。……」此詩馮浩編在大中二年，而注中引大中四五年事。唐宣宗對黨項銳意用兵，大中四年猶貶孔溫裕（時任右補闕，諫用兵，貶柳州司馬）。以後知不成，始悔禍。大中五年赦黨項，及六年黨項再入寇，乃用畢誠為節度使，詔諭黨項。故六年作詩可稱「哀痛天書近已裁」。若在大中二年，義山何能預知五年事！〔註51〕

以上的考證及分析，主要是就時間、空間及人事間的互動是否合理作出判斷，由於陳寅恪掌握了石刻史料的證據，論據更見堅強、更具說服力。然陳寅恪所以從李德裕歸葬和李商隱詩作下手展開辨證者，意在就此一堅強的論述作為基點，擴充唐史大範疇的論述：一是唐與西鄰黨項的互動；一是唐代的政治社會變遷。

　　就唐室與黨項的互動，陳寅恪的案語是：

唐宣宗之以白敏中平黨項，適如清高宗以傅恆平金川，皆自欺欺人之舉。宣宗因此有感於德裕之邊功及置備邊庫之籌策。李燁墓誌所謂：「先帝與丞相論兵食制置西邊事，時有以公前在相位事奏，上頗然之，因下詔許歸葬。」實指此事無疑。然則金華子雜編之說雖有傳述過甚之處，要為宣宗所以特許德裕歸葬之主因，則可決言。溫公以常識判其不足取，而不知千載之後，冢墓遺文忽出人間，遂翻此一重公案也。〔註52〕

〔註51〕 蔣天樞，〈陳寅恪先生傳〉，《紀念陳寅恪先生誕辰百年學術論文集》（北京：北京大學出版社，1989 年），頁 5。《事輯》，頁 224～5。

〔註52〕 陳寅恪，〈李德裕貶死年月及歸葬傳說辨證〉，《二編》，頁 31～32。

然而陳寅恪的旨意還不盡在此,而在:

> 此點關係唐末五代及宋遼金元之世局頗巨。蓋吐番衰亂之後,党項
> 乘之代興。宣宗之初年雖因機會恢復河湟,一洗肅代以來失地之大
> 恥,然不能以武力平定西陲党項之叛,終出於粉飾敷衍苟安一時之
> 下策。吾人於此不獨可以窺見當日宣宗所感觸之深,至於竟許素所
> 甚惡之李德裕歸葬,並可以推知後來北宋西夏相持並立之局勢,彼
> 時即已啓其端。故華夏與党項兩民族之盛衰,實非一朝一夕之故,
> 其所從來者久矣。〔註53〕

陳寅恪十餘年後撰《唐代政治史述論稿·外族盛衰之連環性及外患與內政之
關係》引《新唐書·吐番傳論》,提及吐番和唐的和戰以唐代君臣包圍吐番的
大戰略並下斷語:

> 唐興,四夷有弗率者,皆利兵移之,蹶其牙,犁其庭而後已。唯吐
> 番、回鶻號強雄,為中國患最久。……晚節二姓自亡,而唐亦衰焉。

> 寅恪案:吐番之盛起於貞觀之世,至大中時,其部族瓦解衰弱,中
> 國於是收復河湟,西北邊陲稍得安謐。計其終始,約二百年,唐代
> 中國所受外族之患未有若斯之久且劇者也。迨吐番衰敗之後,其役
> 屬之党項別部復興起焉。此党項部後裔西夏又為中國邊患,與北宋
> 相終始。然則吐番一族之興廢關係吾國中古史者如是,……其盛衰
> 之樞機即與其他外族之連環性,及唐代中央政府肆應之對策即結合
> 鄰接吐番諸外族,以行包圍之祕計,舊史雖亦載其概略,惜未有闡
> 發解釋者,故不得不於此一論述之也。〔註54〕

取陳寅恪論党項和吐番之為唐代外患這兩段論述對讀,可以明白陳寅恪於唐
史結構性的觀察,皆非「一朝一夕」之靈感,而是「其來有自」,有一「複式
結構」的論述「理念」在。此外,從李德裕歸葬洛陽而非原籍河北趙郡,而
李德裕祖父李栖筠已先由趙郡先遷居衛州汲縣作為線索。陳寅恪據此質疑:
李栖筠遷居時,猶在天寶安祿山之亂前;再就中古史社會言,李氏屬地方豪
強,非萬不得已,決無捨棄其祖塋、舊宅、田產而他徙之理。〔註55〕再就當
日情勢觀察,其時中國太平無事,號為唐代極盛之世。李栖筠忽爾離棄祖宗

〔註53〕陳寅恪,前引文,《二編》,頁32。
〔註54〕陳寅恪,《述論稿》,頁326。
〔註55〕陳寅恪,〈論李栖筠自趙徙衛事〉,《二編》,頁2。

歷代舊居，必有不得已之苦衷，自無可疑。

　　根據這些線索和質疑，陳寅恪撰述成另一篇論文〈論李栖筠自趙徙衛事〉，此時已是 1956 年，距撰寫〈李德裕歸葬辨證〉有三十一年之久，距寫《唐代政治史述略稿》也有十五六年。這是「假定」不斷擴充內容的長時段過程，也是思想得以有一系列發展的連續過程。當然，這也可視爲陳寅恪於唐史這一段猶有賸義，有不得不發的內在驅力。然而，就李栖筠遷徙事，陳寅恪看到的是關鍵唐史發展的通則性解釋，而爲前此撰寫《唐史政治史述略稿》所未備者。

　　對此，陳寅恪「假設」的通則也據以擴大爲：

> 凡與吾國鄰近游牧民族之行國，當時盛時，本部即本種，役屬多數其他民族之部落，即別部。至其衰時，則昔日本部所役屬之別部大抵分離獨立，轉而歸附中國，或進居邊境，漸入內地。於是中國大受影響。〔註56〕

陳寅恪舉吐番、党項互爲興衰爲例，而此之前更有東突厥衰敗，其本部及別部諸胡先後分別降附中國，而中國又引入招撫。於是河北之地，至開元晚世，約二十年間，諸胡族入居者眾多，喧賓奪主，數百載山東士族聚居之舊鄉，遂一變而爲戎區。非僅是中國中古史一大事，就陳寅恪個人的憂幽之思，更有感於「辛有見被髮野祭於伊川，實非先兆，而成後果矣。」〔註57〕

　　陳寅恪於此更進一步進入唐代內部系統的推證：李栖筠祖孫原係累世地方豪強，得享安富尊榮，不必仕宦，但徙居之後，若無尊顯之官職，則并其家前此之社會地位亦失墜之矣。是以李栖筠雖爲士族，不得不舉進士科，而此則與其他高宗、武則天後新興之士大夫階級出現利益衝突。此山東舊族之李黨所以與新興詞科進士階級之牛黨不能並立之主因。然非河北士族由胡族之侵入，失其累世之根據地，亦不致此。斯則中古政治社會之大事變。〔註58〕

　　前述陳寅恪的「複式結構」至此則更可清晰明白。即由小結構支撐大結構，再由此大結構支撐更大的結構，層層累進。單從李氏家族徙居一事，前可聯繫上東突厥的衰弱，後者則直接相關於安史之亂和牛李黨爭。進而可以聯繫上陳寅恪《唐代政治史述論稿》〈中篇〉和〈下篇〉的主題，一是內政的

〔註56〕陳寅恪，前引文，《二編》，頁 5。
〔註57〕陳寅恪，前引文，《二編》，頁 5。
〔註58〕陳寅恪，前引文，《二編》，頁 5～8。

黨派分野；二是外患和外族盛衰的連環性和內政的關係。「辨（辯）證」至此，陳寅恪再立一「假設」：

> 唐代安史亂後之世局，凡河朔及其他藩鎮與中央政府之問題，其核心實屬種族文化之關係也。夫河北之地，東漢、曹魏、西晉時固為文化甚高區域，雖經胡族之亂，然北魏至隋其地之漢化仍未見衰減之相，何以至玄宗文治燦爛之世，轉變爲一胡化地域？其故殊不易解。茲就安史叛亂發源之地域及其時代先後之關係綜合推計，設一「假說」，以俟更詳確之證明。即使此「假說」一時難以確定成立，但安史叛亂及其後果即河朔藩鎮之本質，至少可因此明瞭也。〔註59〕

然而這還不是陳寅恪的「假設」的核心，而是「假設」的問題意識之所由來。陳寅恪的「假設」更在：河朔地區的胡化必有大批中亞胡人遷徙而來，陳寅恪定出遠、中、近三因。遠因爲隋季之喪亂，中因爲東突厥之敗亡，近因或爲東突厥之復興，大批中亞民族因之向東遷徙，河朔風俗因此轉變成一胡化區域。「唐代中央若欲羈縻統治而求一武力與權術兼具人才，並爲此複雜胡族方隅之主將，則柘羯與突厥合種之安祿山實爲當時環境之唯一上選，而非舊史所載，一出於李林甫固位之私謀而已。」〔註60〕直指民族遷徙係歷史發展的重大動力。

設若此一系列「假說」成立，則陳寅恪有關唐朝皇室之興亡即可得一環環相扣之結論：唐初統治階級從皇室到外臣皆屬新興的關隴集團，長期執政後的腐敗，繼遭武則天破壞以迄設進士科成爲進用人才之制度，皇室與外臣分屬不同階級，原屬同一統治集團即關隴集團出將入相之局不再，必重用蕃將，而宦官遂亦演變爲一階級，與外朝之將相大臣相對抗。這一段歷史演進遞變分化的過程，在陳寅恪看來，其動力更在中亞民族東向河朔遷徙，成爲解釋唐代歷史盛衰的重要線索。

縱觀唐史全局陳寅恪由此得一解釋：

> 關隴集團本融合胡漢文武爲一體，故文武不殊途，而將相可兼任；今既別產生一以科舉文詞進用之士大夫階級，則宰相不能不由翰林學士中選出，邊鎮大帥之職捨蕃將莫能勝任，而將相文武蕃漢進用之途，遂分歧不可復合。舉凡進士科舉之崇重，府兵之廢除，以及

〔註59〕陳寅恪，《述論稿》，頁212～2。
〔註60〕陳寅恪，前引書，頁230～4。

宦官之專擅朝政，蕃將即胡化武人之割據方隅，其事俱成於玄宗之世。斯實宇文泰所創建之關隴集團完全崩潰，及唐代統治階級轉移升降即在此時之徵象。是以論唐史者必以玄宗之朝爲時代畫分界線，其事雖爲治國史者所得略知，至其所以然之故，則非好學深思通識古今之君子，不能詳切言之也。〔註61〕

上述「非好學深思通識古今之君子，不能詳切言之也。」這當然是陳寅恪的夫子自道。其所以有此自信者，除個人博極群書，最能掌握材料外，或亦在思維方式和表述方法上得力於「辯證」和「假設」，於唐史通則性的歷史解釋得爲一「複式結構」，即大結構的「假設」可以支撐小結構，小結構的「假設」亦可支撐大結構，一種互爲支撐的論證。陳寅恪有關唐史乃至中古史的歷史解釋，至此也得以有一通則性的描述。陳寅恪於唐史解釋的大架構和「理念」於焉得以成立。

　　另外，陳寅恪論證北魏孝文帝遷都洛陽的營建規制，所以異於前此國都皇居在南，市場在北之特點，即異於經典傳統「面朝背市」之成規者，陳寅恪提的「假想」是主持營建的李沖乃出身河西世家，基於家世舊聞之薰習，在營建時採用了後涼都城姑臧的規制，即就舊有匈奴所建，而後以張氏之增築爲前例，將就西晉舊都洛陽的情況，而這又與臨接黃河而有經濟與交通所需有關。〔註62〕整個論證迂迴於異代和河西、中原之間。此一「假想」陳寅恪認爲不可視爲定論，但所以提出者在於陳寅恪認爲河西文化是隋唐制度的淵源之一，且更涉及胡漢文化問題：

夫北魏洛都新制其所以殊異於前代舊規之故，雖不易確知，然東魏鄴都南城及隋代大興即唐代長安之都邑建置全部直受北魏洛都之影響，此乃文化染習及師承問題，與個人家世及性質無涉。故修建鄴都南城之高隆之爲漢種，計劃大興新都之宇文愷爲胡族，種族縱殊，性質或別，但同爲北魏洛都文化系統之繼承人及摹擬者，則無少異。

〔註63〕

這是第一步論證，陳寅恪另有一個更大的論證：

總而言之，全部北朝史中凡關於胡漢之問題，實一胡化漢化之問題，

〔註61〕陳寅恪，前引書，頁235。
〔註62〕陳寅恪，《略論稿》，頁73。
〔註63〕陳寅恪，前引書，頁73～4。

而非胡種漢種之問題，當時之所謂胡人漢人，大抵以胡化漢化而不以胡種漢種爲分別，即文化之關係較重而種族之關係較輕，所謂有教無類者是也。〔註64〕

而此，在陳寅恪看來，應是一個很重要的論斷，「要爲論北朝史事者不可不知。」〔註65〕此一論斷正如上述且往下推至唐代，陳寅恪所以反覆強調者謂之「理念」，亦即在此。若民族遷徙是陳寅恪眼中的「歷史動力論」；所謂「有教無類者」則屬「種族文化論」。

第三節　陳寅恪的「假設」與「辯證」的「頌紅妝」實踐

陳寅恪晚年轉入「頌紅妝」〔註66〕的階段，先有〈論再生緣〉再寫《柳如是別傳》。這一前一後兩部都是以女性爲主要腳色的論述。前者陳端生（1751～1796？）因科場案遠謫的丈夫未能歸來，「期待」歸於幻滅，中輟創作。〔註67〕後者河東君則「爭取」其所當爭，展現出情深義至的女性既剛且柔的一面。總括而言，皆陳寅恪筆下具「自由的思想，獨立之精神」的女性典範。陳寅恪在描述陳端生和河東君的過程中，取證方法迴環曲繞，展現出史家所能用盡的史料和方法，環環相扣，終在兩位女性身上，特別是河東君身上得出的交集：由「獨立之精神，自由之思想」所構成的「理念」，絕非單純的考證文章所能齎事。

在〈論再生緣〉中，陳寅恪所立「假設」多與考證相關，一是推測陳端生曾隨父陳玉敦仕宦雲南，一是考證陳端生的丈夫是浙江秀水范燦之子范茭。〔註68〕前者，陳寅恪形容爲一「大膽而荒謬之假設」，要求讀者「姑妄聽之可乎？」此一「假設」爲：陳寅恪疑陳端生的父親陳玉敦任職雲南期間，陳端生曾隨父前往，且《再生緣》第十七卷可能就是在雲南寫的。陳寅恪以

〔註64〕陳寅恪，《略論稿》，頁74。
〔註65〕陳寅恪，前引書，頁74。
〔註66〕陳寅恪於1961年8月30日詩，〈辛丑7月雨僧老友自重慶來廣州承詢近況賦此答之〉有「著書唯賸頌紅妝」句，附有自注：「近八年來草論再生緣及錢柳因緣釋證等文凡數十萬言。」《詩集》，頁137。
〔註67〕陳寅恪引陳文述語，「婿不歸，此書無完全之日也，未至家，而□□死。」〈論再生緣〉，《寒柳堂集》，頁62。
〔註68〕陳寅恪，〈論再生緣〉，《寒柳堂集》，頁26。

第十七卷中「白芍送臘」、「紅梅迎春」看出疑與江南或中原氣候不符，但陳寅恪在雲南時親見「舊曆臘盡春迴之際，百花齊放，頗呈奇觀。或者，端生之語實與雲南之節物相符應，亦未可知。茲姑著此妄說，更待他日詳考。」〔註69〕

相關陳端生丈夫是否即是范菼的「假設」和考證分見本文及〈校補記〉。這是一個強渡關山的假設。陳寅恪說，「寅恪案，端生之婿范某是否即浙江秀水人范菼，今難確定。……就現有史料欲勉強認定范燦之子菼即是端生之夫，則必須有兩項假設。（一）陸燿（撰范燦神道碑）「子二人，儀熏、菼，皆先公卒」之語乃是諱改。……（二）范菼非璨之長子，自有出繼之可能。……然歟？否歟？非所敢確言也。」〔註70〕

唯以上兩項「假設」於1961年遭遇郭沫若的挑戰，連續在《光明日報》上發表五篇文章和陳寅恪商榷。〔註71〕郭舉出陳端生父親仕宦雲南時，端生已婚不可能隨父前往雲南，另外還附有陳端生妹妹寫給姊姊的詩以爲證明。〔註72〕明確指出陳寅恪此一「假設」不可信。〔註73〕至於陳端生所嫁究竟是

〔註69〕陳寅恪，〈論再生緣〉，《寒柳堂集》，頁27。
〔註70〕陳寅恪，〈論再生緣〉，《寒柳堂集》，頁44～9。
〔註71〕郭沫若這五篇文章分見1961年《光明日報》5月四日〈《再生緣》前十七卷和它的作者陳端生〉、6月八日〈再談《再生緣》的作者陳端生〉、6月二19日〈陳雲貞《寄外書》之謎〉、10月二十二日〈關於陳雲貞《寄外書》的一項新資料〉、8月7日〈序《再生緣》前十七卷合訂本〉。後均收入《郭沫若古典文學論文集》（上海：上海古籍出版社，1985年），並加上附錄，〈陳端生年譜〉及張德鈞〈關於范菼充軍伊犁的經過〉。
〔註72〕郭沫若，〈再談《再生緣》的作者陳端生〉言：有關陳端生的身世，他和陳寅恪都是惜重粱乙真的《清代婦女文學史》，從中徵引陳端生妹妹陳長生閨中密友戴佩荃的《蘋南詩草》。陳寅恪也沒有看到陳端生妹妹陳長生的詩集《繪聲閣初稿》收有致其姊「春田」即陳端生的詩。郭沫若，前引書，頁886。《再生緣》十七卷寫作地點，因有戴佩荃和詩「頗耐西南漸有聲」，陳寅恪大膽假說第十七卷可能寫於雲南。郭則認爲陳端生不可能婚後能隨其父赴西南，詩句漸有聲應指前十六卷傳到西南。郭沫若，前引書，頁887～88。郭更舉《繪聲閣初稿》，〈聞家大人守麗江〉詩首兩句：「頻年江左駐雙旌，此日偏爲六詔行」。又有〈聞家大人乞旋里感賦〉收尾兩句：「羨煞歸寧歡阿姊，捧觴能侍白頭親」。而這是陳寅恪未能見及《繪聲閣初稿》所致。郭沫若，前引書，頁886～91。
〔註73〕郭沫若所指之不可信，余英時以同情之了解（empathy）認爲，「未見其如何特別『大膽而荒謬』之處也。」且進一步推論：「陳先生於此鄭重言之，殆毋因處處以自身之遭遇與端生相比擬，突發現此一特殊相同之點，而不敢自信，遂作是語耶？」然此非邏輯推論，僅能是一種同情。余英時，〈陳寅恪先生論再生緣書後〉，《歷史與思想》（臺北：聯經出版公司，1976年），頁467。

那一個「范菼」，郭舉證不是浙江秀水的「范菼」而是同名同姓的浙江會稽人「范菼」字「秋塘」。若是秀水「范菼」，又死在父親范璨之前，而范璨又是陳句山即陳端生祖父的前輩，歲數也大。算來秀水「范菼」死時，陳端生才十六歲。〔註74〕而陳寅恪推敲陳端生二十三歲結婚，歿年至少已有四十歲。

1964 年 11 月陳寅恪完成〈校補記〉，沒有回應陳端生隨父前往雲南事。但全面回應了「范菼」誰是誰的挑戰，在方法上則是再立一個「假設」，即這些矛盾都因科舉案有所忌諱所致。雖然陳寅恪承認有關秀水「范菼」的記載多有矛盾，例如沈畏齋（樹德），在其〈范太學傳略〉云，「君姓范氏，諱菼，……秀水司空仲子也。存年三十五歲。配趙氏，子男三，培、堦、臺。培嗣伯氏。」等記載「與陸燿撰范璨神道碑相比較，今人如墜五里霧中，疑竇百端。茲先取可疑之點，後做『假定』之解釋。」〔註75〕陳寅恪為此「假定」范菼因涉入科舉弊案，其家人及親友，或隱其名或有所諱改，例如以「范某」或以□□稱之，以免受到拖累。至於范菼「配趙氏」，陳寅恪只好再「假定」陳端生是范菼繼室。

另一更大的挑戰，郭沫若考證《再生緣》作者「陳端生」是陳文述所撰《雲貞曲》、焦里堂（焦循）《雲貞行》中的女主角「陳雲貞」，且另舉證陳雲貞〈寄外書〉內容和《再生緣》中陳端生的遭遇相同云云。〔註76〕

在陳寅恪看來陳端生原無「誰是誰」的問題，對郭沫若針對「陳端生」的質疑頗不以為然。〔註77〕除自信其所舉反證，即陳文述係陳家遠親，乃陳端生祖父陳兆崙的族孫，對陳端生家姊妹的身世皆能詳悉言之，不致誤認《雲貞曲》的作者。並指陳文述即因「范菼」前「以科舉事，為人牽累譴戍」而絕口不提陳雲貞的〈寄外〉書等證據，非但強而有力，且從個人經驗及歷史背景論述「陳雲貞」絕非「陳端生」，兩者不可合二為一。〔註78〕至於秀水「范

〔註74〕郭沫若，前引書，頁 870。

〔註75〕陳寅恪，〈論再生緣〉，《寒柳堂集》，頁 89。

〔註76〕郭沫若，〈再談《再生緣》的作者陳端生〉，前引書，頁 892。郭指出，會稽錢三錫編選的《妝樓摘艷》清代女詩人選集，其中卷四七錄陳雲貞六首《寄外》，且在陳雲貞侍女陳蓮姐的詩注中有一句：「按（陳）雲貞會稽范秋塘室。」一語，讓郭更堅信「范菼」是會稽人。

〔註77〕陳寅恪對郭沫若的不以為然，另外可見這一年九月三日〈贈吳雨僧〉詩，有「鉅公漫詡飛騰筆，不出卑田院裡遊」句。《詩集》，頁 138。

〔註78〕陳寅恪指陳雲貞的《雲貞曲》和《再生緣》「二人同用一材料，自然符會，不必出於抄襲。茲舉最近之例言之。抗日戰爭之際，陳垣先生留居京師，主講輔仁大學。寅恪則旅寄昆明，任教西南聯合大學。各撰論文，考楊妃入道年

茭」的究竟，陳寅恪認為雖不易考定，但從陳端生自敘：「更欣夫婿是儒冠。挑燈伴讀茶沸聲，刻燭催詩笑語聯」者，與焦循筆下「郎本武健兒」、「一發斃雙狼」之武人，全無相似之處。〔註79〕當非郭沫若所考係浙江會稽人范茭字秋塘。

然則陳寅恪對這些「辯證」，主旨不在「辨別」「誰是誰」，而在「辯證」清代乾隆年間有一「陳端生」，所撰「《再生緣》乃彈詞體作品中第一部書也。」〔註80〕而此實為中國女性自覺，要求性別平等的內在資源。由陳端生而考范茭，再由陳端生和范茭的命運，而連繫《再生緣》的創作何以未能完成，似存在一內在聯繫。若視同「辯證法」的運用，或陳寅恪認為這就是「辯證法」，不能不說相當勉強，更非持「辯證法」論者所能苟同。

至於陳寅恪對陳端生的身世和際遇聯想，「嗚呼！端生於乾隆三十五年輟寫再生緣時，年僅二十歲耳。以端生之才思敏捷，當日亦自謂可以完成此書，絕無疑義。豈知竟為人事俗累所牽，遂不得不中輟。後來雖勉強續成一卷，而卒非全璧，遺憾無窮。至若『禪機早悟』，俗累終牽，以致暮齒無成，如寅恪今日者，更何足道哉！更何足道哉！」〔註81〕可謂「白況」十足。

陳寅恪有取於陳端生者，不僅在陳端生不安於當日加諸於女性之身，應為、應守的「本分」，並將個人抗拒思想寄托於《再生緣》中的女主角孟麗君，意圖摧破君、父、夫三綱。例如《再生緣》第十七卷，孟麗君違抗皇帝御旨、第十四卷孟麗君在皇帝前面斥其父母孟士元及韓氏、第十五卷讓其夫皇甫少華父親在孟麗君面前屈膝，第八卷讓皇甫少華向其跪拜。陳寅恪從這些劇情安排中，「則知端生心目中於吾國當日奉為金科玉律之君父夫三綱，皆欲藉此等描寫以摧破之也。端生此等自由及自尊，即獨立之思想，在當日及其後百餘年間，俱足驚世駭俗。……其遭逢困扼，聲名湮沒，又何足異哉！又何足異哉！」〔註82〕

陳寅恪所舉的例子例如要男性向女性跪拜，「男女之大防」固見動搖，但由夫向妻行跪拜禮的只能說是作者陳端生在思想上蓄意「叛逆」，顛倒「三

月。是時烽火連天，互不通問，然其結果不謀而合，實用同一材料，應有同一結論，吾兩人皆無抄襲之嫌疑也。」陳寅恪，〈論再生緣〉，《寒柳堂集》，頁87。
〔註79〕陳寅恪，〈論再生緣〉，《寒柳堂集》，頁86～7。
〔註80〕陳寅恪，前引文，《寒柳堂集》，頁68。
〔註81〕陳寅恪，前引文，《寒柳堂集》，頁60。
〔註82〕陳寅恪，前引文，《寒柳堂集》，頁66～7。

綱」，若欲導出全面摧破「三綱」的條件，應有更多思想上的資源方可支撐。
更與其所謂「白虎通三綱六紀抽象理想之境」不符，即男女關係在倫理上應
有一更合理的安排；然則陳寅恪更看重者或在女性「自由之思想」，並有意藉
《再生緣》作者陳端生在「文學作品」上的「叛逆」即「思想之自由」，向上
提升或轉移論述的境界，欲從文體與思想自由之間的關聯發揮：

> 抑更有可論者，中國之文學與其他世界諸國之文學，不同之處甚多，
> 其最特異之點，則爲駢詞儷語與音韻平仄之配合，就吾國數千年文
> 學史言之，駢儷之文以六朝及趙宋一代爲最佳。其原因固甚不易推
> 論，然有一點可以確言，即對偶之文，往往隔爲兩截，中間思想脈
> 絡不能貫通。若爲長篇，或非長篇，而一篇之中事理複雜者，其缺
> 點最易顯著，駢文之不及散文，最大原因即在於是。吾國昔日善屬
> 文者，常思用古文之法，作駢儷之文。但此種理想能具體實行者，
> 端繫乎其人之思想靈活，不爲對偶韻律束縛。六朝及天水一代思想
> 最爲自由，故文章亦臻上乘，其駢儷之文遂亦無敵於數千年之間
> 矣。……庾（信，子山）汪（藻，彥章）兩文（《哀江南賦》、《代皇
> 太后告天下手書》）之詞藻固甚優美，其不可及之處，實在家國興亡
> 衰痛之情感，於一篇之中，能融化貫徹，而其所以能運用此情感，
> 強化貫通無所阻滯者，又繫乎思想自由靈活，故此等之文，必思想
> 自由靈活之人始得爲之。〔註83〕

然則，思想自由不僅於文學，其於宗教和思想發展同具關聯，在論及中土佛
教思想時陳寅恪於 1930 年即有此論：

> 基公（遠基）承慈恩（玄奘）一家之學，顯門絕業，今古無儔，但
> 天竺佛教當震旦之唐代，已非復盛時，而中國六朝之世則不然。其
> 時神州政治，雖爲紛爭之局，而思想自由，才智之士亦眾。佛教輸
> 入，各方面皆備，不同後來之拘守一宗一家之說者。嘗論支那佛教
> 史，要以鳩摩羅什之時爲最盛時代。中國自創之佛宗，如天台宗等，
> 追稽其原始，莫不導源於羅什，蓋非偶然也。〔註84〕

陳寅恪在〈論再生緣〉的結論中，引陳端生有「豈是蚤爲今日讖」語，另引
早年任教清華時的詩作云：「鍾阜徒聞蔣骨青，也無人對泣新亭。南朝舊史皆

〔註83〕陳寅恪，〈論再生緣〉，《寒柳堂集》，頁72～3。
〔註84〕陳寅恪，〈大乘義章書後〉，《金明館叢稿二編》，頁181。

平話，說與趙家莊裡聽。」〔註85〕家國興亡之痛，以及在中共新政權統治之下，思想不得自由，竟連文學作品亦受壓抑。映入有心人眼底，當有不同感觸，但陳寅恪似已毫無顧忌，而這當可視爲陳寅恪自我實踐之「思想之自由」。

　　若以君父權力的意象觀察，陳寅恪以陳端生的《再生緣》和她的祖父陳句山的文集《紫竹山房詩文集》傳諸後世的冷熱情況作一對照，並下結論：

> 句山雖主以詩教女子，然深鄙彈詞之體。此老迂腐之見囿於時代，可不深論。所可笑者，端生乘其回杭州之際，暗中偷撰再生緣彈詞。逮句山返京時，端生已挾其稿往登州以去，此老不久病沒，遂終生不獲見此奇書矣。既使此老三數年後，猶復健在，孫女輩侍其側者，而端生亦必不敢使其祖得知其有撰著村姑野嫗所惑溺之彈詞之事也。不意人事終變，「天道能還」，紫竹山房詩文集若存若亡，僅束置圖書館之高閣，博雅之目錄學者，或略知其名，而再生緣一書，百餘年來吟誦於閨帷繡闥之間，演唱於書攤舞台之上。近歲以來雖稍衰歇不如前此之流行，然若一取其祖之時文，顯著隱晦，實有天淵之別，斯豈句山當日作才女說，痛斥彈詞之時所能料及者哉。〔註86〕

案，陳寅恪引陳句山的才女說對彈詞甚鄙薄，其文如下：

> 世之論者每云，女子不可以才名，凡有才名者，往往福薄。余獨謂其不然。福本不易得，亦不易全。古來福薄之女，奚啻千萬億，而知名者，代不過數人，則正以其才不可沒故也。又況才福亦常不相妨。嫻文章，而享富貴以沒世者，亦復不少，何謂不可以才名也。誠能於婦職餘閒，流覽墳素，諷習篇章，因以多識故典，大啓性靈，則於治家相夫課子，皆非無助。以視村姑野嫗於盲子彈詞，乞兒說謊，爲之啼笑者，譬如一龍一豬，豈可以同日語哉？又經解云：溫柔敦厚，詩教也。由此思之，則女教莫詩爲近，才也而德即寓焉。
> 〔註87〕

以今視之，陳句山雖肯定才女，駁女子無才便是德之說，固有其見識；但菲薄彈詞此一文體，在思想上仍不免有所拘限。而這也是陳句山生前完全不知

〔註85〕陳寅恪，〈論再生緣〉，《寒柳堂集》，頁86～6。
〔註86〕陳寅恪，〈讀再生緣〉，《寒柳堂集》，頁69。
〔註87〕陳寅恪，前引文，《寒柳堂集》，頁68。

孫女陳端生撰有《再生緣》，更未料及祖孫作品在身後的不同命運。陳寅恪所欲言者更在：

> 今寅恪殊不自量，奮其譾薄，特草此文（案，〈論再生緣〉），欲使再生緣再生，句山老人泉底有知，以爲然耶？〔註88〕

陳寅恪欲使《再生緣》再生，當不在其彈詞而已，更在陳端生的精神和意向，即「獨立的精神」和「自由的思想」，甚至可就陳寅恪撰述〈論再生緣〉時的政治背景有一對照，此即乾隆年間文字獄箝制思想自由，仍有《再生緣》的巨著，等到陳寅恪〈論再生緣〉，連文學創作之自由亦不可得。〔註89〕

至於《柳如是別傳》，有十處提到「假設」，以下即取其中相對重要的「假設」分析：

《柳如是別傳》中的柳如是出身爲何？這就要追問柳如是的姓名和身世。但柳如是之名是後取的，最初姓名爲何？這是《柳傳》作者陳寅恪好爲家世考證，總不能陷入「買妾不知其姓，則卜之。」的情境，〔註90〕是以考證柳如究竟是爲何許人，成爲無法排除的問題。

陳寅恪爲此立一「假設」，即「明末人作詩詞，往往喜用本人或對方，或有關他人之姓氏，明著或暗藏於字句之中。」〔註91〕設若此一「假設」成立，則可從與柳如是相與酬唱的詩文中找到柳如是最初的姓名。陳寅恪採取逆推的途徑，即先從錢牧齋和柳如是的酬唱詩文中尋求，再逐次往前推求河東君的早年。陳寅恪首舉的兩個例證是柳如是本人的詩，在〈次韻答牧翁冬日泛舟詩〉中有「春前柳欲窺青眼」和「年年河水向東流」兩句，即藏有「柳河東君」四字。

〔註88〕陳寅恪，前引文，《寒柳堂集》，頁 69。

〔註89〕陳寅恪撰述《論再生緣》在政治方面的今典，余英時曾有論述。參見余英時，〈陳寅恪先生論再生緣書後〉，《歷史與思想》，頁 466～7。案，陳寅恪的《論再生緣》1954 年 2 月完成初稿，但僅有油印本。1958 年余英時撰〈陳寅恪先生論再生緣書後〉在香港人生雜誌刊出，第二年香港友聯出版社出版《論再生緣》，一時轟動海外，引起北京方面的注意。中華書局擬出版《論再生緣》，也始有郭沫若有如排砲地針對《論再生緣》發表文章，而且給予正面肯定。然而，由於這部乾隆年間的虛構作品語涉征討朝鮮事。爲免影響中朝友誼，由周恩來、康生出面中止了對《再生緣》的討論，《論再生緣》以及擬由郭沫若校訂出版十七卷本的《再生緣》均中止出版。見徐慶全，〈陳寅恪《論〈再生緣〉出版風波〉，《南方周末》，2008/08/27。資料來源：「南方週末官方網站」，網址：http://www.infzm.com/content/16461（2010, 09, 14）

〔註90〕陳寅恪，《柳傳》，冊中，頁 457。

〔註91〕陳寅恪，《柳傳》，冊上，頁 16。

又，河東君〈春日我聞室作，呈牧翁〉有「此去柳花如夢裡，向來煙月是愁端。晝堂消息何人曉，（「何」與「河」音同形近）」並「珍重君家蘭桂室，東風取次一憑闌」等句，分藏「柳如是河東君」六字。〔註92〕

陳寅恪再舉和書中男女主角相關人士的詩以為例證。一是介紹柳如是給錢牧齋玉成此一因緣的汪然明。在其《春星堂集》〈無題〉詩中有「美女疑君是洛神」和「幾灣柳色隔香塵」句，分別藏有「柳是」二字。〔註93〕

陳寅恪接續推敲，疑柳如是初名「雲娟」，其後有「美人」、「楊影憐」、「柳隱如是」、「我聞居士柳如是」等名，連類牽引指出柳如是自小賣入於崇禎初年曾入閣拜相的周道登家，而後流落人間，和江南名士來往。〔註94〕在「假設」成立的同時，陳寅恪很技巧地也把書中重要人物依出場序，通過推論柳如是不同時期名號的程序，先唱名過場一趟，讀者就《柳傳》的背景和劇情，同時可以先有一簡要的了解。

陳寅恪同時在背景交代中埋藏了一條線索，就是柳如是和江南名士如程孟陽、陳子龍、宋徵璧、李舒章等從遊，在不同階段有不同的名號，而柳如是與其他名妓下場不同者，不僅要擺脫「妓女」的身分從良，而且拒絕從良後僅止於「妾」的身分。是以柳如是雖深愛陳子龍，但陳子龍因經濟原因和家庭因素，無法滿足柳如是的要求，只好求去。而錢牧齋願意以匹嫡之禮對待，也才可能發展出「錢柳因緣」。〔註95〕以上就是第一套「假設」發展出的整個主線脈絡。

再看《柳傳》中第二套「假設」是河東君有可能原係明末曾經入閣拜相的周道登母親的婢女，以周道登之乞，升等為妾。河東君因善於侍候周母，後雖遭群妾譖言私通家僕，河東君僅被驅逐而未送命。〔註96〕這原是一個不可能證實的「假設」，但陳寅恪必欲為之，意圖說服讀者接受者在於要先能為河東君塑造「親和力」，預為河東君可以憑藉此一「親和力」，拯救錢牧齋的張本。

〔註92〕陳寅恪，前引書，頁16。
〔註93〕陳寅恪，前引書，頁16。
〔註94〕陳寅恪，前引書，頁25～52。
〔註95〕陳寅恪指：「河東君自離去周文岸（道登）家後，即不甘作人姬妾，職是之由，其擇婿之難，用心之苦，自可想見，但幾歷波折，流轉十年，卒歸牧齋，殊非偶然。此點為今日吾人研考河東君身世者，所應特加注意也。」陳寅恪，《柳傳》，冊上，頁283。
〔註96〕陳寅恪，前引書，頁60。

此即十五年後，〔註 97〕即清順治四年錢牧齋因黃毓祺（1579～1648）涉抗清事被逮，河東君傾家營救，時河東君借住降清大臣洪承疇（1593～1665）的同年梁慎可家，因善於周旋，博得梁母歡心，終起營救的大作用。陳寅恪引證錢牧齋致梁慎可父梁維樞一信曰：「內子念尊夫人厚愛，寢食不忘。」並下案語：「又第三章引錢肇鰲《質直談耳》，謂河東君在周道登家為群妾所譖，幾至殺身，賴周母之力得免於死。觀牧齋「梁（慎可）母吳太夫人壽序」，可證河東君與慎可母之關係，與應付周旋周母者，正復相同。河東君博老婦人歡心一至於此。噫天下之『老祖宗』固不少，而『鳳丫頭』豈能多得哉？牧齋之免禍非偶然也。」〔註 98〕

而這又涉及《柳傳》中另一套「假設」，即陳寅恪筆下錢牧齋三生三死之事之第二死，因河東君營救得免於禍者。陳寅恪說：「吾國文學作品中，往往有三生之說。錢柳之因緣，其合於三生之說，自無待論。但鄙意錢柳之因緣，更別有三死之說焉，所謂三死者，第一死為明南都傾覆，第二死為牧齋遭黃毓祺案（即錢牧齋遭舉發捲入黃毓祺的反清復明案），幾瀕於死，而河東君使之脫死，第三死為牧齋既病死，而河東君不久即從之而死是也。」〔註 99〕而此第二死者，「寅恪草此稿（即《柳傳》）有兩困難問題，一為惠香公案（即陳寅恪懷疑錢牧齋對當時另兩位名妓，一是卞玉京，一是黃介媛頗欲染指，而惠香是一代稱）……。一為黃毓祺之獄，即所謂第二死。……並略陳牧齋所以得脫第二死之假設。」〔註 100〕案，陳寅恪的「兩困難問題」都另有「假設」，並不在這一個新設的「假設」之內。所以設要新設此一「假設」者，在陳寅恪意欲論證河東君所以不惜一切營救錢牧齋脫死，蓋陳寅恪本人視河東君反清復明的意志遠較錢牧齋強烈，錢牧齋從事反清復明的活動，柳如是應是重要的推手。這當然是出於柳如是的自覺，就如同柳如是所以棄陳子龍而就錢牧齋，就在柳如是有一平等的自覺。而這也是陳寅恪所以會寫《柳如是別傳》，且從《錢柳因緣詩釋證稿》改為今名，固屬「別有懷抱」〔註 101〕者，

〔註 97〕陳寅恪考證河東君十四歲時流落人間，時為崇禎四年。陳寅恪，《柳傳》，冊上，頁 47～51。

〔註 98〕陳寅恪，前引書，頁 916。

〔註 99〕陳寅恪，前引書，頁 899。

〔註 100〕陳寅恪，前引書，頁 899。

〔註 101〕蔣天樞在《事輯》1962 年條言：「夏，《錢柳姻緣詩釋證稿》初稿完成。後易名為《柳如是別傳》。頁 175。至於「別有懷抱」者，陳寅恪於稿成之際有詩，題曰：「十年以來繼續草錢柳因緣詩釋證至癸卯（1963）冬粗告完畢偶憶項蓮

具見其於河東君的傾倒。再者，從這一大套的「假設」與《柳傳》的布局前後呼應，關聯緊密，得以窺其所以在河東君身上用心著墨的梗概。

　　然則這些還不足以概括錢柳因緣，陳寅恪在《柳如是別傳·緣起》中言：

> 彼尋錢柳之篇什於殘闕毀禁之餘，往往窺見其孤懷遺恨，有可以令人感泣不能自已者焉。夫三戶亡秦之志，九章哀郢之辭，即發自當日之士大夫，猶應珍惜引申，以表彰我民族獨立精神，自由之思想。何況出於婉孌倚門之少女，綢繆鼓瑟之小婦，而又爲當時迂腐者所深詆，後世輕薄者所厚誣之人哉！」

雖然〈論再生緣〉的寫作係出於聽說書，〔註102〕《柳如是別傳》則出於當年旅居昆明所獲之紅豆，各有不同的緣由。〔註103〕然則陳寅恪〈論再生緣〉所欲闡明者，蓋欲就傳統「男女之大防」有一抽象的疏理。誠如〈王觀堂先生輓詞序〉中所言：「吾中國文化之定義，具於白虎通三綱六紀之說，其意義爲抽象最高之境，猶希臘柏拉圖所謂 Eidos 者。」陳寅恪當時曾就君臣、朋友之義有所疏解，但未及夷夏及男女之大防。「夷夏之大防」具見於上述有關中古及唐代史事之「假設」及論證。至於「男女之大防」則叫具見於〈論再生緣〉和《柳如是別傳》。何謂陳寅恪筆下的「男女之大防」，這原是儒家價值的核心概念，此一概念從二十世紀初自君臣之綱破解同遭挑戰，新文化運動更直指此一「男女之大防」直欲摧破，但摧破之後的抽象意義應當如何對待，女性自覺又從何而來，陳寅恪顯然有意指向陳端生和河東君身爲才女的自覺以及在文學創作上的「叛逆」書寫，才有可能從意識上取得性別的平等，而河東君更見諸個人實踐，「夷夏之大防」和「男女之大防」在河東君身上更有雙重體現。對此，陳寅恪非僅從「抽象理想最高之境」立論，並從具體的創作

生鴻祚云：『不爲無益之事，何以遣有涯之生』，傷哉此語，實爲寅恪言之也。」案，「不爲無益之事」云云，譚獻評項鴻祚蓮生《憶雲詞》有：「蓮生，古之傷心人也！蕩氣迴腸，一波三折，有白石之幽澀而去其俗，有玉田之秀而無其率，有夢窗之深細而化其滯，殆欲前無古人，……所謂別有懷抱者也。」譚獻，《篋中詞》，卷4，頁6。收入《續修四庫全書·集部詞類（據光緒八年刻本）》（上海：上海古籍出版社，2002年），冊1732，頁670。

〔註102〕陳寅恪自言：「衰年病目，廢書不觀，唯聽讀小說消日，偶至再生緣一書，深有感於其作者之身世，遂稍稍考證其本末，草成此文。」〈論再生緣〉，《寒柳堂集》，頁1。

〔註103〕陳寅恪於《柳如是別傳》開篇〈緣起〉首言：「昔歲旅居昆明，偶購得常熟白茆港錢氏故園中紅豆一粒，因有箋釋錢柳因緣詩之意，迄今二十年，始克屬草。」《柳傳》，冊上，頁1。

和生活面肯定這兩位勇於衝破「男女之大防」的女性作家。陳端生是思想上的突破，而河東君則是思想和實踐的雙重突破。

第四節　小結——陳氏辯證與假設

　　回顧第一節引陳寅恪言：「吾國文化之定義，具於白虎通三綱六紀之說，其意義爲抽象理想最高之境，猶希臘柏拉圖所謂 Eidos 者。」此一段陳述，陳寅恪原設有一個「假定」。曰：「或問觀堂先生所以死之故，應之曰：近人有東西文化之說，其區域劃分之當否，固不必論，即所謂異同優劣，亦姑不具言，然可得一：『假定』之義焉。其義曰：凡一種文化值衰落之時，爲此文化所化之人，必感苦痛，其表現此文化之程量愈宏，則其所受之苦痛亦愈甚。迨既達極深之度，殆非出以自殺無以求一己之心安而義盡也。……」這是陳寅恪持「假定」，即東西文化衝突或異同之說，升華至抽象「理念」，而得一直接聯繫者。

　　陳寅恪於 1953 年 12 月 1 日對其學生汪籛所言：「我認爲研究學術，最主要的是要具有自由的意志和獨立的精神。所以我說『士之讀書治學，蓋將以脫心志於俗諦之桎梏。』……對於獨立之精神，自由之思想，我認爲是最重要的。所以我說『唯此獨立之精神，自由之思想，歷千萬祀與天壤而同久，共三光而永光。』」陳寅恪還說：「一切都是小事，惟此是大事。」「（我）所持之宗旨，至今並未改易。」又說：「王國維之死，不關與羅振玉之恩怨，不關滿清之滅亡，其一死乃以見其獨立自由之意志。獨立精神和自由意志是必須爭的，而且須以生死力爭。正如詞（疑當爲碑）文所示，『思想而不自由，毋寧死耳。』」〔註104〕這些層層累積、反覆其旨的論述，就在此「獨立之精神，自由之思想」爲不可移易。

　　陳寅恪的學術論證過程和「假設」，當然不宜視爲柏拉圖辯證法和「假設法」的複製，而是頗有變化，一是不像柏拉圖多採對話形式，二是引入歷史論證，或可視爲「陳氏辯證」。但可以確認的是這和民國以來新史學和社會科學所設定的「假設」在取徑上顯有不同。在設定「假設」和論證的過程中，陳寅恪掌握的並非直線式思考，而係先就論述主題的周邊，尋求可靠的史料，再逐步從「假設」向論述核心推進，或是躍升至一個新的論述場域。其所設

〔註104〕陳寅恪，〈對科學院的答覆〉，《陳寅恪最後二十年》（三聯版），頁 111～12。
　　　　陳寅恪，《陳寅恪集・講義及雜稿》，以下簡稱《雜稿》，頁 463～4。

定的「假設」，固然不時會出現挑戰，而有新的「假設」補充，「秀水范炎」就是一個顯例，並藉此繼續向前推論。

陳寅恪之後史學界少有人再持「假設」的辯證模式論證，有之則唐長孺和余英時兩人稍有涉及。

唐長孺在〈孫吳建國及漢末江南的宗部與山越〉文中引「清代校勘學者何焯說：『宗』恐與巴賨之『賨』同義，宗賊疑即蠻賊。」照何焯的說法，『宗』應該解釋為種族，也即是『賨』之省略或本字。惠棟《後漢書補注》卷十七〈劉表傳〉也引了何焯說，但惠棟卻並不贊同」云云。唐長孺繼引不同史料指稱何焯和惠棟的說法都局部為真。接著再就「宗部」和「宗伍」之「宗」分佈地域自湖北、江西、安徽、浙江、江蘇、兩廣及印度支那半島都有這種組織，「賨」人的地域分佈於後漢末年僅限今天四川東部、湖北西部和陝西南部，兩相比較不合，結論「宗部」不是「賨」。「因此，將「宗」認作巴賨之『賨』是難以成立的假設。」〔註105〕換言之，唐長孺以為何焯的說法是一種「假設」，唯唐本人則似無意立「假設」以為論證。

余英時在《朱熹的歷史世界》一書中，似在多處有意識地模仿陳寅恪的「假設」以為論證。〔註106〕此前余英時於〈章學誠文史校讎考論〉一文中有言：「乾嘉漢學都接受一個基本『假定』，即道在六經，而六經則是古代的語言文字所構成。」〔註107〕此一「假定」只為論述行文方便，提出一個學界的「共識」，而非據此論證。《現代儒學論》第一節「現代儒學與內在批判」開篇即言：「我們一向似乎有一個未經詳細檢討的『假設』，即西方思想的侵入直接導致儒學解體。」然而這一「未經詳細研討的『假設』」，並不是余英時的「假設」。余英時只是藉此轉入個人的論述：「我現在想提出另一個『觀點』，即儒學的批判是從內部開始的。不僅晚清如此，『五四』初期也是如此。」〔註108〕這是把「假設」一變而為「觀點」。

〔註105〕唐長孺，〈孫吳建國及漢末江南的宗部與山越〉，《魏晉南北朝史論叢》，頁3～6。

〔註106〕余英時，《朱熹的歷史世界》（臺北：允晨文化公司，2003年），頁59、130、157、251。

〔註107〕余英時，〈章學誠文史校讎考論〉，《中國文化》，期10（1994年），頁33。

〔註108〕余英時，《現代儒學論》（香港：八方文化公司，1996年），頁1～2。又，余英時在「從價值系統看中國文化的現代意義——中國文化與現代生活總論」的文章中也有「假設」，但這個「假設」也不是余英時個人的設定，而是出於不得已的引用，例如：「我自然不能不根據某種概念性的假設，但是這種假設並非我個人主觀願望的投射，而是在學術研究上具有一定的客觀性和普遍性的。」余英時，《文化：中國與世界》輯1（北京：三聯書店，1987年），頁39。

　　余英時的「假設」其實最早見諸於有關陳寅恪的文章。1982 年，余英時在〈陳寅恪的學術精神與晚年心境〉一文中，曾提出一個假設，即陳寅恪在 1949 時不肯離開大陸，陳夫人則有意要去台灣，因此在去留問題上出了問題，並爲此起了爭執，陳夫人唐篔曾出走香港；但余英時兩年後在〈陳寅恪晚年詩文釋證〉一文中修正說，那只是「陳寅恪晚年詩文必然反映政治社會現實」的旁證，但由於陳寅恪的女兒說，「陳夫人一向尊重陳先生的決定」，足以作爲反證，「因此必要將此旁證降低至無足輕重的地位。」至於主要假設，即陳寅恪晚年詩文必然反映政治社會現實，則是被證據逼出來的。〔註109〕1995 年，陸鍵東《陳寅恪的最後二十年》出版，證實當初陳寅恪夫婦確曾爲去留問題出現嚴重爭執，陳夫人唐篔爲此負氣出走香港。余英時在〈「後世相知或有緣」——從《陳寅恪的最後二十年》談起〉一文中，特別處理這一段假設的棄和取。〔註110〕

　　唐長孺自稱是「教外別傳」的私淑弟子。〔註111〕余英時於陳寅恪是海外研究陳寅恪的先驅。至於陳寅恪的弟子中，最受陳寅恪看重的周一良認爲乃師「治學之道充滿樸素的辯證法。」〔註112〕季羨林也說：「陳先生有樸素的唯物主義、樸素的辯證法」，〔註113〕另一弟子王永興亦持此說，後又放棄此說。〔註114〕如果排除其中夾雜的政治考量，那麼「樸素的辯證法」之於陳寅恪，

〔註109〕余英時，〈陳寅恪晚年詩文釋證〉，收入《陳寅恪晚年詩文釋證（增訂新版）》，頁 93～96。

〔註110〕余英時，〈「後世相知或有緣」——從《陳寅恪的最後二十年》談起〉，收入《陳寅恪晚年詩文釋證（增訂新版）》，頁 285。

〔註111〕案：廣州中山大學於 1988 年 5 月 26～28 日召開「紀念陳寅恪教授國際學術研討會」，會前唐長孺撰詩紀念，有「他年若撰淵源錄，教外何妨有別傳」句。《紀念陳寅恪教授國際學術討論會文集》（廣州：中山大學出版社，1989 年），目錄前附第七幀照片，不分頁。

〔註112〕周一良，〈紀念陳寅恪先生〉，《紀念陳寅恪教授國際學術討論會文集》，頁 15。

〔註113〕季羨林，〈紀念陳寅恪先生教授國際學術討論會閉幕詞〉，《紀念陳寅恪教授國際學術討論會文集》，頁 28。季羨林另文提到陳寅恪是以「假設」展開論文辨證的，指稱讀陳寅恪的文章，「開始時人們往往不能理解，爲什麼這樣『假設』。但是只要跟著剝下去，到最後，必然是『山重水複疑無路，柳暗花明又一村。』茅塞頓開，豁然開朗了。」季羨林，〈紀念陳寅恪先生百年誕辰學術論文集序〉，王永興主編，《紀念陳寅恪先生百年誕辰學術論文集》，頁 9。

〔註114〕陳寅恪的另一弟子王永興於 1993 年出版的《陳門問學叢稿》（南昌：江西人民出版社，1993 年），談到陳寅恪的治史方法，列有一項特長是「樸素的辯證方法」，見該書，頁 11～7。但五年後出版《陳寅恪先生史學述略稿》（北京：北京大學出版社，1998 年），即放棄此說，推敲應和已無政治考量有關。

應該可以是和柏拉圖的辯證法有一對應,而非馬克思的唯物主義辯證法。

陳寅恪晚年的弟子金應熙即於陳寅恪的辯證法有一非政治的陳述:「總起來說,陳氏對歷史的綜合解釋具有鮮明特點的,他不是歷史唯物主義者,不可能用歷史唯物主義的立場觀點去進行研究。但是在他的思想中也出現不少接近歷史辯證法的因素,他對歷史過程某些方面的描述已比同時的舊史家和西方漢學家們高出一頭。這同豐富的史料、精詳的考證密切結合起來,使他的研究成果能在舊中國史學界中蔚成異彩。」〔註115〕

雖然,陳寅恪不無藉由外部考證的權威,轉移、推衍其個人主觀信念及價值觀,以求進入另一論述空間,希望通過考證取得詮釋史事的權威,但這是否符合從客觀事物獲取抽象意義的規範,則大有疑問。此時的「陳氏辯證」和「辯證法」之間當然還有一段距離。再者,「陳氏辯證」處理隋唐史或中古史,雖涉及個人家世及價值觀,但因辯證過程是一客觀認知的過程,無礙辯證邏輯逐步接近史實真相的追求。而「頌紅妝」的文章,則不時由客觀論述和考證直接跳入個人主觀論述和偏好。對此,嚴耕望(1916~1996)有一評論或可概括:

> 考證之術有述證辯證兩類別、兩層次。述證的論述只要歷舉具體資料,加以貫串,使史事真相適當的顯露出來。此法最重史料之詳贍,與史料比次之縝密,再加以精心組織,能於紛繁中見其條理,得出前所未知的新結論。辯證的論述,重在運用史料,作曲折委蛇的辨析,以達成自己所透視、所理解的新結論。此種論文較深刻,亦較難寫。考證方法雖有此兩類別、兩層次,但名家論著通常皆兼備此兩方面,惟亦各有所側重。寅恪先生的歷史考證側重後者,往往分析入微,造成新解,故其文勝處往往光輝燦然,令人嘆不可及。但亦往往不免有過分強調別解之病。學者只當取其意境,不可一意追摩仿學;淺學之士若一意追摩,更可能有走火入魔的危險。〔註116〕

固然「陳氏辯證」不可仿學;然而陳寅恪一生行事立節最重要的信念:「獨立之精神,自由之思想」,以及批評的態度,決非憑空而來。陳寅恪幼時親歷戊戌政變前祖父陳寶箴和父親陳三立主持湖南新政和改革在家中所沐浴的氛

〔註115〕金應熙,〈陳寅恪〉,《中國史學家評傳》(鄭州:中州古籍出版社,1986年),冊下,頁1376。

〔註116〕嚴耕望,《治史答問》(臺北:臺灣商務印書館,1985年),頁85~6。

圍，自未料頓成家難，之後再經歷庚子拳亂，其於陳寅恪最直接的影響或在對政治的疏離，乃至對民主政治從無一蹴可幾的空想，是以「獨立之精神，自由之思想」，顯非由政治訴求而來，而是從學術源流而來，其間必有一思想發展和認識的過程。

余英時曾言：「『獨立之精神，自由之思想』是現代知識分子的特徵，但在中國士的傳統中也有其根源，不過不夠澈底而已。」〔註117〕但筆者以爲：作爲支援陳寅恪歷史研究乃至於立身處世的思想和精神資源——「獨立之精神，自由之思想」，原非中國傳統思想，有也未必澈底。陳寅恪必有取於西方思想，但與其說有取於西方近代的政治思想，不若說更有可能係直接得自希臘古典文化精神，且可上溯到柏拉圖的「辯證法」思想和「理念」世界。

〔註117〕余英時，〈明明直照吾家路〉，《詩文釋證》，頁 10～11。

第四章　思想發展之三——失焦的辯論：對對子和文法

　　1932 年 8 月初清華大學及研究所招考新生及轉學生，作文題爲：「夢遊清華園記」，各年級生另有對對子題。其中以一年級的對子「孫行者」最受矚目。由於題型出人意表，引起廣泛的關注和討論，北平《世界日報》即陸續刊出投書要求清華大學公佈「對對子」的評分標準，甚至直斥這是復古，或以「奇哉」、「怪哉」形容，或要清華大學表態是否支持「對對子」的考題。〔註1〕

〔註1〕 北平《世界日報》8 月 7 日第十二版讀者論壇刊出署名「丁零」的〈關於「對對子」〉的投書，認爲新舊人物都會注意到清華「對對子」的國文試題，測考生對舊文學的修養，很技巧；但評判的標準如何而定則難，要求主考先生發表他自己的原對。八日刊出署名「振凱」〈由清華大學考試技術所引起的我的幾句話〉，質問如果學生只會「對對子」怎麼辦？倒不如要求學生作八股文和各式舊文體，並連帶指責清華及學生的資產階級化。文中還批判了作文題「夢遊清華園記」，指這是小資產階級的先生們所想望的事，非窮學生所敢崇拜。隔一日，8 月 10 日，有署名「傑」的〈對對子〉和「春燄」的〈我也談談清華的考試〉。「傑」文以「奇哉！怪哉！」形容，建議清華表態是否支持「對對子」的考題，若以爲不妥，請設法矯正，勿相應不理。「春燄」指百思不得其解，何以會有「對對子」的題，以時代意義來講，作對子就說不通。若要表示最高學府的新奇，不若作八股文來得乾脆。並批評作文題，於黑漆一團的現實——多難的中國，對貧無立錐的無產大眾有什麼利益？隔兩日，8 月 13 日，湘石〈我也談談對對子〉，覺得不但多數考法理二科的同學覺得困難，就是意欲研究中國文學的老夫子，恐怕也茫然不知所對。另一篇署名「北黎」的〈對對兒〉，則很爲「斯文」慶，只是不明白在中學裡何以沒有學「對對子」。認爲「在維持中華民族的生存上國學是必須要學的，國學既是必學，對兒自然更是必須對的。爲傳播國學使他普遍起見，要雅俗共賞才好。」隔一日，15 日，《世界日報》在第七版刊出陳寅恪的「答辯」。第十二版續刊出讀者投

兩個星期後，即 8 月 14 日或早於此日一兩天，陳寅恪以出題者身分出面接受北平《世界日報》訪問。這是陳寅恪生平僅見的一次，為大學入學考試題型，一個屬於可以接受公評的議題上報答辯。〔註2〕

陳寅恪的答辯並未平息輿論不滿，讀者罵聲未歇。〔註3〕半個世紀後，當年任教清華大學，也是哲學史家的馮友蘭在其回憶錄《三松堂自序》中提到此事的下文：「在當時社會上對於對聯不很瞭解，以為對對子是復古，也有人以這次考試為笑談，所以以後也沒有沿用，沒有推廣。」〔註4〕

除開試題本身引發的話題外，在陳寅恪看來，「對對子」其實另涉及中文文法還未發展成熟前，得先有比較語言學的研究，以及不可或缺的歷史觀念。而此類比較研究方法，必須有歷史演變及中西系統異同之觀念；反之，若僅

書。有署名清華園「彭俊材」的〈讀了振凱君的由清華大學考試技術所引起的我的幾句話之後〉，認為對對子並非絕不可行，「夢遊清華園記」只是一個作文題目，僅作用於試驗考生的記憶和描寫能力。無可厚非也無可非議。署名「伯辛」的〈談談「談談對對子」〉，批評了署名「傑」與「春燄」的投書，指「傑」文觀點是錯誤的，也是不該有的，至於「春燄」的文章則是開玩笑、湊熱鬧。不過，文末仍認為對子出得大膽，是出題者大意。16 日，刊出自稱是清華學生署名「周葆珍」的投書〈由「由清華大學考試技術所引起的我的幾句話」的幾句話〉，反駁「振凱」對清華學生的指摘，並說對對子不過是測驗考生對虛實字的認識，因作文題目批評清華大學是否偉大也不恰當。同日第三篇署名「窮小」的投書〈我也談一談清華大學〉，質問「對對子」是根據那一年的高中課程，至於作文題更為難那些剛從窮鄉僻壤來，壓根不知清華的考生。這一天《世界日報》的讀者論壇特別加了一段案語，聲明討論宣告結束。

〔註2〕 1932 年 8 月 15 日北平《世界日報》第七版。

〔註3〕 北平《世界日報》8 月 19 日一口氣又刊出四篇投書。第一篇就是署名「皡」的〈關於「對對子」質陳寅恪君〉，針對陳寅恪回應此事的發言，認為陳寅恪個人重視「對對子」的學術見解，儘可發表學術論文，但不宜在清華入學試中提倡。第二篇是署名「傑」答覆「伯辛」的〈關於「對對子」問題〉。第三篇署名「春燄」回應〈關於「對對子」問題〉，也是答覆「伯辛」的。第四篇署名「塵惘光」的〈讀了「讀了『振凱』君的由清華大學考試技術引起我的幾句話之後」之後〉。全都反對以對子入題。「塵惘光」有一句很重的話：「對對子是中國舊日封建社會中的文人不務實際，專意瞎費腦力幹著玩兒罷了！而以素負重名之清華大學也就把學生往以之亡國的不事實際上引，嗚呼！」

〔註4〕 馮友蘭，《三松堂自序》（北京：人民出版社，1998 年），頁 75。馮友蘭在序文中署 1981 年 11 月。又，清華國文系主任朱自清在第二年負責看清華入學考試國文作文卷，寫了一篇「高中畢業生國文程度一斑」投刊於《獨立評論》第 65 號，指程度遠不如二十年前云云，就是沒有提上一年的熱門話題「對對子」，可以旁證馮友蘭的說法。

止於抄襲西方文法，不知區辨源流，則有必要「摧陷廓清」。〔註5〕就陳寅恪的學思淵源而言，此一主張當係來自東方語言學的歷史比較研究，陳寅恪不但個人奉爲其治學的工具，且欲有所推廣。另一更大的理想或在如何假西學以崇中學，即取西方的歷史語言學，以挽救中文或漢語免於沈淪，不致盡爲西化的白話文所取代。此或本於陳寅恪〈王觀堂輓詞〉序言的思維，即「綱紀本理想抽象之物，然不能沒有依托，以爲具體表現之用。」〔註6〕除有形的社會制度，而經濟制度尤其最要者之外，陳寅恪此時還看到了文化的承載者語言的重要，或許更在社會經濟之上。

在當時，歷史語言學原屬民國新史學刻意提倡的顯學，是新文化運動以來新史學的主流，〔註7〕陳寅恪自認試題不出中文基礎知識範疇，且符合命題學理，不僅僅可以有效測試學生中文程度的深淺而已，難謂「復古」或陳義過高。

唯觀察後期事態發展以及學界的態度，陳寅恪顯然受挫甚深。再以更大的格局看待，「對對子」和當時如日中天的白話文運動究竟應如何區隔對待？一般人或以爲「對對子」是復古，和當時白話文運動背道而馳。今天看來，這應是現代中國思想史和學術史上，學術菁英與學院外的民俗文化往往會出現溝通障礙的困境。至於對陳寅恪的學思發展，欲爲學術界開闢比較研究之門徑或路向，示來者以軌則，轉移一時之風氣者，更是一大挫折。

第一節　對對子成爲話題

「對對子」試題一出，不僅考生意外，社會亦爲之譁然，隨即成爲報紙獵奇的話題。「對對子」試題因爲話題新鮮而上報，這或許還在陳寅恪意料之

〔註5〕陳寅恪，〈與劉叔雅書〉，《二編》，頁251～2。
〔註6〕陳寅恪，〈王觀堂先生輓詞并序〉，《詩集》，頁12。
〔註7〕當時的歷史學界主流人物偏重拿歷史語言學當作重要的工具。中央研究院歷史語言研究所的創立是最明顯的例證。傅斯年在創所文獻〈歷史語言研究所工作之旨趣〉一文中即明言歷史學和語言學的重要，「要把歷史學和語言學建設得和生物學地質學等同樣。」又「如解釋隋唐音，西洋人之知道梵音的，自然按照譯名容易下手，在中國本沒有這個工具，又沒有法子。又如西藏、緬甸、暹羅等語，實在和漢語出於一語族，將來以比較語言學的方法來建設中國古代言語學，取資於這些語言中的印證處至多，沒有這些工具不能成這些學問。」《中央研究院歷史語言研究所集刊》，本1，分1（1928年10月），頁6～7。

中,但顯然不是陳寅恪所能想像,惹出一大串話題和「論戰」。單就北平《世界日報》言,即在第十二版讀者論壇,連篇累牘地刊出討論文章,從 8 月 7 日到 19 日間歇以此為主題足足談了兩個星期,發表了十四篇讀者投書,其中有兩人各有兩篇。〔註8〕總部設在天津的《大公報》,於全國範圍的影響較《世界日報》更大,8 月 31 日跟進,有一篇小專欄討論「對對子」的話題,茲將全文轉錄於下:

> 本年清華大學入學考試國文試題有對對子一項,有「孫行者」、「少小離家老大回」、「人比黃花瘦」、「莫等閒白了少年頭」、「關關雎鳩,在河之洲」、「清華大學,水木清華」等句。〔註9〕這下真苦了二千考生,因之罵聲四起。在幾個大報的讀者論壇上便出現了許多清華復古的文字。引而申之,乃更出現許多文章指摘清華為資產階級學校。自然也就有人動筆出來反駁了。就我每日注意的《世界日報》言之,自 8 月 1 日清華考畢,無日無是項爭辯文字,直至我 17 日離開北平,尚未平歇。這一個「論戰」也可算熱鬧了。〔註10〕

北平《世界日報》刊出討論「對對子」的讀者論壇,係自 8 月 7 日起間歇見報,直到 8 月 20 日刊出清華大學放榜名單,「對對子」的「論戰」始告一個段落。報紙上的論辯多集中於「對對子」應否成為考題,反映的多屬升學主義範疇內的話題和想法,其間偶見對清華大學是否屬於資產階級的批判和駁論,〔註11〕談不上陳寅恪意欲藉「對對子」的討論,提高層次到建立漢語文法或相關學術性的論辯。

在這個階段裡,陳寅恪自擬了一篇底稿,以接受北平《世界日報》記者採訪的形式,於當年 8 月 15 日刊出一篇具有答辯意味的回應。茲將陳寅恪回

〔註8〕 統計依據來自註 1、註 4 所引北平《世界日報》刊出的篇數及作者出現次數。

〔註9〕 蔣天樞說:「一年級為『孫行者』、『少小離家老大回』,二三年級轉學生有『莫等閒白了少年頭』等。」《陳寅恪先生編年事輯》,頁 221。又,劉以煥的《一代宗師陳寅恪——兼及陳氏一門》(重慶:重慶出版社,2001 年)指一年級的對子題有「孫行者」、「少小離家老大回」。二、三年級轉學生有「莫等閒白了少年頭」。研究生(應為中國文學研究所入學考題,見下頁)的對子題有:「墨西哥」。見該書,頁 213~4。另《陳寅恪集·詩集·對聯》收入了以上各題(頁 183),但未見「人比黃花瘦」、「關關雎鳩,在河之洲」、「清華大學,水木清華」等題。

〔註10〕 李琦,〈北平雜憶——一個綿延的辯論〉,天津《大公報》,民國二十一年 8 月卅一日第 9 版。

〔註11〕 參見註 1,「振凱」和「窮小」的批判,「周葆珍」的駁論。

應對對子試題的部分轉錄於下：

標題：

> 清華中國文學系教授陳寅恪
>
> 談出「對對子」試題理由

內文：

> （特訊）昨日記者偶晤該校中國文學系閱卷員，詢及國文試題中之「對對子」答案，及所以出題之理由，嗣經中國文學系教授陳寅恪發表談話如左：
>
> 今年國文試題，均分三部，第一為對對子，二為作文，三為標點，其對對子及作文二題，全出余（陳寅恪）手，余完全負責，近來有人批評攻訐，余不便一一答復，擬將今年國文命題之學理，於開學後在中國文學會宣講，今日只能擇一二要點，談其大概。
>
> 本大學考試國文一科，原以測驗考生國文文法及對中國文字特點之認識。中國文字，固有其種種特點，其文法絕非屬於「印度及歐羅巴 Indo~European 系」，乃屬於「緬甸西藏系」。中文文法亦必因語言文字特點不同，不能應用西文文法之標準，而中文應與「緬甸西藏系」文作比較的研究，始能成立完善的文法。現在此種比較的研究，尚未成立，「對對子」即是最能表現中國文字特點，與文法最有關係之方法。且研究詩詞等美的文學，對對實為基礎知識。考題中出對子，簡言之，係測驗考生對（一）詞類之分辨，如動詞對動詞，形容詞對形容詞，虛字對虛字，稱謂對稱謂等是；（二）四聲之瞭解，如平仄之求其和諧；（三）生字 Vocabulary 及讀書多少。如對成語，須讀詩詞文等書多（此短句不順，另一版本為「須讀書（詩詞古文）多」〔註12〕），隨手掇拾，毫不費力。如有人以祖沖之對孫行者，是可知該生胸中有物，尚知古時學者祖某其人；（四）思想如何，因妙對不惟字面上平仄虛實盡對，「意思」亦要對工，且上下聯之意思須「對」而不同，不同而能合，即辯證法之一正，一反，一合。例如本校工字廳水木清華旁兩聯之末有「都非凡境」對「洵是仙境」，字

〔註12〕陳寅恪，〈「對對子」意義──陳寅恪教授發表談話〉，原刊民國 21 年 8 月 17 日《清華暑期週刊》6 期，此文與北平《世界日報》此前刊出的訪問稿雷同，除略有刪節如最後一段假第三者可引為談助者，另外還有個別字句校改調整，大致應屬同一版本。《雜稿》，頁 447。

面對得極工，而意思重複，前後一致，並非絕妙好對，此則思想之關係。按此種種，悉與「國文」文法有密切之關係，爲最根本、最方便、最合理之測驗法。

對對子該如何評分，以及考生應答情況，陳寅恪的答覆是：

至於評判標準，即按上述各節（一）文法方面，如平仄詞類之對否；（二）「意思」之工否，思想之如何。分數則僅占國文三題中百分之十，倘字面對工，思意不差，則可得十分，如對得極好，可得四十分，即完全不對，亦不過扣去百分之十分。是於提倡中已含通融寬待之意，其所以對對題有較難者，實爲考生中之有特長者，普通人字面對上即可。有人謂題中多絕對，並要求主題者宣佈原對，余以爲並非絕對，因其並非懸案多年，無人能對者。中國之大，焉知無人能對。若主題者自己擬妥一對，而將其一聯出作考題，則誠有「故意給人難題作」之嫌矣。余不必定能對，亦不必發表余所對。考生較好之對，惟考卷尚未完全看完，且非經余一人評閱，但可就所憶者發表一二：一年級新生，對孫行者最佳者，當推「王引之」，因王爲姓氏，且有王父即祖父之解，恰與孫字對，引字較祖沖之沖字爲佳。「少小離家老大回」，尚未見有甚好者，如「匆忙入校從容出」，差可。中國文學研究所題對「墨西哥」，有人對「淮南子」，可稱不錯，因同爲專名詞，且末二字恰甚工也。

作文題在「論戰」中間有涉及，陳寅恪交代如下：

關於「夢遊清華園記」作文題，多人誤會，以爲係誇耀清華之風景與富麗，或誤解爲遊記，其實所謂夢遊云者，即測驗考生之想像力 Imagination 及描寫力，凡考清華者，總對清華有一種猜想，不知實際情形，即用「空中樓閣」。此題易言之，即爲「理想中之清華大學之描寫」，再者，考生欲入大學，當必有一理想中的大學形況景物，余之所以不用「理想中之清華大學」，或「夢遊清華大學者」，乃以寫景易，而學校、組織師生、課業狀況的描寫較難。數年來，各校考題，已將「求學志願」、「家鄉」、「朋友」等題用盡，似此種題，實簡單、自由、美妙，容易之至。余以爲該題甚好，而有人仍發怨言者，想係入清華之心過切，或因他故而生忌嫉之感。〔註13〕

〔註13〕 案，《雜稿》所刊，句末還多了「不足介意」語。另見卞僧慧，《年譜長編》，頁142。

可引爲談資助者，則以間接方式表達：

> 談畢後，記者並探得考卷中之可笑者，茲摘錄數則如後：對孫行者
> 除王引之、韓退之、胡適之、祖沖之較好者外，普通皆對陳立夫、
> 郁達夫、王獻之、周作人，至以唐三藏、豬八戒、沙和尚應對極多，
> 甚不通。亦有對以趙飛燕、黃飛虎、郭沫若者，最可笑莫如一部（分）
> 考生，僅由字面上對以「翁坐乎」、「子去也」。有某生對「我來也」，
> 下註古文盜竊人名，雖平仄不諧，但亦可見彼知對專名詞及虛實字，
> 仍得相當分數。其餘尚有根本不明「對對」用意者，如某生以「少
> 小離家老大回」爲題作文一篇，有以原詩第二句「鄉音不改鬢毛衰」
> 塞責者，亦有以「城池依舊人民非」聯句者。最可笑者莫如某生，
> 於試卷上原對後塗改許多，後竟在「少小離家老大回」下書「金銀
> 珠寶往家抬」，而於「孫行者」下大書「一個斛斗十萬八千里」，情
> 急胡謅，窘狀可想。〔註14〕

第二節　對對子和漢語文法研究方向

陳寅恪後來並未如期向清華中國文學會宣講國文命題之學理，而是以書信體的形式，致函代理系主任劉叔雅（1889～1958）。〔註15〕另將全文送交《大公報・文學副刊》，於9月5日以〈與劉叔雅論國文試題書〉刊出。〔註16〕

〔註14〕 北平《世界日報》，1932年8月15日，版7。

〔註15〕 汪榮祖指陳寅恪「並未公開答辯」或許指此。《史家陳寅恪傳》（北京：北京大學出版社，2005年），頁38。但當時不論北平《世界日報》、《清華暑期週刊》或天津《大公報》、《青鶴雜誌》、《學衡》皆有陳寅恪或以接受採訪的形式或轉載〈致劉叔雅書〉，雖然時間拖得很長，像《學衡》最後一期即第七十九期刊出時，已是1933年7月，均可視爲回應。桑兵認爲陳寅恪是民國學術界各派共同賞識的例外，但某些學術文化見解和態度作法，仍引起老輩的不滿，如以對對子入題清華入學試的國文卷子，便招致非議，不得不公開答辯。桑兵，〈陳寅恪與中國近代史研究〉，《晚清至民國的國學研究》，頁167～8。羅志田認爲陳寅恪行文常在文字活潑上下功夫，有時還故作「戲言」，這弄巧反拙的著名事例，莫過於當年在清華以對對子考學生，竟成一風波，迫使陳先生說出一堆大道理，竭力證明此事原本非常嚴肅而正大。〈陳寅恪的文字意趣〉，《中國文化》，期22，頁175。

〔註16〕 《大公報・文學副刊》時由陳寅恪的知友吳宓主編。按吳宓自1927年12月爲《大公報》開辦《文學副刊》事，陳寅恪初始即甚支持。《吳宓日記》III（北京：三聯書店，1998年），頁447。1928年1月起吳宓正式主編，至1934年1月1日，除遊歐期間由浦江清代編六十一期外，加總共編了三一三期。王泉

陳寅恪就試題部分指出：

> 就其閱卷經驗認為，感觸至多，主張出題方式應與過去異趣，求其
> 形式簡單而涵義豐富，又與華夏民族語言文學之特性有密切關係
> 者，以之測驗程度，始能於閱卷定分之時，有所依據，庶幾可使應
> 試者，無甚僥倖，或甚冤屈之事。閱卷者良心上不致受特別痛苦，
> 而時間精力俱可節省。若就此義言之，在今日學術界，藏緬語系比
> 較研究之學未發展，真正中國語文文法未成立之前，似無過於對對
> 子之一方法，此方法去吾輩理想中之完善方法，固甚遼遠，但尚是
> 誠意不欺，實事求是之一種辦法，不妨於今夏入學考試時，試一用
> 之，以測驗應試者之國文程度。〔註17〕

其於測驗方法及效度，陳寅恪說明：

> 此方法即為對對子。所對不逾十字，已能表現中國語文特性之多方
> 面。其中有與高中卒業應備之國文常識相關者，亦有漢語漢文特殊
> 優點之所在，可藉以測驗高材及專攻吾國文學之人，即投考國文學
> 系者。茲略分四條，說明如下：
>
> （甲）對子可以測驗應試者，能否知分別虛實字及其應用（有不能
> 　　　者，必不錄取）。（下略）
>
> （乙）對子可以測驗應試者，能否分別平仄聲（及格條件）。（下略）
>
> （丙）對子可以測驗讀書之多少及語藏之貧富。（下略）
>
> （丁）對子可以測驗思想條理（可藉以選拔高材之士）。（下略）
>
> 昔羅馬西塞羅（Cicero）辯論之文，為拉丁文中之冠。西土人士自
> 古迄今，讀之者何限，最近時德人始發見其文含有對偶，拉丁非單
> 音語言，文有對偶，不易察知。故歷時千載，猶有待發之覆。今言
> 及此者，非欲助駢驪之文，增高其地位。不過藉以說明對偶確為中
> 國語文特性之所在，而欲研究此種特性者，不得不研究由此特性所
> 產生之對子。〔註18〕

根，〈吳宓年表〉，《追憶吳宓》（北京：社會科學文獻出版社，2001 年），頁
500。

〔註17〕全文見 1932 年 9 月 5 日天津《大公報・文學副刊》：〈與劉叔雅書〉，《二編》，
頁 249。

〔註18〕陳寅恪，〈與劉叔雅書〉，《二編》，頁 252～6。

至於何以有必要先著手研究藏緬語系，陳寅恪在這通公開信中說，任何一種語言都有其特性，而有不同統系，也規範了研究路徑和範疇，而所涉及的歷史觀念，必不能「認賊作父，自亂其宗統。」

> 夫所謂某種語言之文法者，其中一小部分，符於世界語言之公律，除此之外，其大部分皆由研究此種語言之特殊現相（象），歸納爲若干通則，成立一有獨立個性之統系學說，定爲此種語言之規律，並非根據某一特種語言之規律，即能推之以概括萬族，放諸四海而準者也。假設能之，亦已變爲普通語言學音韻學，名學，或文法哲學等，不復成爲某特種語言之文法矣。……世界人類語言中，甲種語言，有甲種特殊現相，故有甲種文法。乙種語言，有乙種特殊現相，故有乙種文法。……昔日歐人往往以希伯來語言爲世界語言之始祖，而自附其語言於希伯來語之支流末裔，迄乎近世，比較語言興，舊日謬誤之觀念得以革除。因其能取同系語言，如梵語波斯語等，互相比較研究，於是系內各個語言之特性逐漸發見。印歐系語言學，遂有今日之發達。

至論漢語文法研究方法及入手門徑：

> 故欲詳知確證一種語言之特殊現相及其性質如何，非綜合分析，互相比較，以研究之，不能爲功。而所與互相比較者，又必須屬於同系中大同而小異之語言。蓋不如此，則不獨不能確定，且常錯認其特性之所在，而成一非驢非馬，穿鑿附會之混沌怪物。因同系之語言，必先假定其同出一源，以演繹遞變隔離分化之關係，乃各自成爲大同而小異之言語。

> 故分析之，綜合之，於縱貫之方面，剖別其源流，於橫通之方面，比較其差異。由是言之，從事比較語言之學，必具一歷史觀念，而具有歷史觀念者，必不能認賊作父，自亂其宗統也。

> 蓋此種比較研究方法，必須具有歷史演變及系統異同之觀念，否則古今中外，人天龍鬼，無一不可取以相與比較。荷馬可比屈原，孔子可比歌德，穿鑿附會，怪誕百出，莫可追詰，更無所謂研究之可言矣。比較研究方法之義既如此，故今日中國必先將國文文法之「格義」〔註19〕觀念，摧陷廓清，然後遵循藏緬等與漢語同系語言，比

〔註19〕「格義」一詞源出佛家翻譯佛經或演講佛法觀念時，假借外典即華夏原有經

較研究之途徑進行，將來自可達到眞正中國文法成立之日。〔註20〕
陳寅恪此論是否「正確」固然有不同見解；然而，數十年來提到「對對子」
風波的文章，多從「對對子」的上下對著眼，以及「孫行者」有誰對上了「胡
適之」，視同「茶餘飯後」話題者多，卻少有論究命題背後的學理是否可行，
以及「對對子」和中國語文特性究竟有無關聯，〔註21〕更遑論如何通過藏緬
語系的比較研究，發展出一套中國語文系統的文法研究了。

第三節　沒有對話的辯論

在此之前，陳寅恪爲購買《大藏經》寫了一通家書，此即在《學衡》雜

典裡的概念以爲比附的方法。陳寅恪 1933 年發表〈支愍度學說考〉中有專章
討論。《初編》，頁 159～87。更周延的論文見湯用彤於 1948 年在美國講學期
間以英文寫成的〈論「格義」——最早一種融合印度佛教和中國思想的方法〉。
《湯用彤全集》編者收入石峻的譯文，見全集第五卷。湯指「格義」等於概
念的對等。是用原本中國的觀念對比（外來）佛教的觀念，讓弟子們以熟習
的中國（固有的）觀念去達到充分理解（外來）印度的學說（的一種方法）。
然此「於理多違」。「不可避免地會引起（思想上的）混亂和曲解。又，北魏
曇靜偽造了一部《提謂波利經》以佛家五戒比附中國的「五常」，湯用彤以此
「比配」的方法謂之「格義現象」。《湯用彤全集》（石家莊：河北人民出版社，
2000 年 9 月），卷 5，頁 231～42。

〔註20〕陳寅恪，〈與劉叔雅書〉，《二編》，頁 250～1。

〔註21〕以周一良爲例，在〈我所認識的陳寅恪〉文中，偏重考生中誰對出了孫行者，
而墨西哥無人能對，而此又得之於當年考生趙夢蕤。《《柳如是別傳》與國學
研究》，頁 13。再如《傳記文學》第十七卷第三期，勞榦〈憶陳寅恪先生〉文
中有一段：「陳寅恪先生是風趣的。在清華大學考試國文，用對對子的方法是
大家知道的，雖然毀譽參半，但想不失爲一個新的試驗。其中答案如『孫行
者』對『祖沖之』，『人比黃花瘦』對『情如碧海深』，寅恪先生也曾擊節歡賞。
至於擬防空洞的對聯如『見機而作、入土爲安』，運用成語到了妙語解頤的地
步。」勞文引自《談陳寅恪》（臺北：傳記文學出版社，1978 年），頁 41。其
他如「南海聖人，再傳弟子；大清皇帝，少年同學」、嵌入清華大學校長羅家
倫名字的「不通家法，科學玄學；語無倫次，中文西文。」等對聯更早在「對
對子」風波前即已流傳。陳寅恪的再傳弟子梁羽生（陳文統，1924～2009），
於 1983 年在香港《大公報》闢有〈聯趣〉專欄，後集結成書《名聯談趣》，
增訂再版《名聯觀止》，開篇即談〈孫行者・胡適之〉，由於話題引人入勝，
圍繞談了十九篇之多。見梁羽生，《名聯觀止》（桂林：廣西師範大學出版社，
2008），頁 1～20。又，勞榦引「見機而作，入土爲安」一聯的作者應另有其
人。盧冀野在回憶文章中說：「我集兩句古語作爲地下室的門聯，道：『見機
而作，入土爲安』。朋友們反笑我這樣的閒情逸致。」〈丁乙間四記・炮火中
流亡記・「入土爲安」〉，《盧前筆記雜鈔》（北京：中華書局，2006 年），頁 254。

誌上發表的〈與妹書〉。信中提到：

> 我今學藏文甚有興趣，因藏文與中文，係同一系文字。如梵文之與
> 希臘拉丁及英俄德法等之同屬一系。以此之故，音韻訓詁上，大有
> 發明。因藏文數千年已用梵音字母拼寫，其變遷源流，較中文爲明
> 顯。如以西洋語言科學之法，爲中藏文比較之學，則成效當較乾嘉
> 諸老，更上一層。〔註22〕

四年後，類似的話題又見諸陳寅恪的知友吳宓的日記上：「訪陳寅恪，談東方
語言統系。寅恪謂非通梵、藏等文，不能明中國文字之源流音義，不能讀《爾
雅》及《說文》云。」〔註23〕

　　1931 年，值清華二十周年紀念，陳寅恪在〈吾國學術現狀及清華之職責〉
一文中，即指：

> 今日與支那語同系諸語言，猶無精密之調查研究，故難以測定國語
> 之地位，及辨別其源流，治國語學者又多無暇爲歷史之探討，及方
> 言之調查，論其現狀，似尚注重宣傳方面。國文則全國大學所研究
> 者，皆不求通解及剖析吾民族所承受文化之內容，爲一種人文主義
> 之教育。〔註24〕

「對對子」是否可以列入人文主義的教育，陳寅恪沒有明言，至於文中提及
「治國語的學者」應指當日推行白話文運動進一步要求推行國語的學者群，
陳寅恪批評彼輩「似尚注重宣傳方面。」一語，多少帶有不滿和批評之意。
國文指涉的或係大學與研究所從事中國文史的教授群，未能從事人文主義的
教育。從〈與妹書〉以及《吳宓日記》的描述可以推知，「對對子」試題的學
理背景在陳寅恪而言，並非突發奇想，而是蘊藉在胸，其來有自矣，既是也
非僅是「一種人文主義之教育」關懷而已；然陳寅恪就「對對子」考題帶出
的論點，在論學的友朋中卻乏相關論題的接應者。除開命題的想法和學理思
維外，陳寅恪最感寂寞的應是沒有因「對對子」的爭論，形成公共論壇的學
術論題。

〔註22〕陳寅恪，〈與妹書〉，《二編》，頁 355。
〔註23〕《吳宓日記》Ⅲ，1927 年 11 月 14 日，頁 437。
〔註24〕陳寅恪，〈吾國學術之現狀及清華之職責〉，《清華大學二十週年紀念特刊》（北
　　　　京：清華大學，1931 年 5 月），頁 1。又，《二編》，頁 362。又，1932 年《史
　　　　語所集刊》第 1 本第 4 分刊出陳寅恪〈西夏文佛母大孔雀明王經夏梵藏漢合
　　　　璧校釋序〉，首言：「治吾國語言之學，必研究與吾國語言同系之他種語言，
　　　　以資比較解釋，此不易之道也。」

　　清華國文系主任劉文典（叔雅）是委託陳寅恪出題的當事人，沒有公開回覆陳的信。除了公開信外，陳寅恪 8 月 17 日還爲此於致傅斯年函中有所表白，大要如下：

> 手示敬悉。清華對子問題乃弟最有深意之處。因考國文不能不考文法，而中國文法在緬藏語系比較研究未發展前，不能不就與中國語言特點最有關之對子以代替文法，蓋藉此可以知聲韻、平仄、語辭、單複詞（vocabulary）藏貧富，爲國文程度測驗最簡之法。平仄譬諸英文 accent，動、名詞之區別，英文亦必須通而後可考取，而國文豈遂可以不知乎？若馬眉叔（案，《馬氏文通》之作者馬建忠，1845～1900）之謬種尚在中國文法界有勢力，正須摧陷廓清，代之以藏緬比較之學。中國對子與中國語之特點最有關，蓋所謂文法者，即就其語言之特點歸納一通則之謂，今印歐系格義式馬氏文通之文法，既不能用，捨與中國語特點最有關之對子，而更用何最簡之法以測驗學生國文文法乎？以　公當知此意，其餘之人，皆弟所不屑與之言比較語言文法學者，故亦暫不談也。此說甚長，弟擬清華開學時演說，其詞另載於報紙。總之，今日之議論我者，皆癡人說夢，不學無術之徒，未曾夢見世界上有藏緬比較文法學，及印歐系文法不能運用於中國語言者，因彼等不知有此種語言統系存在，及西洋文法亦有遺傳習慣不合於論理，非中國文法之所應取法者也。弟意本欲藉此以說明此意於中國學界，使人略明中國語言地位。將馬氏文通之謬說一掃，而改良中學之課程。明年清華若仍由弟出試題，則不但仍出對子，且祇出對子一種，蓋即以對子作國文文法測驗也。

〔註25〕

此信屬私信，加上陳、傅兩人本係多年知交，傅任史語所所長，陳爲歷史組主任，更有共事之誼。遣辭用字不必有若何顧忌，「馬氏謬種」〔註26〕和「謬說」即躍然紙上，亦可見陳寅恪爲此甚有情緒。且說明年若出題，「不但仍出對子，且祇出對子一種。」更是意氣用事。再就這封信的首句言「手示敬悉。」

〔註25〕陳寅恪，《書信集》，頁 42～3。
〔註26〕文學革命期間北大教授錢玄同（1887～1939）致陳獨秀信談極爲佩服胡適〈文學芻議〉，有：「選學妖孽，桐城謬種，見此又不知若何咒罵」云云。《新青年》，卷 2 號 6（1918 年 1 月 15 日），頁 13。陳寅恪取「謬種」比擬《馬氏文通》，可視爲針對文學革命而來。

似傅斯年先有信詢問此事。傅氏有否就此事回信，就現有可依據史料言，還無法徵實；然而傅氏在其親撰的〈歷史語言研究所工作之旨趣〉一文中，開宗明義即以歷史語言學比較研究為辭：

> 歷史學和語言學在歐洲都是很近才發達的。歷史學不是著史，……
> 歐洲近代的語言學在梵文的發見影響了兩種古典語學以後才降生，
> 正當十八、十九世紀之交。幾經大家的手，印度日爾曼語系的語言
> 學已經成了近代學問最光榮的成就之一個，別個如賽米的系、芬匈
> 系，也都有相當的成就，即就印度支那語系也有意味的揣測。……
>
> 本來語言即是思想，一個民族的語言即是這一個民族精神上的富
> 有，所以語言學總是一個大題目，而直到現在的語言學的成就也很
> 能副這一個大題目。在歷史學和語言學發達甚後的歐洲是如此，難
> 道在這些學問發達的中國，必須看著他荒廢，我們不能製造別人的
> 原料，便是自己的原料也讓別人製造嗎？〔註27〕

依傅斯年 1927 年 11 月〈旨趣〉一文，傅還宣示：「要把歷史語言學建設得和生物學地質學等同樣，乃是我們的同志。」〔註28〕此時當公開站出來為陳寅恪「同志」助陣，所以陳寅恪也才會說「以公當知此意，其餘之人，皆弟所不屑與之言比較語言文法學者，故亦暫不談也。」然而，傅氏身為「同志」終未見公開回應。〔註29〕

〔註27〕 傅斯年此文原刊《國立中央研究院曆（歷）史語言研究所集刊》，本 1 分 1（1928 年 10 月），頁 1。《傅斯年全集》（長沙：湖南教育出版社，2003 年），卷 3，頁 3～4。

〔註28〕 全上注，頁 10；頁 12。

〔註29〕 傅斯年不予回應，應是避開難局，不僅陳傅兩人論學交情而已。傅斯年原是推行白話文的健將，認為駢文已不符合時代潮流，與新文學不相容：「中國本單音之語文，故獨有駢文之出產品。論其外觀，修飾華麗，精美絕倫。用為流連光景憑弔物情之具，未嘗無獨到之長也。然此種文章實難能而可貴，又不適用於社會。將來文學趨勢大遷，只有退居『歷史上藝術』之地位，等於鼎彝，供人好玩而已。且駢文有一大病根存，即導人偽言是也。模稜之詞，含糊之言，以駢文達之，恰充其量。……今新文學之偉大精神，即在篇篇有明確之思想……與駢文根本上不相容。」傅斯年，〈文學革新申義〉，《新青年》，卷 4 號 1（1918 年 1 月 15 日），頁 68。又，《傅斯年全集》，卷 1，頁 11。傅斯年非僅反對駢文，更主張直用西洋詞法。「要是想成獨到的白話文，超於說話的白話文，有創造精神的白話文，還要乞靈說話以外，再找出一宗高等憑藉物。這高等憑藉物是什麼？照我回答，就是直用西洋文的款式，文法、詞法、句法、章法、司枝（Figure of speech）……一切修詞學上的方法，造成一種趨於現代的國語，因而成就一

　　單就歷史語言學的學術圈內論，其他如自稱「我是從《馬氏文通》讀通文法的」〔註30〕學術名流胡適之、語言學者且親自下田野調查方言的趙元任（1892～1982）〔註31〕、李方桂（1902～1987）〔註32〕和劉復（半農，1891～1934）〔註33〕等立於第一線的學者，全都沒有就此公開表達意見，更談不上展開公共論壇式的學術討論。此外，以講授文法、語法學，並以漢史研究

種歐化國語的文學。」傅斯年，〈怎樣做白話文〉，《新潮》，卷1號2（1919年2月1日），頁178。《傅斯年全集》，卷1，頁131～2。案，以上兩文係傅斯年未出國留學前發表的文章，當時即主張白話文反對駢文和採歐化語法。此時要傅斯年反過來支持陳寅恪的論點，會是一種兩難。

〔註30〕胡頌平編，《胡適之先生晚年談話錄》（臺北：聯經出版公司，1984 年），頁61。又，有謂陳寅恪從對對子批評《馬氏文通》，作爲今典應是嘲諷胡適之等人，而且是針對胡適有關文學革命所提出的不用典不講對仗等「八不主義」。劉克敵，〈略論陳寅恪對新文化運動的態度與意見〉，《文藝理論研究》，1997年期6，頁76～7。案，胡適〈文學改良芻議〉主張，「吾以爲今日而言，須從八事入手。一曰，須言之有物。二曰，不摹仿古人。三曰，須講求文法。四曰，不作無病之呻吟。五曰，務去爛調套語。六曰，不用典。七曰，不講對仗。八曰，不避俗字俗語。」此即「八不主義」。《新青年》，卷2號5（1917年1月1日），頁1～10。《胡適文集二·胡適文存》（北京：北京大學出版部，1998年），頁6。另，胡適於1920年撰〈中學國文的教授〉，提到文法教學的用書，最好的要算是《馬氏文通》。不過胡適認爲，「《文通》有一些錯誤矛盾的地方，不可盲從；《文通》又太繁了，不合中學堂教本之用。但是《文通》究竟是一部空前的奇書，古文文法學的寶庫。教員應該把《文通》仔細研究一遍，懂得了，然後可以另編一部更有條理，更簡明易曉的文法書。」《新青年》，卷8號1（1920年9月1日）。胡適也身體力行，第二年就寫了一篇以《馬氏文通》爲參考底本的〈國語文法概論〉。《新青年》，卷9號3～4（1921年7月1日；8月1日）。

〔註31〕案，趙元任當年2月赴美，繼梅貽琦（1889～1962）出任最後一任清華留美學生監督處主任職，次年十1月始回到北平作客，可謂不在現場；不過趙元任夫婦與陳寅恪三代世交，在陳寅恪死後趙元任、楊步偉夫婦於〈憶寅恪〉一文中僅提到一小段涉及語言學的話題：「他常說著玩兒，說《說文解字》根本就應該稱爲『咬文嚼字』。第二年到了清華，四個研究教授當中除了梁任公注意政治方面一點，其他如王靜安、寅恪、跟我都喜歡搞音韻訓詁之類的問題。寅恪總說你不把基本的材料弄清楚了，就急著要論微言大義，所得的結論還是不可靠的。」這篇回憶文章並未談到「對對子」，也無漢語文法。見《清華校友通訊》，新32期，頁12，另收入《談陳寅恪》（臺北：傳記文學出版社，1978年9月），頁26～7。

〔註32〕李方桂在語言學上的貢獻和對漢語文法的看法，請見本章第五節。

〔註33〕劉復時任北京大學教授，且1917年夏即在北大文科教授文法概論，著有《中國文法通論》，這一年由上海北新書局出版。劉小惠，《父親劉半農·附錄二，劉半農大事年表》，（上海：上海人民出版社，2000年），頁155；167。

知名的學者楊樹達，早年即以《馬氏文通刊誤》起家，頗受陳寅恪推重，也未見出面呼應。〔註34〕總之，就學術界而言，未見激起任何波瀾。

　　兩年後，1934 年 3 月，陳寅恪收到沈兼士（1887～1947）寄送的論文〈右文說在訓詁學上之沿革及其推闡〉，回信說：

> 大約中國語言文字之學以後只有此一條路可走也。「右文」之學即西洋語根之學，但中國因有文字特異之點，較西洋尤複雜，西洋人蒼雅之學不能通，故其將來研究亦不能有完全滿意之結果可期；此事終不能不由中國人自辦，則無疑也。然語根之學實一比較語言之學。讀大著所列諸方法，必須再詳考與中國語言同系諸語言，如西藏、緬甸之類，則其推測之途徑及證據，更爲完備。此事今日殊不易辦，但如德人西門（西門華德，Walter Simon, 1893～1981），據高本漢（1889～1978）字典，以考西藏語，便略有發明。西門中國學問至淺，而所以能有少少成績者，其人素治印歐比較語言學，故於推測語根分化之問題，較有經驗故耳。〔註35〕

在信中，陳寅恪特別就語言比較之學立論，建議「大著所列諸方法，必須再詳考與中國語言同系諸語言，如西藏、緬甸之類，則其推測之途徑及證據，更爲完備。」可以拿來對照的是，當時較陳寅恪年輕一代的語言學者李方桂、林語堂（1895～1976）等，均寫有讀後感的回信，除肯定沈兼士的「右文說」外，兩人均甚樂見「右文說」可以糾章太炎〈成均圖〉有關「音轉」論述之不足，但皆不及於藏緬語系的比較研究。〔註36〕

〔註34〕據楊樹達《積微翁回憶錄》（上海：上海古籍出版社，1986 年 11 月），撰主於1919 年始撰《馬氏文通刊誤》，此年 1 月正巧由商務印書館出版。「對對子」風波發生時楊樹達任清華國文系教授，與陳寅恪先生爲知交。或楊氏以爲「對對子」及歷史語言學的比較研究，本非其所關切的學術問題，而陳寅恪所論文法當循緬藏語系的比較方法，也非楊氏所長。案，王力即指楊氏《馬氏文通刊誤》「在校訂工作上做得很好。至於涉及語法理論，楊氏就不一定比馬氏高明，而且以英語語法去糾正拉丁語語法也是牛頭不對馬嘴的。」《中國語言學史》（上海：復旦大學出版社，2006 年 3 月），頁 147。

〔註35〕陳寅恪，《書信集》，頁 171～2。案，西門所從事的比較漢藏語研究的著作《漢藏語字詞比較研究》，在德國漢學界留下了起到決定性典範作用。《論述古代漢語的詞尾輔音之重建》，則首次運用歷史語言學的輔助手段重新建立古代漢語的發音方法。見王祖望編著，《歐洲中國學·德國篇》（北京：社會科學文獻出版社，2005），頁 464～465。

〔註36〕〈李方桂致沈兼士書〉、〈林語堂致沈兼士書〉，沈兼士著，葛信益、啓功整理，《沈兼士學術論文集》（北京：中華書局，2004 年 5 月），頁 176～80。案，

吳宓爲陳寅恪知友，1935 年交中華書局刊行之《吳宓詩集‧空軒詩話》指民國八年即識陳寅恪，謂：

> 「合中西新舊各種學問而統而論之，吾必以寅恪爲全中國最博學之人。」今時閱十五、六載，行歷三洲，廣交當世之士，吾仍堅持此言。其與劉文典教授論國文試題書及近作四聲三問一文，似爲治中國文學者所不可不讀。〔註37〕

雖然吳宓在《大公報‧文學副刊》和《學衡》都刊登了〈與劉叔雅書〉，惟「似不可不讀」，此一「似」用得很緊。但就是此一回應更在「論戰」三年之後了。〔註38〕

第四節　沒有眞正的對話

1939 年 12 月 2 日 9 日，李方桂在北京大學文科研究所（時在昆明）以「藏漢語系研究法」演講，提及文法和漢藏語系的研究，認爲比較研究是歷史研究的變相，是求歷史上的關係，這和陳寅恪的提法有相通之處，但和傅斯年的史語所旨趣更見相通，其他討論多屬語言學裡的技術難題和障礙，以及相關研究何以落後印歐語系的背景，主張與其直接作漢藏語系的比較研究，不如先比較和漢語相近的暹羅語，或和藏語相近的緬甸語。既沒有提到「對對子」，也沒有提到《馬氏文通》通不通的問題，反而認爲在比較研究之前，漢語詞類在文法上就是一個不容易處理的問題，這又和陳寅恪比較研究要在文法之前的論點大相逕庭。〔註39〕

直到在二十幾年後，清華國學院老同事李濟（1896～1979）在臺灣發表一篇文章〈關於在中國如何推進科學思想的幾個問題〉，在文章中這才不點名地提到「對對子」的爭論，至此始形成學術圈內的回應，不過李濟是從中國何以沒有發展出現代學術，亦即何以沒有發展出近代科學作爲討論主軸，且

沈兼士是章太炎的學生，李、林兩位針對章太炎立論，不無爭取沈兼士之微意。

〔註37〕吳雨僧（宓），《空軒詩話》（臺北：鼎文書局據中華書局影印本，1979 年），頁 20。
〔註38〕案吳宓有寫日記的習慣，也經常造訪陳寅恪。在這段期間，吳宓沒有就此一「論戰」有任何記載。
〔註39〕李方桂，〈藏漢系語言研究法〉，瘂弦編，《中國語言學論集》（臺北：幼獅文化，1977 年），頁 132～47。

此時已是兩岸懸隔。李濟說：

> 中國的兒童在發蒙時期，甚至發蒙以前，就要學對對子，是人所習
> 知的；眞是四海之內，各府、各縣、各鄉、各鎮、各村，只要是有
> 教化的地方，有讀書種子的地方總可以看見白鬍子的祖父帶著三四
> 歲的孫兒，學對對子。記得清華大學有一次招生的國文題目，只是
> 要考生對幾副對子就可以完卷。這主義（意）出於一位國際知名的
> 教授。他的理由，據傳說，是：中國語文，無所謂文法，只是講對
> 仗而已；能對好對子，就會做好文章。這一議論曾引起教育界的廣
> 泛的注意。是否有人駁過他，我不知道；我個人相信，這是一個不
> 容易駁的命題；因爲它不但是洞中竅要，同時也破了神祕的中國思
> 想這個謎。由兩千年來中國的文學──自漢朝的詞賦到清末的八股
> ──只是一連串的好對子，我們可以看出來，讀了書的中國人的思
> 想，也只是一連串的對子思想。
>
> 對對子本身並不是什麼有害的事務；它可以啓發人不少的美感，增
> 加人類（中國人）生活無窮的意趣。我常設想，並自問，對對子所
> 得的快樂，與解決幾何習題所得的快樂，是否有什麼分別？它們在
> 精神上的價值也許是完全相同的，但是由歐幾里得的幾何學訓練，
> 就漸漸地發展了歐洲的科學；由司馬相如的詞賦的學習，就漸漸地
> 發展了中國的八股。八股與科學眞是人類文化一副絕妙的對聯。
>
> 中國教育制度的錯誤，是在把這一訓練，當著讀書人的畢生之業；
> 它固然可以提高人生的情操，但是，不可免地，也壓低了學習人的
> 理性。
>
> 中國人對於文字的態度，似乎只有一小半把它當作工具看待，一大
> 半仍滯留在舊石器時代的人對於他們畫在洞穴裡的壁畫所持的態
> 度：把它們當符咒看待，以爲文字具有無限威靈，可以隨便降災賜
> 福。過去的對聯，現代的標語，都可以代表這一迷信。但這還是比
> 較容易說明的。更深一層的，我們過去，確認爲文有載道之事。……
> 中國的格物致知之說，始終沒有離開書本子很遠。〔註40〕

雖然切入點都是「對對子」，李濟順帶介紹了何謂「對對子」，以及傳統教育

〔註40〕《自由中國》雜誌，卷9期9（1953年11月1日），頁271～2。

以「對對子」啓蒙的實況，甚至也說中了陳寅恪，確實可以在陳寅恪的文章裡找到一連串的「對對子」的思想；唯李濟的文章非但和陳寅恪的訴求不同，且有誤解之處。如中國語文，只講究對仗，無所謂文法云云。陳寅恪想要就此展開中國語文文法以及歷史語言學的研究方法和取徑方向的討論；李濟著眼點則在中國何以沒有發展出現代科學，而拿「對對子」的思維對比歐幾里得的幾何學，評論前者發展出的是科舉所要求的八股文，後者發展出的卻是現代科學。李濟這篇文章原在回應李約瑟（Joseph Needham，1900～1995）《中國科技史》提出的疑問，即中國何以沒有科學革命，何以沒有現代科學。只是李濟簡化了，也誤解了陳寅恪之於「對對子」的背景思維，並據以放大爲：這就是中國文化之於科學所以和西方有不同發展路向的緣由，且逕直以爲單從興趣面觀察即可高下立判，不無借題發揮之嫌。就陳寅恪的立論而言，李濟論證的陷阱還不是簡化和誤解，而在沒有準確掌握陳寅恪的命題，而是人云亦云，比類失倫。李約瑟的命題「中國何以未發展出近代科學，即何以沒有出現近代的科學革命？」此一命題是否成立，非本文主題，唯學界陸續有科技史學者提出反駁，〔註41〕至於李濟的評論和答案，當然就離實際更遠了。

　　李濟固非陳寅恪的知音，至於陳寅恪拿辯證法正反合的概念據以爲對對子可分爲上中下三等的譬喻，最上等者可得諸想像且具言外之意，〔註42〕則

〔註41〕美籍科學史家席文（Nathan Sivin）指中國在十八世紀曾有一場天文及曆法的科學革命，而李約瑟的命題犯了「隨意假設」和「含混不清」的謬誤。請參閱席文撰、劉龍光譯、張藜補譯〈爲什麼科學革命沒有在中國發生——是否沒有發生？〉，劉鈍、王揚宗編，《中國科學與科學革命：李約瑟難題及其相關問題研究論著選》（瀋陽：遼寧出版社，2002 年 4 月），頁 499～515。韓籍科學史學者金永植指出，這個問題眞正讓人不能無疑的是它的答案，他們都傾向於西歐科學發展中具有意義的因素，而未顧及科學在中國社會文化體系中的地位，忽略了思想因素。中國科學史應該與中國思想史結合在一起，新儒家（理學家）是一個特別切題的題材，因爲新儒學是士人思想、價值系統的主導模式。不過到目前爲此，中國科學史的研究和新儒學研究在當時還沒有交集。金永植著、王道還譯，〈中國傳統文化中的自然知識——中國科學史研究的一些問題〉，《史學評論》（1985 年 1 月），期 9，頁 59～91。

〔註42〕陳寅恪指：「凡上等之對子，必具正反合之三階段。對一對子，其詞類聲調皆不適當，則爲不對，是爲下等，不及格。即使詞類聲調皆合，而思想重複，如《燕山外史》中之『斯爲美矣，豈不妙哉！』之句，舊日稱爲合掌對者，亦爲下等，不及格。因其有正，而無反也。若詞類聲調皆適當，即有正又有反，是爲中等，可及格。若正反前後二階段之詞類聲調，不但能相當對，而且所表現之意義，復能互相貫通，因得綜合組織，別產生一新意義。此新意義，雖不似前之正及反二階段之意義，顯著於字句之上，但確可以想像而得

更少有知者。陳寅恪說，趙翼（1727～1814）《甌北詩話》舉吳梅村「南內方看起桂宮，北兵早報臨瓜步。」為例，盛稱吳梅村的歌行對句之妙，皆合上等對子之條件；但陳寅恪轉而嘆息趙翼能略窺其意，而不能暢言其理。〔註43〕此時放眼四海似更無解人。

國文試題考「對對子」，以及為答辯「對對子」爭議所寫的〈與劉叔雅書〉並非陳寅恪即興之作，而是有備而來。1965 年 3 月，陳寅恪將此文收入《金明館叢稿二編》時，還特別寫了一篇「附記」：

> 三十餘年前，叔雅先生任清華大學國文系主任。一日過寅恪曰，大學入學試甚近，請代擬試題。時寅恪已定次日赴北戴河休養，遂匆匆草就普通國文試題，題為「夢遊清華園記」。蓋曾遊清華園者，可以寫實，未遊清華園者，可以想像。此即趙彥衛《雲麓漫鈔》玖所謂，行卷可以觀史才詩筆議論之意。若應試者不被錄取，則成一遊園驚夢也。一笑！其對子之題為「孫行者」，因蘇東坡詩有「前生恐是盧行者，後學過呼韓退之。」一聯。「韓盧」為犬名，「行」與「退」皆步履進退之動詞，「者」與「之」俱為虛字。東坡此聯可稱極中國對仗文學之能事。抑更有可言者，寅恪所以以「孫行者」為對子題者，實欲應試者以「胡適之」對「孫行者」。蓋猢猻乃猿猴，而「行者」與「適之」意義音韻皆可相對，此不過一時故作狡獪耳。又正反合之說，當時惟馮友蘭君一人能通解者。蓋馮君熟研西洋哲學，復新遊蘇聯返國（其實是 1957 年 7 月底至 8 月初，七年多前的事）

之，所謂言外之意是也。此類對子，既能具備第三階段之合，即對子中最上等者。」陳寅恪，〈與劉叔雅書〉，《二編》，頁 255。

〔註43〕陳寅恪，〈與劉叔雅書〉，《二編》，頁 255。又，褚孝泉引俄羅斯語言學大家雅可布遜或譯雅柯布森、雅克慎（Roman Jakobson，1896～1982）在上個世紀五〇年代末發表的論文〈結束語：語言學與詩學〉，指在詩中的各單位都和其他的單位形成平衡或者對照的關係，而且這些關係可能在語音、語法、或語意等層次上發生。詩的技巧和內涵因之變得繁複。且可使說者與接收者均得以進入可溝通的情境。當我們將與已有意義性互動過的事物記錄為符號後，所謂的象徵（symbol）即在雙方的詮釋之中。律詩的平仄亦然，且可產生陳寅恪所說的言外之意。褚孝泉認為陳寅恪以「對對子」測試考生，在這似乎是諧趣的小玩笑後面，是具鄭重思考的，也是檢驗國文程度最好的辦法。褚孝泉指陳寅恪的觀點早於雅可布遜，而雅可布遜在西方人文學界及思想界已產生巨大影響，可惜陳寅恪當年未能就此發揮。褚孝泉，〈從陳寅恪與劉雅叔論國文試題書談起〉，《二十一世紀》，期 34（1996 年 4 月），頁 145～9。

故也。〔註44〕

陳寅恪所以會寫這篇附記，未必知曉人在臺灣的李濟曾發表文章嘲弄「對對子」。其所顯示者，陳寅恪仍停留在「對對子」的話題裡未能忘懷。此時宣稱試題中有「孫行者」，實欲考生以「胡適之」應答（陳寅恪欲考生以「胡適之」應答，別有緣由，見下文第六節。）然而深一層看，1965 年 5 月已屆文化大革命前夜，在大陸廣面動員文史學者奮力批胡的餘波中，〔註45〕陳寅恪從犬名「韓盧」連繫上「猢猻」，從「孫行者」，對應上「胡適之」，無異以猢猻擬胡適之，就表面文章論，這當然是「文人狡獪」，亦可謂之「政治正確」。雖然在出題當時不無促狹之意；但也可以看出陳寅恪顯然有意拿韓愈和胡適並列，正意味中共愈批胡，等同反面推崇胡適文章亦具「文起八代之衰」的作用，正符陳寅恪「相反相成」的辯證發展。而當年陳寅恪就考生卷子中對的比較好的，首舉「王引之」，「胡適之」不過是五個標準答案中的一個，可見這中間當有意味深長的寓示。此外，陳寅恪在此還開了馮友蘭一個大玩笑，即稱當時只有馮懂正反合辯證法，蓋在大陸知識分子不是「百花齊放」就是「萬馬齊瘖」的日子裡，晚年的馮友蘭自承中共在北京建立政權後即曾寫信給毛澤東表態，聲言決心改造思想，〔註46〕則此時豈敢承受專美通解「辯證法」之名。〔註47〕而此亦反襯陳寅恪於「對對子」和漢語語法的

〔註44〕陳寅恪，〈與劉叔雅書〉，《二編》，頁 256～7。
〔註45〕1949 年 10 月 1 日中共在北京建立政權，批胡運動即同時發動，胡適的兒子胡思杜寫公開信和父親畫清界線，不僅是陳垣、顧頡剛和沈尹默等門生故舊而已。1954 至 55 年，批胡運動擴大升溫，紅學專家俞平伯因其紅樓夢研究思維來自胡適遭到批判，由郭沫若帶頭成立了「胡適思想調查委員會」，這當然連帶地反蔣、反美。1962 年 2 月胡適辭世。1966 年 5 月 16 日揭開了文革序幕。姚文元撰文批判吳晗的《海瑞罷官》劇。此前 4 月 13 日，此後 6 月 3 日，《人民日報》先後發表了史紹賓〈吳晗與胡適〉、〈吳晗投靠胡適的鐵證〉兩篇文章。陳寅恪此時以「附記」提到胡適，當然很敏感。
〔註46〕馮友蘭，《三松堂自序》，頁 160。
〔註47〕余英時說：「三十年代中國的黑格爾專家之中，馮友蘭的名字是連邊也沾不上的，以寅恪先生平日立言之慎，他似乎不應該隨便說這樣的外行話，所以他這裡是指馮氏在中共當權後的表現而言的。」余英時，〈古典與今典之間〉，《陳寅恪晚年詩文釋證》，頁 173。但是馮友蘭的成名作《中國哲學史》在序言中有言：「吾亦非海格爾派（黑格爾）之哲學家；但此哲學史對於中國古代史所持之觀點，若與他觀點聯合觀之，則頗可為海格爾歷史哲學之一例證。海格爾謂歷史進化常經『正』『反』『合』三階級。前人對於古代事物之傳統的說法，『正』也。近人指出前人說法多為『查無實據，』此『反』也。若謂前人說法雖多為『查無實據，』要亦多『事出有因；』此『合』也。」又曰：「胡

論述，長久以來無法釋懷的寂寥，但漢藏語系的比較研究和漢語文法的關連卻未見再提。

第五節　《馬氏文通》與走向格義式的中國文法

唯就中國語文文法專業後來的發展實況觀察，並未應驗陳寅恪對《馬氏文通》不通的質疑，即中國文法宜循緬藏語系的比較研究爲之；反而是循著《馬氏文通》的路數一路走來。

陳寅恪評說：「往日法人取吾國語文約略摹仿印歐語之規律，編爲漢文典，以便歐人習讀。馬眉叔（建忠）效之，遂有文通之作，於是中國號稱始有文法。」不過陳寅恪認爲：

> 夫印歐系語文之規律，未嘗不間有可供中國之文法作參考及採用者。如梵語文典中，語根之說是也。今於印歐系之語言中，將其規則之屬於世界語言公律者，除去不論。其他屬於某種語文特性者，若亦同視爲天經地義，金科玉律，按條逐句，一一施諸不同系之漢文，有不合者，即指爲不通。嗚呼！文通，何其不通如是耶？〔註48〕

《馬氏文通》果然不通？趙元任在清華國學院的學生，後留學法國的語言學者王力（1900～1986），對《馬氏文通》的觀點歷經三段不同說法，先是認爲馬建忠從拉丁文法的比較上研究中國文法，「就不算一個最好的方法。」意味中文文法仍有取法乎上的空間，〔註49〕漸變爲肯定《馬氏文通》的開創之功。例如 1936 年王力發表〈中國文法學初探〉，〔註50〕基本肯定陳寅恪的比較方法，即要在漢藏語系裡比較，但認爲有現實上的困難。「如果我們要從語言比較上尋求中國的文法，與其拿印歐語系來比較，不如拿支那（又稱漢藏或藏緬）語系來比較。但是，支那語系各族語的文法都是尚待研究的，我們在沒有確知甲族語的文法系統以前，就沒法子拿它的文法與乙族語的文法相比

適之先生以爲書中之主要觀點係正統派的，……吾正統派之觀點，乃海格爾所說之『合』，而非其所說之『正』也。」分見馮友蘭《中國哲學史》的〈自序一〉及〈自序二〉。馮友蘭，《中國哲學史》（上海：商務印書館，1947 年《民國叢書》影印本），〈自序一〉，頁 1；〈自序二〉，頁 1。看來陳寅恪在此立言似無不慎，也非說「外行話」。

〔註48〕陳寅恪，〈與劉叔雅書〉，《二編》，頁 252。

〔註49〕王力，〈中國文法學初探〉，《清華學報》，卷 11 期 1（1936 年），頁 22。

〔註50〕王力自稱此文決定了他從事學術研究的方向。齊家瑩，《清華人文學科年譜》（北京：清華大學出版社，1999 年），頁 175～6。

較。……支那語系的文法比較既有困難，我們似乎不妨更求其次，拿印歐語系的文法與中國文法相比較。」〔註51〕

二十二年後，王力發表《漢語史稿》：

> 在漢語史的研究中應用歷史比較法，就是對漢藏語系諸語言作比較研究，那樣做是大大有利於上古漢語研究的，例如我們瞭解了現代漢藏語系中和漢語關係比較密切的諸語都有複合母音的存在，就可以證明瑞典語言學家高本漢所擬測的漢語上古語音系統中沒有複合母音是沒有任何科學根據的。關於上古漢語的形態學問題，也要等待漢藏語系的比較研究，有了滿意的結果之後，才能得到完滿的解決。〔註52〕

雖然觀點和過去基本一致，只是由文法改成了漢語史研究或漢語形態學，把範圍擴大了，並期待漢藏語系的比較研究，能有一滿意的結果。

等到 1962 年王力發表《中國語言學史》，情況有了改變。王力說，中國語言學曾經受過兩次外來的影響，「第一次是印度的影響，第二次是西洋的影響。」〔註53〕而《馬氏文通》的問世，不僅是中國因此「號稱」始有文法，而是：「中國真正的語法書，要算《馬氏文通》為第一部。」〔註54〕此和陳寅恪說「《文通》之作，於是中國『號稱』始有文法。」僅有「要算」或「號稱」的差異。但王力沒有提及「通」或「不通」的問題。

王力說：「十九世紀末期，歐洲語言學已經很發達了，但馬建忠似乎並沒有學過語言學，他所著的《馬氏文通》只是受了西洋「葛郎瑪」（grammar）的影響。」

> 後代的人們常說《馬氏文通》是硬套西洋語法的。但是我們應該深入研究《文通》的內容，然後作出正確的判斷。本來，在語法學的初期，以西洋語法作為模特兒，來研究語法，是不可避免的事。我們要注意的是：在當時的歷史條件下，馬建忠的著作算是傑出的，且馬氏在著作中有許多獨到之處。《馬氏文通》可以說是富於創造性

〔註51〕王力，〈中國文法學初探〉，頁23～5。

〔註52〕王力，《漢語史稿》（北京：中華書局，2005年8月），頁22。

〔註53〕印度的影響，可參見陳寅恪的〈四聲三問〉，僅「中國文士依據及摹擬當日轉讀佛經之聲，分別定為平上去三聲。合入聲共計之，適成四聲。」即為全面性的影響。〈四聲三問〉，《初編》，頁368。西洋的影響主要應指《馬氏文通》，以及大量西方文化的傳入和翻譯的影響。

〔註54〕王力，《中國語言學史》，頁142～3。

的一部語法書。他開創中國語法學的功勞是很大的，正所謂「不廢
江河萬古流」。照搬西洋語法的地方固然也不少，但不能因此抹殺此
書的價值。

有許多人都批評他照抄西洋語法，這其實是沒有細讀他的書；……
馬氏在理論上也有一些缺點，其中最重要的是缺乏歷史主義觀點。
他在序文中把語法看成是「有一成之律貫乎其中，歷千古而無或少
變。」〔註55〕

王力在《中國語言學史》中所持的說法頗具針對性，雖然王力在其著作中從
來沒有直接提到他就讀國學研究院時的導師陳寅恪，繞過了陳寅恪當初堅決
不讓的觀點，即中國語法或文法的研究路徑應從藏緬語系的比較研究著手。
王力在其〈中國文法學初探〉和《漢語史稿》中提到：「著手漢藏語系的比較
研究不失為一個研究方向或路徑」，對陳寅恪的提法可謂局部接受與尊重。唯
《中國語言學史》最晚出，以「後出轉精」論，《中國語言學史》的觀點理應
優於〈中國文法學初探〉和《漢語史稿》。王力對《馬氏文通》的「格義」式
文法，在《中國語言學史》中還是高度肯定，且認為批評者多數｜沒有細讀
他的書。」且願意給予《馬氏文通》「不廢江河萬古流」的評價，當非虛譽而
已。這些觀點距陳寅恪發願要「摧陷廓清」馬氏「謬說」，其距離可謂更不可
以道里計。

　十年後，1972 年 7 月，李方桂的學生，在文言語法上發表有專著的周法
高（1915～1994）在南港史語所發表〈漢語研究的方向——語法學的發展〉，
提及比較的語法（Comparative grammar）研究和對照的（Contrastive）研究。
就周法高的定義，比較的語法研究通常只限於兩個或兩個以上有同源關係的
方言或語言——或是他們的來源是同一個來源。對照則是拿中文跟英文對
比，這樣比了以後，中國人學英文就比較容易；美國人學中文也比較容易。
未來漢語語法研究的方向，周法高舉了對照的研究，不及比較的研究。〔註56〕
由於周法高出身史語所，自稱盡讀陳寅恪已刊行的著作，論學追步陳寅恪如
同：「孔步亦步，孔趨亦趨」，而陳寅恪晚年撰《柳如是別傳》，周法高也撰有
〈讀柳如是事考〉，若周法高所言不虛，對陳寅恪不但不會陌生，且應相當熟

〔註55〕王力，《中國語言學史》，頁 143～4。
〔註56〕周法高，〈漢語研究的方向——語法學的發展〉，《論中國語言學》（香港：中
　　　　文大學出版社，1980 年），頁 46。

悉陳寅恪的學術取徑和主張。〔註 57〕周氏或不同意陳寅恪的觀點，或不願直接評述。

　　1986 年，大陸語言學者呂叔湘（1904〜1998）與王海棻爲《馬氏文通》寫過一篇導論——〈《馬氏文通》評述〉，即以「批評過甚其辭」形容《馬氏文通》問世後的遭遇。〔註 58〕呂叔湘與王海棻還爲《馬氏文通》有無陳寅恪和王力眼中的「歷史觀念」提出辯護：

> 《馬氏文通》常常挨批評的另一件事是說他缺少歷史觀念，不但是把周秦兩漢章等量齊觀，而且連韓愈也拉扯進去，可是從班固到韓愈之間一家也不取。這個話基本上是對的，但是也不全對。例如他說：「愚考先秦諸書，「爲」「所」二字連用以成受動者，實鮮見也。……案《論語》之以「斯」字解作「則」字者，猶《史記》之用「即」字也，可以覘時代之別。」……『「甫」記時，不見於周秦之書，至後世始用。』……「此種句法，《國策》以下不習見焉。」不能不承認作者是有一定的歷史觀念的。〔註 59〕

和王力一樣，呂叔湘與王海棻沒有拿陳寅恪對號入座，但針對性是有的。就王力和呂叔湘對《馬氏文通》的推崇，可以很清楚，漢語語法或說中國語文

〔註 57〕周法高自稱：「余於寅恪先生，雖所學不同，然受其影響則至深且鉅。其著作已刊行者，得盡讀之。先生有「四聲三問」，余則有「說平仄」，先生精研華梵對音，余則有「切韻魚虞之音讀及其流變」……；先生有「讀哀江南賦」，余則有「顏之推觀我生賦與庾信哀江南賦之比較」；……可謂「夫子步之步，趨亦趨矣。」尤有進者，先生箋證元白詩，余則箋證錢（牧齋）吳（梅村）詩；先生精研南北朝史事，余則有「顏氏家訓彙註」；所謂「師其意不師其辭」者也。周法高，〈讀陳寅恪先生編年事輯〉，《大陸雜誌》，卷 65 期 4，頁 268。

〔註 58〕呂叔湘和王海棻說：「《馬氏文通》被批評得最利（厲）害的莫過於它的模仿西方語法。馬氏自己在他的〈後序〉裡說：『則常探討畫革旁行諸國語言之源流，若希臘若拉丁之文詞而屬比之，見其字別種……皆有一定不易之律，而因以律吾經籍子史諸書，其大綱蓋無不同。』又說：『斯書也，因西文已有之規矩，於經籍中求其所同所不同者，曲微繁引以確知華文義例之所在。』而在他的實踐中又確有牽強附會之處，於是招來了無休止的批評。其實正如他在上面引文中所說，他不僅『求其所同』，同時也『求其所不同』。在這方面，大家只注意到他在因襲西方的八個詞類之外增加了一助字，是『華文所獨』。卻很少人注意到他還在好些別的地方指出『華文所獨』。……誰說馬建忠只知道仿造西洋的葛郎瑪（grammar）的？」《馬氏文通讀本》（上海：上海教育出版社，1986 年），頁 462。

〔註 59〕呂叔湘，〈《馬氏文通》述評〉，《呂叔湘文集》（北京：商務印書館，2004 年），卷 3，頁 462〜4。

文法的發展，已經走了另一條路。

　　2000 年，北京中國社會科學院、北京大學中文系、北京外國語大學外國語言研究所為紀念中國語法學先驅馬建忠逝世百年舉辦了中國語言學史研討會。會中發表多篇文章回顧《馬氏文通》的影響，雖認為猶有未備和不足之處，但就《馬氏文通》開出的發展方向和領域而言，仍多持肯定態度，但會中就是沒有人談到陳寅恪對中國語文文法研究方向的質疑，更談不上沿著陳氏質疑的話題，認為宜先開拓藏緬語系的比較研究，始可談中國語文文法。〔註60〕

　　綜觀這些語言學者的觀點，陳寅恪雖已不及見此一現實，唯漢語文法確實走了另一條「格義」之路。此一現實究係中國語文文法的建立，已可繞開藏緬語系的研究，抑或後來學者無法到達陳寅恪的思想高度和學力，因此放棄了此一方向？〔註61〕正如文法學者何容在其《中國文法論》中總結：「中國文法書，差不多都是依照歐洲文法的例，把詞分成八類，再加一類歐洲語言

<hr>

〔註60〕請參考《首屆中國語言學史研討會文集——《馬氏文通》與中國語言學史》（北京：外國語教學與研究出版社，2003 年）。在此文集中，語言學者林玉山指出《馬氏文通》的出版，從此中國有了語法學。「《文通》系統全面地論述了古漢語語法，一個完整的語法體系。它第一次確立了漢語的詞類體系，提出了詞類劃分的標準，確定了漢語的詞類，它還論述了各種句法的結構，並設立了詞（句子成分）、次（詞組成分）、頓、讀、句等名目。此外，對各種語法現象及個別詞類也都進行了細致的描寫。《文通》開創之功不可抹煞，但它不可避免地存在著模仿外國文法的毛病，之後又出現了一批模仿的語法著作。這就引發了 1938～1943 年的『文法革新討論』。開闊了語法研究的視野，開始改變採用西方語法間架來建立漢語語法學的傳統習慣，開始展現運用西方語言理論來獨立地研究漢語語法學的革新氣象，為如何根據漢語特點建立科學的漢語語法體系做了有益的探索。」上引書，頁 293～4。集中另一位北大中文系學者李娟以中西比較觀點寫的論文——《馬氏文通》與中西語言研究傳統的關聯），仍然強調《文通》的開創性成就，影響所及還不僅止於漢語研究，而是帶來了把握漢語的新視角，開闢了新的研究領域，改變了中國傳統漢語研究的整個格局。此後，它所開闢的領域成為中國漢語研究的主體。雖然後人對《文通》的缺陷有許多評議，但後人所走的研究道路在很大程度上卻與《文通》相一致。上引書，頁 48。

〔註61〕案，嚴耕望即有類似的看法，認為陳寅恪的史學不可學。以考證之術而言，嚴耕望指有述證、辨證兩類別。「寅恪先生的歷史考證側重後者，往往分析入微，證成新解，故其文勝處往往光輝燦然，令人嘆不可及，但亦往往不免有過分強調別解之病，學者只當取其意境，不可一意追摹仿學。」請參閱第三章第四節。嚴耕望，《治史答問·史學二陳》（臺北：臺灣商務印書館，1985年 6 月），頁 86。另，嚴耕望，《怎樣學歷史——嚴耕望的治史三書》（瀋陽：遼寧教育出版社，2006 年 1 月），頁 195～6。

裏所沒有的『助詞』，而成爲九類。」〔註62〕此一助詞即是馬氏的創獲，其餘則是馬氏從西方借來的。漢語文法依然還是在《馬氏文通》的籠罩之下。

陳寅恪當年爲此曾說過：

> 此義當質證於他年中國語文文學特性之研究發展以後。今日言之，徒遭流俗之譏笑。然彼等既昧於世界學術之現狀，復不識漢族語文之特性，挾其十九世紀下半「格義」之學，以相非難，正可譬如白髮盈顛之上陽宮女，自矜其天寶末年之時世裝束，而不知天地間別有元和新樣者在。亦祇得任彼等是其所是，而非其所非。吾輩固不必，且無必要與之校量也。〔註63〕

於今視之，陳寅恪理想中的文法比較研究並未出現，格義式文法歷經後人修補，卻走出了另一條「大道」。

前面提到李濟回應陳寅恪是離題發言，唯值得省思的是：出身史語所的語言學者李方桂在其晚年的口述史《東西方語言學：美洲印第安語，漢藏語和傣語》一書的第五章〈對歷史比較語言學的主導原則和方法論的討論〉，有一段專就藏語和漢語的淵源談語法研究：

> 人們一般認爲藏語與漢語有淵源關係，但它在語法上更接近滿語。滿語看來也極像蒙語。蒙語更像土耳其語及其同族語言。所以，我並不熱衷於想方設法把這種語言與那種語言聯繫起來。我只想知道這門語言的面貌如何；是否把它與別的語言聯繫起來，那是最次要的問題。〔註64〕

李方桂有「非漢語語言學之父」之稱，是一純語言學者，長於南島語系有系統的比較研究，也是藏語以及古藏語及文獻的專家，但當李方桂說出「那是『最次要』的問題」時，已明示這半個世紀以來，語言學者何以沒有走出陳寅恪所期待的研究路向。〔註65〕

〔註62〕何容，《中國文法論》（臺北：臺灣開明書店，1954年），頁39。

〔註63〕陳寅恪，〈與劉叔雅書〉，《二編》，頁256。

〔註64〕李方桂口述，王啓龍、鄧小詠譯，李林德校訂，《李方桂先生口述史》（北京：清華大學出版社，2003年），頁108。此段譯文原名〈李方桂先生談語言研究〉，《中央民族大學學報》，1994年期6，頁89。原審訂者爲馬學良。

〔註65〕李方桂有一段話講得很明白：「這的確是我最先研究美洲印地安語時所採用的方法，這種方法叫古印歐語比較法。後來情況變化了，多多少少不再那麼重視歷史比較法了。」見前引李方桂，《口述史》，頁103。又，李方桂1951年發表有〈漢藏系語言研究法〉，《國學季刊》，期7，頁165～75；或《中華文

　　在紀念馬建忠逝世百年之前兩年，中研院史語所爲成立七十周年在臺北召開了一場「邁向新學術之路：學術史與方法學的省思」研討會。會中語言學者梅祖麟（1933～）就歷史語言學的發展講了幾段話，值得引述：

> 西歐十九世紀興起的歷史語言學，基本信念是語音演變的規律性，也就是「語音演變沒有例外。」如果有例外一定是因爲另外有一套規律。按照這條原理，有親屬關係的一系列語言或方言，它們之間共同詞彙的聲韻會有一套對當關係。比較研究的目的就是要尋求這種對當關係，以便建立這一系列語言的親屬樹（family tree），並擬測祖語（proto～language）的音系和詞彙。……對傅斯年、陳寅恪、趙元任、李方桂這幾位史語所的創始人來說，這就是科學的歷史語言學。〔註66〕

梅氏在講話中提到了聲韻和字彙，沒有提到語法或文法。和陳寅恪不同者，梅氏強調普遍性，陳氏則偏重歷史的特殊性。梅氏另提到了歷史學對語言學的貢獻，兩者具相輔相成的關係，並對陳寅恪於 1948 年發表的〈從史實論切韻〉一文給予高度評價。梅氏舉《切韻》研究來說：

> 高本漢的中古音雖然是詮譯《切韻》的音系，但《切韻》到底是反映哪個時代的哪種方言，這個問題在六十年代以前一直沒有弄清楚。四五十年代最流行的説法認爲陸法言《切韻》代表西元七世紀初的長安方言。馬伯樂（Henri Maspéro，1883～1945）〈唐代長安方言〉就説，「現存最早關於長安方言的文獻是陸法言《切韻》。高本漢也説：「中古漢語是指《切韻》所規劃的公元六〇〇年的語言，基

化復興月刊》，卷 7 期 8，頁 12～6。李方桂生前最後一部著作爲與 W. South Colin 合編的《古代西藏碑文研究（英文原名：A Study of the Old Tibetan Inscriptions）》。又，近現代西方語言學史的發展主流，請參考語言學者王士元（1933～）的《索緒爾與雅柯布森：現代語言學歷史略談》，可以推想陳寅恪未能趕上主流的典範轉移。此文收入劉翠溶主編，《四分溪論學集：慶祝李遠哲先生七十壽辰》（台北：允晨文化公司，2006），冊下，頁 669～686。還可以參考何大安（1948～）的《從中國學術傳統論漢語方言研究的過去、現在與未來》。何大安在結論中説：「一位偉大的音韻學家，當習慣了某一種看問題的方式之後，對一些明顯的語言事實，也會有視而不見，聽而不聞的時候。」此文收入《中央研究院歷史語言研究所集刊》（1993 年 9 月）本 63，分 4，頁 713～731。引文見頁 724。

〔註66〕梅祖麟，〈中國語言學的傳統和創新〉，《學術史與方法學的省思——中央研究院歷史語言研究所七十周年研討會論文集》（臺北：中研院史語所，2000 年 12 月），頁 481～2。

本上是陝西長安的方言，在唐代它成爲全國各大城市裡文士的標準語。」

陳寅恪先生的〈從史實論切韻〉徹底地批評了《切韻》代表長安方言之說。他指出（一）按《切韻》序，陸法言論《切韻》是根據開皇初劉臻、顏之推（531～595？）等八人論難的決定。這八個人裡面，劉臻、顏之推、蕭該是南人，幼年住在金陵，其他五位是北人，四位生長在鄴城，另一位盧思道十五歲時到鄴下。這八位中沒有一位世居關中，而他們都是中年以後才到長安的。(二)陸法言論撰《切韻》所用的主要材料，完全沒有關中人的著作。因此，（甲）《切韻》不可能代表七世紀的長安方言，（乙）也不可能代表「當時某一地行用之方言。」〔註67〕

梅氏以第二代的語言學者回顧當年，並沒有漠視陳寅恪對語言學的貢獻及其開創之功，唯陳寅恪期待藉由比較研究漢藏語系俾便建立漢語語法或文法，梅氏顯然無意處理。〔註68〕

　　還有一個答案，應是陳寅恪早年任教清華研究院的老同事趙元任在 1965 年正式打印完稿的《中國話的文法》英文本。此書 1968 年由加州大學出版社正式出版。1979 年由呂叔湘譯成中文改名《漢語口語語法》。1980 年丁邦新的譯本改回原名《中國話的文法》，由香港中文大學出版。《中國大百科》對此書的評價是：

　　　　這是一部方法謹嚴，系統分明的大書，有很多創先勝意。這部著作以直接成分分析法作爲研究語言的主要方法，顯然受了結構主義語言學的影響，可是作者持論通達，從來不拿事實遷就理論。……總之，無論從立論的深度說，還是從影響的廣泛說，《中國話的文法》都是最重要的漢語語法著作之一。〔註69〕

這說明趙元任的文法書，主要是用成分分析法，且受結構主義語言學的影響，顯然沒有走陳寅恪的開出的路向。趙元任在此書的〈序〉中說：「我也要向別

〔註67〕梅祖麟，〈中國語言學的傳統和創新〉，頁 489～90。

〔註68〕梅祖麟在文中自承沒有處理漢語語法史的發展。氏著，前引文，頁 491。

〔註69〕中國大百科全書編輯委員會語言文字編輯委員會編，《中國大百科全書·語言文字》（北京、上海：中國大百科全書出版社，1994），趙元任條，頁 515。另見趙新那、黃培雲，《趙元任年譜》（北京：商務印書館，1998 年），頁 448；436～7。

的研究這個問題的作者致謝，從馬建忠起，……。」〔註70〕有《馬氏文通》的作者，卻沒有陳寅恪。

　　楊聯陞評述此書說：

> 趙先生《中國話的文法》，方法謹嚴，材料豐富，議論明通。依我看，
> 這本權威著作，至少要管五十年。等到下一世紀，語言學再有進步，
> 文法再有變化，也許會再出一位趙先生來另寫一本文法，不過，就
> 是到了那個時候，恐怕還得用這本書作參考。〔註71〕

依楊聯陞的說法，開出中文文法研究路向的是趙元任，沒有楊聯陞的業師陳寅恪。

第六節　「孫行者」和「三白」考題及胡適與義寧父子

　　「對對子」的另一種觀察。當年陳寅恪以對對子入題即被視為「奇」，何炳棣（1917～）回憶1939年庚款考試放榜後：「陳鼇面容戚戚，對我說：『炳棣，對不起，今天要你破費請我吃晚飯，讓我喝幾杯悶酒，因中英庚款考試揭曉，我沒有考取。』隨即告我中國通史命題之『奇』為其致敗主因。命題者事後知道是陳寅恪師。通史三題為（措辭不失原意義）：一、評估近人對中國上古史研究之成績；二、評估近人對中國近代史研究之成績；三、解釋下列名詞：白直、白籍、白賊。」〔註72〕

　　何炳棣說：「乍看之下，第一、二題至公至允，毫無可非。但……於魏晉南北朝隋唐六七百年間政治、軍事、民族、社會、經濟、宗教、哲學等方面之犖犖大端，陳師命題全未涉及，僅以至奇至俏之『三白』衡量試子之高下，甚至

〔註70〕趙元任著，丁邦新譯，《中國話的文法・序》，頁2。

〔註71〕楊聯陞著、蔣力編，〈趙元任先生與中國語文教學〉，《哈佛遺墨》（北京：商務印書館，2004年），頁30。引文部分原刊《清華校友通訊》，期8（1964年），頁5。

〔註72〕何炳棣，《讀史閱世六十年》（臺北：允晨文化公司，2004年），頁137。又，「白直」有二義。一，南朝劉宋起，以白直充儀仗，有時亦充侍衛軍士。此指力役。二，北朝自北齊始，以白直充品官的力役。天寶初，白直總數達十萬以上，不久廢。「白籍」是東晉及南朝時，北方僑居江南地區的臨時戶籍，因以白紙書寫，謂之白籍，以與江南土著民戶之「黃籍」區隔，白籍民戶一般可免稅、免役。「白賊」是南朝對身無官爵的庶民或白民造反者的指謂。

影響他們的前程和命運，其偏頗失衡實極明顯。」〔註 73〕陳寅恪出「三白」和
「孫行者」，都是很簡單的題型，雖可能為難一般考生，卻是能考出讀書尖子的
辦法〔註 74〕。對閱卷者更方便，至少答案很容易看出高下。相對其他辦法〔註
75〕，此法易於定出去取，蓋「可藉之以選拔高才之士也。」〔註 76〕而閱卷者良
心也不致受特別痛苦，時間精力俱可節省。陳寅恪擔任中央研究院史語所歷史
組主任，幾乎不問行政事務，憚於試務批卷，也是可以合理想像者。〔註 77〕

　　再者，陳寅恪為「對對子」的爭論，轉引出漢語文法的研究取向是否有
當？這是否存在「強為解人」的嫌疑，以期轉移焦點，不能令人無疑。早在
1933 年底蘇州國學會出刊的《國學論衡》，有署名陳旭旦的文章，即對〈與
劉叔雅書〉提出質疑，認為陳寅恪的「答辯」，「旁徵博引，累數千言，辭甚
辯，人以其名震一時，夙為故都人士尊信，故難者無以難而難自解。」〔註
78〕「對對子」原屬傳統學子啟蒙功課，〔註 79〕只是清末以來即陸續推廣、

〔註 73〕何炳棣，前引書，頁 137。
〔註 74〕據知當年對出「胡適之」的考生，後來成為知名學者的有出任北大中文系教
　　　　授的周祖謨（1914～1995）、中國社科院歷史研究所研究員，也是古文字學家
　　　　的張政烺（1912～2005）。另一位據說是曾擔任過北大數學系主任的段學復
　　　　（1914～2005）。此外有一「劉子欽」自稱以胡適之對，得了滿分。周祖謨，
　　　　〈陳寅恪先生論對對子〉，張杰、楊燕麗選編，《追憶陳寅恪》（北京：社會科
　　　　學出版社，1999 年），頁 147。又周祖謨，〈往事自述〉，《文獻》，1988 年期 3，
　　　　頁 149。又，劉以煥著，《一代宗師陳寅恪兼及陳氏一門》，頁 214。又，梁羽
　　　　生，《名聯觀止》（桂林：廣西師範大學出版社，2008），頁 5。
〔註 75〕馮友蘭回憶「對對子」話題時，有一段話可資參考：「我在清華的時候，每年
　　　　要看成千上萬本新生入學考試的國文卷子。在這些卷子中，真正好的很少，
　　　　真正壞的也不多，大多數是中流的。這些中流的卷，大都是千篇一律，很難
　　　　說那一本一定是七十分，那一本一定是八十分。看得多了，就覺得頭昏眼花，
　　　　很難抉擇。當時採取了一種辦法，一本卷子要幾個人看，各人打各人的分數，
　　　　最後把這些分數加起來平均。這種辦法可以避免一些主觀的偏見，但還是沒
　　　　有一個比較客觀的標準。」馮友蘭，《三松堂自序》，頁 69。
〔註 76〕陳寅恪，〈與劉叔雅書〉，《二編》，頁 255。前引諸孝泉文，也指此最能測試考
　　　　生國文程度，見注 42。
〔註 77〕陳寅恪於 1930 年左右致傅斯年書云：「第一組主任弟僅掛虛名，諸事悉託其
　　　　（徐中舒）辦理，……現在第一組不甚平安，皆弟不常到院，百事放□，致
　　　　有精神上之影響。忽思一法，弟下年仍然照舊擔任第一組主任之虛名，仍作
　　　　今年所作之事（其實無所事事）。」《書信集》，頁 39。
〔註 78〕陳旭旦，〈國蠹〉，《國學論衡》，期 1（1933 年 12 月 1 日）。轉引自桑兵，〈近
　　　　代中外比較研究史管窺〉，《中國社會科學》，2003 年期 1，頁 19。
〔註 79〕中央研究院創院院長蔡元培在 1934 年和 1937 年，分別就其個人受教育和
　　　　擔任塾師的經驗說：「教國文的方法，有兩件事是與現在的教授法相近的，

施行新學制，加上民初白話文和新文學成為主流，「對對子」已非高中程度國文教材所習見，以此測試考生固可測出高才，但用於一般考生，未必符合命題期望值，即愈能測出全體考生真實程度者愈佳，是以原即值得檢討。陳寅恪以現代漢語文法尚未建立，而「對對子」可以測試出考生的程度，回應外界的批評，看似有理；然而在語意邏輯上，文法尚未建立和以「對對子」測試程度，原是兩個不相干的命題，更無必然關連。陳寅恪若堅信其間存在必然的關連，應就考題能否考出學生程度論辯，而非拉高層次，從試務技術轉移到學術領域的討論，論辯因之失焦。況且陳寅恪以其比較歷史語言學的背景知識論述漢語語法的研究取徑，在當時或可備為一說，驗諸事實，看來並非主流選擇。

　　陳寅恪所以會出「對對了」的考題固不無促狹之意，且意在胡適。例如陳寅恪曾送羅家倫一副對聯「不通家法，科學玄學；語無倫次，中文西文。」若聯繫 1923 年科學玄學人生觀論戰，胡適撰文〈孫行者與張君勱〉嘲弄張君勱就像「孫行者」也逃不掉科學的邏輯檢驗。陳寅恪顯然有意把「孫行者」還給胡適。〔註80〕陳寅恪出於情緒的緣由不僅見諸前引陳寅恪給傅斯年的信，說下次出題還要出「對對子」。或許還可上溯至 1917 年胡適發表〈文學改良芻議〉對陳寅恪父親詩作有相當不敬的形容。胡適此文主張文學改良須從八事入手，第三項是須講文法，但此一文法係本《馬氏文通》格義式文法，非自成系統的文法，陳寅恪固然不可能同意。再如不用典，不講對仗，都和陳的文學觀以及文法觀相衝突，更不待言。最嚴重的是胡適在文章中提了三

　　一是對課（對對子），二是作八股文。對課與現在的造句法相近，大約由一字到四字，先生出上聯，學生想出下聯來。不但名詞要對名詞，靜詞要對靜詞，動詞要對動詞，而且每一種詞裡面，又要取其品性相近的。……這一種功課，不但是作文的開始，也是作詩的基礎。所以對到四字的時候，先生還要用圈發的法子，指示平仄的相對。平聲字圈在左下角，上聲在左上角，去聲右上角，入聲右下角。學生作對子時，最好用平聲對仄聲（仄聲包上去入三聲）。等到四字對作得合格了，就可以學五言詩，不要再作對子了。」蔡元培，〈我所受舊教育的回憶〉、〈我在教育界的經驗〉，《蔡元培文集・教育下》（臺北：錦繡出版公司，1995 年），頁 606～7；702。引文出自頁 702。又，熊秉貞在其《童年憶往——中國孩子的歷史》一書中，提及傳統啟蒙教育第一步是識字，第二步就是作對子，第三步是口授經文。熊秉貞，《童年憶往——中國孩子的歷史》（臺北：麥田出版社，2000 年），頁 98。

〔註80〕胡適，〈孫行者與張君勱〉，《努力周報》，期 53（1923 年 5 月 12 日），1 版。

位在世的人物，恭維了江亢虎（1883～1954）和王國維用典使事之工，〔註81〕
獨獨以重話批判了陳寅恪的父親陳三立，且看胡適的批語：

> 昨見陳伯嚴先生一詩云：濤園（沈瑜慶，1858～1918）鈔杜句，半
> 歲凸千毫。所得都成淚，相過問奏刀。萬靈噤不下，此老仰彌高。
> 胸腹回滋味，徐看薄命騷。
>
> 此大足代表今日「第一流詩人」摹倣古人之心理。其病根所在，在
> 於以「半歲凸千毫」之工夫，作古人的鈔胥奴婢。故有「此老仰彌
> 高」之嘆。若能灑脫此種奴性，不作古人詩而惟作我自己的詩，則
> 決不致如此失敗矣。〔註82〕

陳三立字伯嚴，就是陳寅恪的父親，雖口頭恭維陳三立是「第一流詩人」，但
以「奴性」形容陳三立但知摹倣的心理。胡適「文學改良」的主張，後為呼
應陳獨秀和錢玄同等人，旋即改口為「文學革命」。蓋胡內心也早有「革命」
之意。〔註83〕然陳寅恪與胡適又頗有交往，胡適也應酬過陳三立。〔註84〕1931
年，即「對對子」事件發生前一年，陳寅恪還請胡適為夫人唐篔的祖父唐景
崧遺墨題跋。這應是激於九一八事變，知識分子對於日本侵略東北皆有敵愾
同仇之心，況且這也是陳寅恪出於對夫人唐篔祖父唐景崧在台灣領導抗日的
敬意。除了胡適還不易找到題跋的恰當人選。至論學術見解的異同，畢竟各
有見地，且兩人都相對看重自身的學術見解及認知。〔註85〕是以陳寅恪轉個
彎拿大鬧天宮的「孫行者」問：究竟「胡適之」，又豈止是陳寅恪心中的「標
準答案」而已。〔註86〕

〔註81〕 胡適，〈文學改良芻議〉，《新青年》，卷2號5（1917年1月1日），頁7～8。
〔註82〕 胡適，前引文，頁3。胡適發表此文時，陳寅恪在國內。據蔣天樞，陳寅恪的
行蹤應在長沙、南京之間。《事輯》，頁38～40。
〔註83〕 胡適在《留學日記》裡，即曾擬就「文學革命宣言書」，有「與其作一個作『真
詩』，走『大道』，學這個，學那個的陳伯嚴、鄭蘇盦，不如作一個『實地試
驗』『旁逸斜出』『捨大道而不由』的胡適。」《胡適日記全集》1916年7月
26日〈致任叔永信〉，冊2，頁392～3。
〔註84〕 胡適和陳三立後來至少有兩次在應酬飯局中相遇，一在1928年5月4日，一
在1934年5月18日。胡適除第二次提到陳三立八十三歲了，精神神智尚好
外，無其他語。《胡適日記全集》，冊5，頁84；冊7，頁116。
〔註85〕 陳寅恪和胡適在論學各方面觀點絕異，不僅是文法而已。請參汪榮祖，〈胡適
與陳寅恪〉，《史家陳寅恪傳（增訂版）·附錄三》（臺北：聯經出版公司，1997
年），頁253～77。
〔註86〕 案陳寅恪在〈王觀堂先生輓詞〉中即有「魯連黃鷂績溪胡」句，依陳寅恪1929

　　另一現象是陳寅恪為此所撰寫的〈與劉叔雅書〉，其時間點，究係在出題前或引發論戰後？先看當初大公報當時刊出時的編者按語：

　　　按本年清華大學入學考試國文題目，係陳寅恪教授所擬定。事前陳君曾有長函致該大學國文系主任劉文典君（叔雅），說明其出題之用意及以對聯為試題一部之理由。近日北平《世界日報》等處（及本報小公園）疊見評論此事之文字，而非難對聯者尤多。茲覓得陳君原信函，資料繁博，別有見地，爰為刊布。當可增讀者興趣也，編者識。

此信刊出時係 9 月 5 日，編者卻說此信係事前即考前即擬就之長函，見報時離考期已滿兩個月有餘，且疊見北平《世界日報》之評論和非難。何以 8 月 15 日陳寅恪受訪時不拿出此信，8 月 17 日致傅斯年函，也沒有提到此信。12 月 16 日《青鶴》雜誌刊出此文，文前編者按語也未及此。略曰：「義寧陳寅恪先生，為散原老人第五子。學問淹博，久任清華大學教授。嘗以對聯為國文試題，一時群起詰難，先生未辨也。頃友人鈔得其致劉叔雅書，復錄以示予。劉為是校國學系主任，曾屬先生擬試題。此書於命題之旨，頗多發揮，殊有趣也。」〔註87〕

　　陳寅恪七〇年代回憶「三十餘年前，叔雅先生任清華大學國文系主任。一日過寅恪曰，大學入學試甚近，請代擬試題。時寅恪已定次日赴北戴河休養，遂匆匆草就普通國文試題，……。」看來此信非如編者按語所言係考前擬就的，而係事後之舉。把「對對子」和文法連繫在一起的想法和具體內容，陳寅恪醞藉在胸固有年矣，但要敷衍成章也非一時之間所能齎事。不得不才有編者按語以及倒填日期之下策。〔註88〕

　　　年另詩〈北大學院己巳級史學系畢業生贈言〉：「群趨東鄰受國史，神州士夫羞欲死。田巴魯仲兩無成，要待諸君洗斯恥。」既言「魯仲無成」，可知陳對胡適之的意見。

〔註87〕　陳寅恪，〈陳寅恪與劉叔雅國文試題書〉，《青鶴》，卷 1 期 3（1932 年 12 月 16 日），頁 1。又，《學衡》期 79 刊出此文時，編者吳宓未再下案語。

〔註88〕　不僅《大公報》的編者案語倒填日期，《學衡》刊出時也倒填日期，在篇名之下有夾行小注：「民國 22 年 7 月」。但把二十一年的事又誤為二十二年。《學衡》，期 79，頁 1。不論《大公報》或《學衡》的編者，當時都是吳宓。又，卞僧慧是陳寅恪的及門學生也說，「託稱寫於考試之前，出題之際。」見卞編《年譜長編》，頁 142。

第七節　小結——假西學以崇中學

「對對子」風波反映在社會話題上，熱鬧有餘，以同情的眼光看待，陳寅恪有點像是孤寂的個人，少有理解者，自覺有如夏蟲不可語冰，無有可對話者。在論學層次上陳寅恪又像是離群的隱者，只聞空谷足音，知己難覓，雖然有褚孝泉在 1996 年指陳寅恪有關「對對子」的論點，還早於俄羅斯語言學者雅可布遜談語言與詩的功能，雅可布遜對西方學界有重大影響，陳寅恪的想法在中土幾無回響。陳寅恪推崇王國維能夠「開拓學術之區宇，補前修所未逮」，當然也是陳寅恪的自期，非僅「可以轉移一時之風氣」，且可「示來者以軌則」，在這件事上至此全告落空。〔註89〕至論陳寅恪真正的焦慮或更在中文的沈淪，特別是韻文和詩的傳統可能因白話文的西化而喪失，陳寅恪假西學以崇中學，當係有本於〈王觀堂輓詞〉序言的思維，即為「綱紀本理想抽象之物」，尋求一個語文的依托和承載，重要性或許更在社會經濟有形之制度之上。是以在策略上，陳寅恪就算有意在出題上取巧，事後「旁徵博引，累數千言」，「故難者無以難，而難自解。」換一個角度觀察此一爭論，即陳寅恪處理「對對子」的爭論，未嘗不無借用西方歷史語言學的知識，為漢語文法把脈的用心，期以挽救中文於沈淪。以「對對子」入題，果然引起了軒然大波，答辯文〈與劉叔雅書〉既出，新文化運動的領導人物如胡適、傅斯年輩，均歛手無聲，沒有回應。陳寅恪固因此在表面上弭平了加諸其身的攻訐，然實受挫甚深，即「假西學以崇中學」的策略未能奏效。

至論《馬氏文通》通不通的問題，汪榮祖以為這原是文化觀的問題，表面上是西化和本位觀的差異，根源還在當時的西化觀論者，如胡適輩持一元論，而陳寅恪重視歷史看重特殊的一面而持多元論觀點，用於語法研究，陳寅恪以文化背景不同自不能套用。〔註90〕若以批判的眼光對待此一失焦的「對對子」風波，面對外界之批評，請允許這麼說：如同陳寅恪為〈與劉叔雅書〉撰寫〈附記〉時的心情，事後或可能欣然承認確有意挾其比較歷史語言學的

〔註89〕陳寅恪，〈王靜安先生遺書序〉，《二編》，頁 247。

〔註90〕汪榮祖比較陳寅恪和胡適的文化觀曾言，兩人具有完全不同的文化觀，從表面看，胡倡西化，似乎激進；陳主本位，跡近保守。但此並非中肯，而是胡主西化，但持文化一元論觀點；陳主本位，但持多元論。胡適至老仍聲稱他是從《馬氏文通》讀通文法的，透露出胡的單元文化觀，認為文法是普及的；而陳寅恪認為文法具有特性，格義式的比附研究，簡直自亂宗統。汪榮祖，〈胡適與陳寅恪〉，《史家陳寅恪評傳（增訂版）》附錄三，頁 257～63。

知識，即以西學新知維護傳統文學中值得保存者，確認其價值，並重新給予肯定。

若就權力觀點檢視這一失去焦點的學術發展路向和文法「論戰」，證明「權勢」沒有爲陳寅恪的學術「方向」服務，也未見「具有權勢者」願意爲不具「群眾」支持，但具有學術意義的公共論壇服務。而陳寅恪也是以出題者的權力逕行決定出題型式，並聲言下次出題還要如此，但裡裡外外都碰到了挫折。陳寅恪以學者身分取得的出題權，顯然不足以取代位階更在其上的學術組織，由於未見學校方面以公開的方式尋求解決之道，而似有意以更大的權力攔下陳寅恪的主張，顯現當時大學所作出的裁斷接近寡頭式專制，而非尋求一個具有公共性質的學術論壇。對照另一個更具社會支持度的白話文和國語運動，在陳寅恪看來似僅重宣傳，談不上對對子和文法的討論。

就具有公共性質的學術議題而言，不論陳寅恪的論述有無可以商榷者，對照報紙話題的一片熱鬧談「對對子」，主流學術社群於其更嚴肅的話題即研究方向的取徑卻寂然無聲。此一現象如何解釋？或許可以用此非當時主流話題作爲回答。只是主張充分運用歷史語言學的學者如傅斯年輩，雖已執民國史界牛耳，唯畢竟還缺乏充分的權力和資源，以支撐一個可以邁向成熟條件的公共論壇，對不具主流話題的討論也無興趣。〔註91〕至於格義式漢語文法日後大行其道，與陳寅恪所期待的方向背道而馳，這只能再次證明陳寅恪當年預言：「此義當質證於他年中國語文文學特性之研究發展以後。今日言之，徒遭流俗之譏笑。」以今視昔，顯然兩頭落空。

最後借陳寅恪晚年之口結束此章：

> 抑更有可論者，中國之文學與其他世界諸國之文學，不同之處甚多，其最特異之點，則爲駢詞儷語與音韻平仄之配合。就吾國數千年文學史言之，駢儷之文以六朝及趙宋一代爲最佳，其原因固不易推論，然有一點可以確言，即對偶之文，往往隔爲兩截，中間思想脈絡不能貫通。若爲長篇，或非長篇，而一篇之中事理複雜者，其缺點最

〔註91〕 案，公共論壇在當時以胡適、傅斯年、丁文江、蔣廷黻爲主的知識分子即辦有《獨立評論》，不乏涉及學術性公共議題者，但《獨立評論》負責編輯者爲胡適之，此時更專注的，除九一八之後迫在眉睫的政經危機外，檢視獨立評論的目錄即知，主持編務的胡適之，毋寧更關切教育問題，而非文法和「對對子」的關連或漢藏語系的研究。

易顯著，駢文之不及散文，最大原因即在於是。吾國昔日善屬文者，常思用古文之法，作駢儷之文。但此種理想能具體實行者，端繫乎其人思想之靈活，不爲對偶韻律所束縛。六朝及天水一代思想最爲自由，故文章亦臻上乘，其駢儷之文遂無敵於數千年矣。……故無自由之思想，則無優美之文學，……此易見之眞理，世人竟不知之，可謂愚不可及矣。〔註92〕

〔註92〕陳寅恪，〈論再生緣〉，《寒柳堂集》，頁 72～3。

第五章　思想發展之四──
「中體西用」／「西體中用」

陳寅恪的及門弟子蔣天樞說：

> 先生對歷史文化，愛護之若性命。早歲遊歷歐美各國時，仍潛心舊
> 籍，孜孜不輟，經史多能闇誦。其見聞之廣，遠逾前輩張文襄，顧
> 其論學實與南皮同調。《觀堂先生輓辭》所謂「中體西用資循誘」者
> 是也。〔註1〕

蔣天樞自注：陳寅恪持此「中體西用資循誘」宗旨終身不變。且言：「不但
〈冼玉清教授修史圖〉第二詩已見意，（案，原詩：「國魂銷沈史亦亡，簡編
桀犬滋雌黃。著書縱具陽秋筆，那有名山淚萬行。」〔註2〕）而「迂叟當年
感慨深，貞元醉漢託微吟。而今舉國皆沈醉，何處千秋翰墨林。」尤為感慨
言之。」〔註3〕

　　是知陳寅恪對張之洞持「體用論」以處理知識層面的中西學術、以及中
國政治與文化所面對的一連串危機，頗具史家「同情的了解」。依蔣天樞行文
之意，陳寅恪所持「中體西用」之「體」，應指華夏歷史文化。所以能成其大
傳諸久遠，更在於華夏文化在盛世階段如隋唐，原具一開放的文化觀，此即
「有教無類」，非僅用於不同種族和文化間的區辨而已；陳寅恪以中醫為例就
明確指出中醫之體原具西體成分，面對中西醫時，在陳寅恪看來中西醫不過
是舊與新之別。然而，陳寅恪用於張之洞身上的「中體西用資循誘」，應具雙

〔註 1〕 蔣天樞，《事輯》，頁 188。
〔註 2〕 陳寅恪，《詩集》，頁 86。
〔註 3〕 蔣天樞，《事輯》，頁 188；234。

重意涵。體用之外，其重點或還在「資循誘」，備供循循善誘此一文化載體之芸芸眾生。這既是方向上的導引，也是策略和步驟。推而言之，姑不論張之洞本人是否深信其說，或可視爲當日傳統知識分子，特別是士大夫階層講究新學和倡言變法者，應對中西文化衝突的一個策略。甚至可以說，這是「開明官僚」爲了取信或安撫守舊人士，不至於反對新學、新政的推行，或因此出現過激的抗爭。這與部分新學人士明知「西學源出中國」的說法不可信，卻援引以爲說辭之情境類似，甚至用爲護身符。〔註4〕重點皆在如何平順地，先求不致造成政治上的紛擾，再圖引進西學、西藝、西政，而有新舊調和，中西兼顧的思維和舉措。

但 1951 年陳寅恪完成的〈論韓愈〉，卻有「石破天驚」之論，整個反轉晚清以來主張「中體西用」論述，逕直出以「天竺爲體，華夏爲用」。〔註5〕此一顛倒，相對於「中體西用」或傳統的「體用論」，非僅可以重新審視陳寅恪對晚清政局的看法，而且也可看出他處理中西文化的基本態度，而其間或猶有未見闡明的曲折有待澄清。

究論陳寅恪學術思想者多矣，唯迄今未之見處理〈論韓愈〉此文所論及的「天竺爲體，華夏爲用」。有之或一語帶過，〔註6〕或以爲此乃「涉筆成趣」，

〔註4〕 全漢昇（1912～2001）即持此看法。全漢昇引鄭觀應（1842～1922）《盛世危言・西學》：「今之自命正人者，動以不談洋務爲高見，有講求西學者則斥之曰名教罪人，士林敗類。」繼引王之春《蠢測卮言・廣學校》「今之自命爲通儒者，以洋務爲不屑，鄙西學爲可恥。有習其文字者，從而腹誹之，且從而唾罵之，甚至屏爲名教之罪人。」後指出：「這種攘夷的態度對于西學的接受有莫大的不利。主張接受西學的人，遂不得不造出西學源出中國的傳說，以作他們的護身符。」全漢昇，〈清末「西學源出中國」說〉，《嶺南學報》，卷4期2（1936年），頁94。

〔註5〕 周予同（1898～1981）言宋儒是「儒表佛裡」，又評韓愈〈原道〉，是唐儒欲合文學哲學爲一身的顯據。想法類似「西體中用」或「天竺爲體，華夏爲用」。周予同，《朱熹》（上海：商務印書館，1931年），頁5。

〔註6〕 余英時雖認爲〈論韓愈〉一文是陳寅恪的「中國文化宣言」，但未處理「天竺爲體，華夏爲用」。且指陳寅恪所列的六條綱領（建立道統、直指人倫、排斥佛老、呵詆釋伽、改進文體、獎掖後進），正是吳宓所說的「中學爲體，西學爲用」和「中國文化本位論」。余於此處引吳宓的說法，殆不反對吳以「中體西用」形容陳寅恪對體用的想法。余英時，《詩文釋證》，頁118～9。另，陳寅恪弟子王永興說：「對先生著作此文之苦心孤詣及認識深刻明確卓識，有所理解，謹陳述之。」唯於「天竺爲體，華夏爲用」不著一語。王永興，〈述陳寅恪先生《論韓愈》之作的重大意義〉，《上海師範大學學報（哲社版）》，2003年期3，頁1。從事比較文學研究的學者樂黛雲說：這是指「以『談心說性』爲體，『濟世安民』爲用。佛教的心性之說改造和豐富了儒家的『誠意正心』，

〔註7〕或說「由於時代關係，此文幾乎沒有引起學術界的注意。」〔註8〕或從字面意義以爲陳寅恪的體用論是一種有機的關係以爲解釋，〔註9〕未有深入陳寅恪思維及其思想發展脈絡觀察者。本章即試以「體用論」的觀點及運作切入，並就時代背景發掘其間之隱微。

第一節　「體用論」及「中體西用」溯源

體用概念或指源於玄學思想，佛教史家湯用彤即指魏晉玄學，乃本體之學也。而老子本末之別即後世體用之辨，並指「體用」對用，初見於王弼《老子注》。〔註10〕湯用彤並指佛家講體用「乃東漢以來漸與道家合流所至。」〔註11〕若從儒家言，王爾敏指此首見於《論語・學而》：「禮之用，

這才出現了宋明理學數百年興盛的文化局面。」樂黛雲，〈文化更新的探索者——紀念陳寅恪先生誕生一百周年〉，《紀念陳寅恪先生百歲誕辰論文集》，頁348。李澤厚論「西體中用」，雖提到陳寅恪，但僅停留在陳寅恪看待張之洞「中體西用」的層次，完全沒有進入〈論韓愈〉的論述中。李澤厚，〈漫說「西體中用」〉，《中國現代思想史論》（北京：東方出版社，1987年），頁333〜4。另，李澤厚指馮友蘭贊賞「清末人」張之洞買機器辦實業，而批評「民初人」，李澤厚說這可能是受陳寅恪的影響。李澤厚，〈略論現代新儒家〉，前引書，頁295〜6。

〔註7〕劉夢溪〈「一代文化所托命之人」——論陳寅恪先生的學術創獲和研究方法〉，《書目季刊》，卷24期4，頁60。

〔註8〕余英時，〈陳寅恪與儒學實踐〉，《詩文釋證》，頁292。又，美國紐約州立大學Albany校區東亞中心教授哈特門（Charles Hartman）在1986年出版其專著《韓愈》（*Han Yu and the T'ang Search for Unity*, Princeton）的扉頁獻詞，首舉陳寅恪，且在序論中指此書始於閱讀陳寅恪的〈論韓愈〉，但全書於「天竺爲體，華夏爲用」，不贊一詞。

〔註9〕嚴壽澂指稱，張南皮所說的「中體西用」，是一種外在關係，而寅恪先生眼中的體用，是內在有機的關係。並解釋宋世儒學是「天竺爲體，華夏爲用」。其意是，天竺之學重在心性，儒學則重在濟世安民：宋儒既以心性之學爲根本，故可說是天竺爲體，中華濟世安民之學融入其心性之說，因而是華夏爲用。然而華夏的政治社會內容既經融入，則此心性之學已非天竺之舊，於是亦可說天竺心性之說爲華夏濟世安民之學。明白了這一層關係，時賢「中體西用」、「西體中用」之爭，乃至「互爲體用」、「創造性轉化」之類紛紛之論，皆可摧陷廓清。嚴壽澂，〈《讀陳寅恪文集》札記（三）〉，《近世中國學術通變論叢》（臺北：國立編譯館，2003年），頁268。

〔註10〕湯用彤，〈往日雜稿〉，《湯用彤全集》，卷5，頁187。又，體用二字對用，參見《老子王弼注》（臺北：河洛出版社，1974年10月），頁51〜5。

〔註11〕湯用彤，前引文，《湯用彤全集》，卷5，頁188〜9。

和爲貴。」朱熹注:「蓋禮之爲體雖嚴,然皆出於自然之理,故其爲用,必從容而不迫,乃爲可貴。」其後「本末」、「道器」和「體用」幾乎形成「偶詞」,是當時各家各派論述的共同接受的語言。〔註12〕案朱熹另有「理一分殊,體用一源」所建構的哲學體系。典出朱熹論學答問引尹和靖(尹焞,1061~1132)語:「體用一源,顯微無間,此是最切要處。」〔註13〕陳來(1952~)即指朱熹係基於本體論的「體/用」模式來理解「仁」。〔註14〕新儒家學者楊儒賓就體用之於近現代的概念有一描述:「體用是中國思想史上一組重要的概念,「體用論」是藉著「體」(本體)與「用」(作用+功用)解釋萬物存在或精神展現的理論。「體用論」在消納異文化的過程中,往往具有篩選、重組的功能。

〔註12〕 王爾敏,〈清季知識分子的中體西用論〉,《晚清政治思想史論》(桂林:廣西師範大學出版社,2005年11月),頁41。另,道器、本末乃至於主輔、理事諸概念,是當時洋務派反洋務人士以及見諸輿論報章雜誌共同使用的概念架構,有其時代背景,和嚴格的哲學分析不同。參見 Levenson, Joseph R., *Confucian China and Its Modern Fate: A Trilogy*(Berkeley, 1972),pp.59~78。中譯本見鄭大華、任菁譯,《儒教中國及其現代命運》(北京:中國社會科學出版社,2000年),頁48~65。該書第四章即以「體」與「用」爲名,指出以林則徐、曾國藩、張之洞爲代表的「中體西用」論者,具有理性主義的成分,目的在保護儒教價值,也是對西方文化的一種篩選;唯不論就儒家保守派如倭仁的觀點或邏輯看,以及體用不二原則,都存在謬誤,也易受保守和激進兩方人士攻擊,終被康梁更激進的改革思想取代。又,列文森和王爾敏皆引述了論語「禮之用,和爲貴」和朱熹的解釋,但列文森著出版於前。日本學者島田虔次認爲所謂「體用」是相對因果而言的,借用《大乘起信論》的譬如,相對因果關係是風對波的關係,而所謂體用關係可以說是水和波的關係,並引張東蓀的說法,指體是第一性的,用是派生的,是第二性的。宋明理學重體用論,《宋元學案》首卷即特書胡瑗「明體達用」,朱熹《中庸章句》第一章云:「大本者道之體,達道者進之用。」《朱子語類》卷一第一條即言:「在陰陽而言,用爲陽,體爲陰,然動靜無端,陰陽無始,不可分先後。」島田虔次著,蔣國保譯《朱子學與陽明學》(西安:陝西師範大學出版部,1986年,原著《朱子学と陽明学》,1967年),頁2~3。又,島田虔次指稱:「中學爲體,西學爲用」係張之洞爲挽狂瀾於既倒的救國策,反映的是宋學「明體達用」的士大夫理想。島田虔次,〈體用の歷史に寄せて〉,《塚本博士頌壽紀念佛教史學論集》,頁416。又,周策縱謂「中體西用」頗接近日本在第九世紀時管原道眞「和魂漢才」的說法,至十九世紀又有佐久間象山倡言「東洋精神,西洋技藝」,福澤諭吉進而主張「和魂洋才」。周策縱,〈中外爲體,中外爲用——中國文化現代化芻議〉,《中國文化》,期9,頁2。

〔註13〕 《朱子語類·卷十一·學五·讀書法下》(北京:中華書局,2004),冊1,頁191~192。

〔註14〕 陳來,《宋明儒學論》(上海:復旦大學出版社,2010),頁18、28。

在近現代中國，它也曾一時風光，繼續承擔著宏觀調節的工作。由於近現代中國社會特別複雜，文化特別混亂，體用論在不同領域的表現也跟著不一樣，其成敗得失，特別值得研究。」〔註15〕

　　晚清號稱「同治中興」的前後，「體用論」頗受具備新知和西學的士大夫引用及看重，並以爲論述洋務的依據或發爲政論，談不上是哲學或宗教思辨層次的論題。例如陳寅恪的祖父陳寶箴所撰的〈河北精舍學規〉，即以體用論人才的養成。曰：要爲國家造就「有體有用」之人才，「由民德而親民，體用備焉。」〔註16〕戊戌變法改科舉，各省廣設學堂，陳寅恪夫人唐篔的祖父唐景崧即在家鄉辦理「體用學堂」。〔註17〕進入民國，反傳統思想高張，「中體西用」論相形式微。〔註18〕代之而起的則有「全盤西化論」和「中國文化本位論」的論戰。〔註19〕持「中體西用」論者原欲走在時代前端推動西化，至此反被視爲「中國文化本位論」的變體。〔註20〕陳寅恪既持「體用論」，且反轉「中體西用」爲「天竺爲體，華夏爲用」，自應探求陳寅恪據以爲論述史事的張本及其深層意涵。

　　「中體西用」原典並非出自張之洞，〔註21〕所以和張之洞連繫在一起，

〔註15〕 楊儒賓，〈近現代儒家思想史上的體用論〉，《天人之際與人禽之辨──比較哲學研討會論文》（香港：中文大學，1997年），頁195。

〔註16〕 汪叔子、張求會編，《陳寶箴集・文錄二》（北京：中華書局，2005），卷93，頁1872～1878。

〔註17〕 陳流求、陳小彭、陳美延，《我的父親陳寅恪》，頁297。

〔註18〕 王爾敏，前引書，頁41～59。

〔註19〕 「全盤西化論」與「中國文化本位論」論戰起於1933年12月29日陳序經在中山大學發表〈中國文化之出路〉演講，主張「全盤西化」。1935年初，王新命等十位教授發表〈中國本位的文化宣言〉，全面論戰隨之而起。案，1929年胡適撰"Conflict of Cultures"，中譯〈文化的衝突〉，刊《中國基督教年鑑》，主張'wholesale Westernization'。1934年6月23日《大公報・星期評論》刊出胡適的中文本〈充分世界化與全盤西化〉。'wholesale Westernization'胡初譯爲「全盤西化」，後改爲「充分現代化」或「全心全意的現代化」。

〔註20〕 胡適之即持此說。原文是：「『中國文化本位的文化建設』正是『中學爲體西學爲用』的最新式的化裝出現。」胡適，〈試評所謂「中國本位的文化建設」〉，《獨立評論》，號145（1935年4月7日），頁4。

〔註21〕 「中學爲體，西學爲用」首見1895（光緒二十一）年4月《萬國公報》，上海中西書院總教習沈毓桂（名壽康）以「南溪贅叟」署名的〈救時策〉，「夫中西學問，本自互有得失，爲華人計，宜以中學爲體，西學爲用。」明確拈出「中學爲體，西學爲用」。《萬國公報》，冊75，頁8。另見《萬國公報文選》，頁333。官方說法還在兩年後光緒二十三年，時任工部尚書的孫家鼐〈奏陳遵籌京師建立學堂情形摺〉，略曰：「宗旨宜先定也。中國五千年來，聖神相繼，政教昌明，

一是和張之洞在戊戌政變前夕刊印的《勸學篇》有「舊學爲體，新學爲用」、「中學爲內學，西學爲外學。中學治身心，西學應世事」等語有關。〔註 22〕據《抱冰堂弟子記》，此即張之洞的自述：

> 自乙未後，外患日亟，而士大夫頑固益深。戊戌春，僉壬伺隙，邪說遂張，張乃著《勸學篇》上下卷以闢之。大抵會通中西，權衡新舊。有人以此書進呈，奉旨頒行天下。秋間，果有巨變。〔註 23〕

在當時而言，《勸學篇》處理「中體西用」，從概念到具體內容都有整合之功。在策略上則主漸進，和康梁變法激進求變不同。於新舊之間大受歡迎。近人俞大綱謂張之洞「是誠巧於爲宦者也。」即從此篇而來。〔註 24〕

二是梁啓超於民國建立後撰著《清代學術概論》，指張之洞最樂道「中體西用」。並從時代背景指陳：

> 甲午喪師，舉國震動；年少氣盛之士，疾首扼腕言「維新變法」，而疆吏若李鴻章、張之洞輩，亦稍稍和之。而其流行語，則有所謂「中學爲體，西學爲用」者；張之洞最樂道之，而舉國以爲至言。〔註 25〕

梁啓超爲晚清最能引領風潮者，其言論一如光緒間「新學家」，倡言「維新變法」，且甚欲求新知於域外。唯倡言變法者於戊戌之後對張之洞樂道「中體西用」，多視其爲肆應危局之論，但求「應變」而已，雖深知必要引進「西學、西藝、西政」，以期「保國、保教、保種」；但這些主張多出於官僚心態，非眞有「變法」之心。梁啓超說：

> 蓋當時之人，絕不承認歐美人除能製造能測量能駕駛能操練之外，更有其他學問，而在譯出西書中求之，亦確無他種學問可見。康有

決不能如日本捨己芸人盡棄其學而學西法。今中國京師創大學堂，自應以中學爲主，西學爲輔，中學爲體，西學爲用。中學有未備者，以西學補之；中學有失傳者，以西學還之。以中學包羅西學，不能以西學凌駕中學，此立學之宗旨也。」此摺現藏北京第一歷史檔案館。收入北京大學、中國第一歷史檔案館編，《京師大學堂檔案選編》（北京：北京大學出版社，2001 年），頁 10。

〔註 22〕 張之洞，《勸學篇》（上海：上海書店出版社，2002 年），〈外篇設學第三〉，頁 41。此版係據光緒二十四年（1898）6 月湖南船山書院刻印本爲底本，重新排印。

〔註 23〕 張之洞，《抱冰堂弟子記》，《張文襄全集》（臺北：文海出版社，1963 年），卷 228，頁 14 a，總頁 4205。

〔註 24〕 俞大綱，《寥音閣詩話》，《俞大綱全集‧詩文詩話卷》，頁 182。

〔註 25〕 梁啓超著，夏曉虹點校，《清代學術概論》（北京：中國人民大學出版社，2004 年 9 月），頁 217。

爲、梁啓超、譚嗣同（1865～1898）輩，即生育於此種「學問飢荒」之環境中，冥思枯索，欲以構成一種「不中不西，即中即西」之新學派，而已爲時代所不容。〔註26〕

梁啓超輩欲成一「不中不西，即中即西」之新學派，當可視爲「中體西用」的變型，且有所超前，惜爲時代所不容；但梁啓超總要給予「中體西用」一個歷史地位，以爲論述的張本。帶有調和色彩和宣傳意味的「中體西用」論，再經庚子拳變，立憲和革命並競，清社旋屋，此說在民國政壇已無用武之地，於思想界亦非主流。王爾敏認爲，後來有人會把「中學爲體，西學爲用」和張之洞再次聯想在一起的，主要是受梁啓超《清代學術概論》一書的影響。〔註27〕

梁啓超《清代學術概論》刊行於 1920 年，此時陳寅恪正負笈美國哈佛大學，似不易及時獲閱；但張之洞與陳家係兩代世交，在陳寅恪心目中，張之洞屬晚清督撫中的清流。在其回憶錄〈寒柳堂記夢未定稿〉中言，祖父陳寶箴在戊戌獲譴前還曾通過榮祿（1836～1903）推荐張之洞入軍機。〔註28〕其舉晚清「中體西用」論，並以張之洞爲主導人物，應非梁啓超一人之見而已。唯史有可言者，應在梁啓超所指出的：「蓋當時之人，絕不承認歐美人除能製造、能測量、能駕駛、能操練之外，更有其他學問；而在譯出西書中求之，亦確無他種學問可見。」梁啓超點出「中體西用」論所以受歡迎的緣由，與其說是認知問題不如說更接近民族感情問題，也是討論「中體西用」所以流行一時所不可忽略的。〔註29〕

就陳寅恪個人而言，由於父祖兩代皆廁身於晚清變法維新的時代變局中，侍親之餘，當飫聞其論。

〔註26〕梁啓超，前引書，頁 217～8。

〔註27〕王爾敏，前引書，頁 43。

〔註28〕陳寅恪，〈寒柳堂記夢未定稿〉，《寒柳堂集》，頁 191～204。案，陳寶箴不止一次推荐張之洞，光緒二十四年八月初 7 日有〈特荐張之洞入都贊助新政各事務致總署請代電奏〉，略謂：「張之洞忠勤識略，其于中外古今利病得失，講求至爲精審。本年春間曾奉旨召令入都，詢商事件，旋因沙市教案，由滬折還，今沙案早結，似宜特旨迅召入都，贊助新政事務，與軍機總理衙門王大臣及北洋大臣遇事熟籌，期自強之實效。」黃彰健，《戊戌變法史研究》（臺北：中研院史語所，1970 年），頁 405。

〔註29〕中體西用大受歡迎的情感結構，係承小友胡又天提供，謹此致謝。

第二節　陳寅恪與「體用論」

陳寅恪在學術論文上提到「體用論」，初見於 1932 年發表的〈禪宗六祖傳法偈之分析〉。舉神秀（？～706）和尚的傳法偈「身是菩提樹，心如明鏡臺。時時勤拂拭，莫使惹塵埃。」和慧能（638～713）的「菩提本無樹，明鏡亦非臺，佛性常清淨，何處有塵埃。……」並論。指「身」、「心」對應「菩提」、「明鏡」者，係一比喻及體用。以菩提樹譬身，明鏡臺譬心。身者、樹者，體也；用者：心也、鏡也。此乃天竺禪學「觀身取譬」，而爲佛藏中所習見者。〔註30〕

不論神秀或慧能傳法偈的「體用論」，應可視爲佛教與道家合流所至。〔註31〕傳法偈之前，華夏佛典中的具體直指體用論者，初見北朝的僧肇：

> 用即寂，寂即用，用寂體一，同出而異名，更無無用之寂而主於用也。〔註32〕

湯用彤指：肇公之學說，一言以蔽之日，即體即用。《物不遷論》依即靜即動談即體即用，《不眞空論》談體，《般若無知論》談體用之關係。〔註33〕

唐大珠慧海有一段對話以「定」與「慧」互爲偶詞：

> 僧問何是定慧等學？師日：定是體，慧是用。定使慧起，慧復歸定。
>
> 如水與波之一體，更無前後。此名定慧等學。〔註34〕

這是中國佛家早期的體用無二論。近人熊十力（1885～1968）談體用論，有「眾漚外無大海水」語，與慧海所言「如水與波之一體，更無前後。」所持觀點亦類似。〔註35〕但「中學爲體，西學爲用」，體用各有本源，即「體」爲中學，「用」爲西學，而且強合「體」與「用」於同一論述中。

兩年後陳寅恪有〈四聲三問〉，在第三答問中，陳寅恪就平上去入四聲與宮商角徵羽五聲間之關係指出：

〔註30〕陳寅恪，〈禪宗六祖傳法偈之分析〉，《二編》，頁 189～90。

〔註31〕湯用彤，《湯用彤全集》，卷 5，頁 188～9。

〔註32〕僧肇，《物不遷論》，《大正藏》，冊 45，頁 154。

〔註33〕湯用彤，《漢魏兩晉南北朝佛教史》，《湯用彤全集》，卷 1，頁 252。

〔註34〕大珠慧海，《頓悟入道要門論》卷下。又馬鳴，梁·眞諦譯《大乘起信論》，有「能示摩訶衍自體、相、用故。」唐·實叉難陀譯本改爲，「能顯示大乘體、相、用故。」此體用之間還有佛家的「相」。

〔註35〕熊十力以海水爲例：「實體是完完全全的變成萬有不齊的大用，即大用流行之外，無有實體。譬如大海水全成爲眾漚，即眾漚外無大海水。」景海峰（1957～）編，《熊十力選集·體用論》，（長春：吉林人民出版社，2005 年），頁 396。

> 宮商角徵羽五聲者，中國傳統之理論也。關於聲之本體，即同光朝
> 士所謂「中學爲體」是也。平上去入四聲者，西域輸入之技術也。
> 關於聲之實用，即同光朝士所謂「西學爲用」也。〔註36〕

在此，陳寅恪以「同光朝士」的「中學爲體」、「西學爲用」並舉。由於「同光朝士」係一集體名詞，此處所指當非張之洞一人而已。在這裡，陳寅恪要處理的是：在吸收並運用外來文化的同時，兼能保有傳統價值，其中最重要的當屬三綱六紀等人倫大防，政治和文化秩序也因此得以穩定。外來文化在陳寅恪筆下的「同光朝士」眼中，僅屬實用層次者。而體用的內涵，以「聲」而論，則「五聲」爲本體，「四聲」爲實用，屬二元並聯，借重實用者多。與同光朝以西學保中學當中的倫理價值、保中學政治秩序和制度於不墜者，皆借重「體用論」以爲論述之資，可謂貌異而心同。

抗戰期間陳寅恪撰《隋唐制度淵源略論稿》，有一段「體用論」的論證：指依隋代三大技術家宇文愷（555～612）、閻毗（546～613）、何稠之家世事蹟推論，俱含有西域胡族血統，而又久爲華夏文化所染習，而彼事業皆藉西域家世之奇技，以文飾中國經典之古制。故謂：

> 皆能依托經典舊文，而實施精作之，則不藉西域之工藝亦不爲功。
> 夫大興、長安都城之規模取法太和洛陽及東魏高齊鄴都南城，猶明
> 堂、車服之制度取法中國之經典也。但其實行營建製造而使成宏麗
> 精巧，則有資於西域藝術之流傳者矣。故謂大興長安城之規模及隋
> 唐大輅、袞冕出於胡制者固非，然謂其絕無繫於西域之工藝者，亦
> 不具通識之言者也。前賢有「中學作體，西學爲用」之說，若取以
> 喻此，其最適合之義歟？〔註37〕

這是陳寅恪直接以「中學爲體，西學爲用」解釋歷史事實且涉及典章制度者。其中「不藉西域之工藝亦不爲功。」及「使成宏麗精巧，則有資於西域藝術之流傳者矣。」是則「西學」功莫大焉，能爲華夏經典所見之古制服務。至謂「前賢有『中學作體，西學爲用』之說，若取以喻此，其最適合之義歟？」無異謂「中學爲體，西學爲用」，古已有之，此說顯有「以古證今」且見成功的寓意。

〔註36〕陳寅恪，〈四聲三問〉，《初編》，頁 380～1。
〔註37〕陳寅恪，《略論稿》，頁 88。

　　等到陳寅恪撰寫〈陶淵明之思想與清談之關係〉，〔註38〕則借「體用論」處理東晉清談自然和名教所受政治的影響，以及由分而合的關係變化，並舉袁宏（328～376）《後漢紀》爲證，在表明當時不僅重名教，且因袁宏處於東晉社會學術風氣當中，既號爲名士，亦當兼明自然。〔註39〕陳寅恪節錄袁宏論李膺（110?～169）、范滂（137～169）等名士互爲標榜之風氣：

> 夫人生合天地之道，感於事動，性之用也，故動用萬方，參差百品，莫不順乎道，本乎性情者。是以爲道者，清淨無爲，少思少欲，沖其心而守之，雖爵以萬乘，養以天下，不榮也。爲德者……爲仁者……爲義者潔軌跡，崇名教，遇其節而明之，雖殺身糜軀猶未悔也。

並據此指出：

> 知彥伯（袁宏）意古今世運治亂遞變，依老子「失道而後德，失德而後仁，失仁而後義」以爲解釋。「本乎性情」即出於自然之意。若「爲義者崇名教，雖殺身糜軀猶未悔也。」意謂爲義者雖以崇名教之故，至於殺身，似與自然之旨不合，但探求其本，則名教實由自然遞變而來，故名教與自然並無衝突，不過就本末先後言之耳。大抵袁氏之所謂本末，兼涵體用之義。〔註40〕

復繼引袁宏《後漢紀》對李膺、范滂死事之評論：

> 夫稱至治者，非貴其無亂，貴萬物得所，而不失其情也。言善教者，非貴其無害也，貴性理不傷，性命咸遂也。古之聖人知其如此，故作爲名教，平章天下，天下既寧，萬物之生全也，保生遂性，久而安之，故名教之益萬物之情大也。

進而評曰：

> 此節彥伯發揮自然與名教相同之旨較爲明顯，文中雖不標出自然二字，但「保生遂性」即主張自然之義，蓋李、范爲名教而殺身，似有妨自然，但名教元（原）爲聖人準則自然而設者，是自然爲本，名教爲末，二者實相爲體用，故可謂之同也。〔註41〕

陳寅恪指不論「本乎性情」或「保生遂性」，都是主張「自然」之意，並以「相

〔註38〕蔣天樞指此文作於桂林。即從 1942 年 7 月到四三年春夏間，在這一階段，作者先從香港逃離，輾轉至桂林，再轉成都燕京大學。《事輯》，頁 132～34。
〔註39〕陳寅恪，〈陶淵明之思想與清談之關係〉，《初編》，頁 211。
〔註40〕陳寅恪，前引文，《初編》，頁 212～3。
〔註41〕陳寅恪，前引文，《初編》，頁 213～4。

為體用」概括袁宏所以視「自然」與「名教」原無不同。依序，則「自然」為本，「名教」為末，前後遞變而有一呼應。「體用論」在此可視為陳寅恪論學的分析工具，從「體」推論到「用」，轉而再推論到「同」。陳寅恪又進而推論：

> 袁氏之意以自然為本或體，名教為末或用，而阮瞻對王公之問
> （案：此即清談「自然」與「名教」同異否最知名的回答「將無同。」〔註42〕）亦當如是解釋，可以無疑矣。

綜觀上述陳寅恪運用「體用論」的例子，大體可歸納為陳寅恪視佛家的體用是取譬而立論，以「器」見「道」，可謂體為「道」，用為「器」的「道器型」的「體用論」。

　　「四聲」和「五聲」的對應，陳寅恪設定一為「本體」，一為「實用」，此「體」與彼「用」原是有區別的，各有不同文化本源。陳寅恪顯然意欲為當時士大夫接受外來文化所持心態即立足於文化本源的論述得一歷史解釋。晚清的「中體西用」論則是陳寅恪引為論述的張本。

　　處理「名教」與「自然」既無不同的論述，陳寅恪描述為「兼涵體用」或「相為體用」，此一描述接近　為「本」，一為「末」的「本末型」的「體用論」，「體」與「用」且可互為替代。這種描述和認識，與偏重「道器型」的「體用論」，即「本質歸本質、功能歸功能」顯有差異者，又有不同，其中還存在著一個隨時間遞變的過程。

　　惟陳寅恪持「體用論」分析東晉時人的論述，所持工具有其客觀性，但未必同意其說，甚至可能鄙棄其人。以「將無同」之「同」為例，陳寅恪即視其在魏晉之際「原有其政治上實際適用之功用。」〔註43〕故謂：

> 大抵清談之興起由於東漢末世黨錮諸名士遭政治暴力之摧壓，一變其指實人物品題，而為抽象玄理之討論，啟自郭林宗，而成於阮嗣宗，皆避禍遠嫌，消極不與其時政治當局合作者也。〔註44〕

〔註42〕這是出於清談「三語掾」即「將無同」的典故。分見於《世說新語·文學》和《晉書·阮瞻傳》。「將無同」的語意，陳寅恪說「將無」乃助詞，「同」即名教與自然同，但認為自來無滿意詳悉之解釋。朱慶之〈「將無」考〉指「將無」原是一個外來語詞，源出梵文的否定副詞「ma」，其基本用法是通過字面的、形式的否定，來表示實際的、委婉的肯定，以及基本傾向於肯定的輕度推測。朱慶之，《二十世紀中國文史考據文錄》（昆明：雲南人民出版社，2001年12月），冊下，頁2027～44。

〔註43〕陳寅恪，前引文，《初編》，頁210。

〔註44〕陳寅恪，前引文，《初編》，頁202。

至於不趨赴司馬氏者，如竹林七賢之嵇康（223～263），標榜老莊和清談，除因與魏宗室有婚姻之好外，〔註45〕加上有「非湯武而薄周孔」的言論，遂遭司馬昭以不仕、不孝為口實所殺害。而「成於阮嗣宗者」，乃阮籍雖仍主自然，但言必玄遠，不評論時事、不臧否人物，以免殺身之禍。再如山濤（205～283）及王戎（234～305）、王衍（256～311）兄弟輩早歲崇尚自然，後忽變節，躋位宰執，陳寅恪即有嚴厲評論：

> 其內慙與否雖非所知，而此等才智之士勢必不能不利用一己有之舊
> 說或發明一種新說以辯護其宗旨反覆出處變易之弱點。若由此說，
> 則其人可兼尊顯之達官與清高之名士於一身，而無所慙忌。既享朝
> 端之富貴，仍存林下之風流，自古名利并收之實例，此其最著者也。

〔註46〕

準此，不論是晚清的「中體西用」或魏晉之際的「將無同」，東晉的「兼涵體用」，佛家的「觀身取譬」，陳寅恪運用「體用論」遍及儒、釋、道三教，而在不同時代又各有不同的變體。惟在陳寅恪眼中，「將無同」根本就是巧宦「門面語」；「兼涵體用」則僅為名士之裝飾品。〔註47〕又，1943 年 7 月，陳寅恪在粵北坪石中山大學文科研究所演講〈清談與清談誤國〉，聽講者張為綱於自然和名教的關係有一簡略的記錄：「故此時清談，一以自然為體，名教為用，自然為本，名教為末。」〔註48〕

基本上，在 1943 年之前，「體用論」是陳寅恪用於分析及解釋歷史現象的工具，一方為觀察者，一方為歷史對象，區隔明顯。偏重以局外人身分觀察歷史上的政治及文化現象，而於士大夫的無行和巧宦則有嚴酷的批判。

第三節　〈論韓愈〉和「天竺為體」

陳寅恪在《元白詩箋證稿》中略謂：

> 自古文人尊古卑今，是古非今之論多矣，實則對外之宣傳，未必合
> 於其衷心之底蘊也。

〔註45〕陳寅恪據《三國志》裴注引《嵇氏譜》，推算嵇康為曹操曾孫女婿。陳寅恪，〈書世說新語文學類鍾會撰四本論始畢條後〉，《初編》，頁 54。

〔註46〕陳寅恪，〈陶淵明之思想與清談之關係〉，《初編》，頁 209～10。

〔註47〕陳寅恪，〈陶淵明之思想與清談之關係〉，《初編》，頁 214。

〔註48〕陳寅恪講、張為綱記，〈清談與清談誤國〉，原載 1949 年 1 月 26 日《星島日報》，轉引自《事輯》，頁 212。

例如：

> 沈休文（沈約，441～513）取當時善聲沙門之說創爲四聲，而其論
> 文則襲用自昔相傳宮商五音之說。韓退之酷喜當時俗講，以古文改
> 寫小説，而自言非三代兩漢之書不敢觀。此乃吾國文學史上二大事，
> 而其運動之成功，實皆以古爲體，以今爲用者。樂天之作新樂府，
> 以詩經古詩爲體裁，而其骨幹則實爲當時民間之歌曲，亦爲其例。
> 韓白二公同屬古文運動之中心人物，其詩文議論外表內在衝突之
> 點，復相類似。〔註49〕

陳寅恪於抗戰後期任教燕京大學時始撰《元白詩箋證稿》，即「甲申（1944
年）客成都」〔註50〕之際，正是抗戰最艱難的時候。陳寅恪舉證從劉宋沈約
以迄唐代韓愈均「以古爲體，以今爲用」，可以說是「中學爲體，西學爲用」
的另一類型：倡言者都在對外宣傳上用了投合時人心理的論調，而內心的想
法、實際的作爲未必如是。在此，論述的重點由批判士大夫的出處進退，轉
爲分析傳統知識分子接觸及吸收外來文化時所採取的態度和應對策略，從而
點出士大夫所以選擇「尊古」或「是古」，姑不論其是否眞有「尊古」之心；
但其內心底蘊或出發點，非由「尊古」而來，實係爲方便引進外來文化。此
所以陳寅恪要說：固難免「外表內在衝突」，不必以其「互相矛盾爲怪也。」
〔註51〕是以不論沈約、韓愈或白樂天都明白彼輩之「尊古卑今」或「是古非
今」，不過是宣傳手段。此時的陳寅恪仍以局外人身分，冷眼指出其間虛實。
且進一步解釋：

> 然則元白諸公之所謂華夷之分，實不過今古之別，但認輸入較早之
> 舶來品，或以外國材料之改裝品，爲眞正之國產土貨耳。〔註52〕

等到陳寅恪撰述〈論韓愈〉，則有大變化。除重複確認韓愈於古文運動的「古
體今用」屬宣傳手段外，陳寅恪個人跳入局中代韓愈現身說法，指〈原道〉
一文是中國文化史中最有關係之文字，不僅下開新儒學的門徑，就在當時即
起了大作用，改造了章句繁瑣之弊。此外，陳寅恪特別指出韓愈在文章中引

〔註49〕陳寅恪，《箋證稿》，頁167。
〔註50〕今本《元白詩箋證稿》無序文。但陳寅恪原擬有自序，未知何以不用。自序
　　　　署「甲申七夕陳寅恪識於成都華西壩廬廬」。筆者藏有此自序影本。
〔註51〕陳寅恪，《箋證稿》，頁167。又作者於同書引白樂天法曲篇注：「法曲雖似失
　　　　雅音，蓋諸夏之聲也。故歷朝行焉。」指「其不合事實眞相，自極明顯。特
　　　　古文運動家尊古卑今，崇雅賤俗，乃其門面語，本不足深論也。」頁164。
〔註52〕陳寅恪，前引書，頁149。

述《大學》誠意、正心、修家、齊家、治國之道的一段話，實爲該文的中心旨意，並加案語，略云：

> 蓋天竺佛教傳入中國時，而吾國文化史已達甚高之程度，故必須改造，以蘄適合吾民族、政治、社會傳統之特性，六朝僧徒「格義」之學，即是此種努力之表現，儒家書中具有系統易被利用者，則爲小戴記之中庸，梁武帝已作嘗試矣。然中庸一篇雖可利用，以溝通儒釋心性抽象之差異，而於政治社會具體上華夏、天竺兩種學說之衝突，尚不能求得一調和貫徹，自成體系之論點。〔註53〕

陳寅恪接著轉入韓愈在這方面的發現：

> 退之首先發見小戴記中大學一篇，闡明其說，抽象之心性與具體之政治社會組織可以融會無礙，即盡量談心說性，兼能濟世安民，雖相反而實相成，天竺爲體，華夏爲用，退之於此以奠定後來宋代新儒學之基礎，退之固是不世出之人傑，若不受新禪宗之影響，恐不克臻此。〔註54〕

然則韓愈之「天竺之體」從何而來？陳寅恪指韓愈的發現分明是從《小戴禮‧大學》一篇而來，至於受新禪宗的影響，陳寅恪並無明確的證據，以故用字相當謹慎，謂「『若』不受新禪宗之影響，『恐』不克臻此。」再者，陳寅恪處理〈論韓愈〉有關道統的一段，有關禪宗的影響，所舉也非直接證據：

> 退之自述其道統傳統淵源固由孟子卒章所啓發，亦從新禪宗所自稱者摹襲得來也。〔註55〕

又說：

> 退之從其兄會謫居韶州，雖年頗幼小，又歷時不甚久，然其所居之處爲新禪宗發祥地，復值此新學說宣傳極盛之時，以退之幼年穎悟，斷不能於此新禪宗學說濃厚之環境氣氛中無所接受感發。

並再次強調：

> 然則退之道統之說表面上雖由孟子卒章之言所啓發，實際上乃因禪宗教外別傳之說所造成，禪學於退之影響亦大矣哉！〔註56〕

〔註53〕陳寅恪，〈論韓愈〉，《初編》，頁322。
〔註54〕陳寅恪，前引文，《初編》，頁322。
〔註55〕陳寅恪，前引文，《初編》，頁320。
〔註56〕陳寅恪，前引文，《初編》，頁321。

從上述引文可以感覺陳寅恪用「斷不能……無所接受感發」的論斷，僅來自「禪宗宣傳極盛」和「退之幼年穎悟」，這只能說是「自由心證」，是陳寅恪的判斷，甚至可以聯想及於此一判斷原是基於陳寅恪的成長經驗和個人「別識」（認同）〔註57〕。但若從陳寅恪以「體用論」形容韓愈的「天竺爲體，華夏爲用」來觀察，似更應看重陳寅恪之所以會認爲韓愈有關心性論的思想係得之於「天竺」者，非僅明白標出「天竺爲體，華夏爲用」而已。

　　早在1919年12月14日，吳宓在其日記中即記錄有陳寅恪關於「論韓愈」的談話：

> 漢晉以還，佛教輸入，而以唐爲盛，唐之文治武功，交通西域，佛教流布，實爲世界文明史上，大可研究者。佛教於性理之學Metaphysics獨有深造。足救中國之缺失，而爲常人所歡迎。惟其中之規律，多不合於中國之風俗習慣。如祀祖、娶妻等。故昌黎等攻闢之。然闢之而另無以濟其乏，則終難過之。於是佛教大盛。

又說：

> 宋儒若程若朱，皆深通佛教者，既喜其義理之高明詳盡，足以救中國之缺失，而又憂其用夷變夏也。乃求得而兩全之法，避其名而居其實，取其珠而還其櫝。採佛理之精粹以之注解四書五經，名爲闡明古學，實則吸收異教。聲言尊孔闢佛，實則佛之義理，已浸漬濡染。與儒教之宗傳，合而爲一。此先儒愛國濟世之苦心，至可尊敬而曲諒之者也。故佛教實有功於中國甚大。〔註58〕

李錦繡即以吳宓筆下的「取珠還櫝」解釋〈論韓愈〉文中的「天竺爲體，華夏爲用」，〔註59〕就新儒家的開創言，韓愈和宋儒的思想背景均有禪宗的影響，但所處的時代畢竟有所不同，再就佛門中人看，韓愈和宋儒「闢佛」即大不同，非可一概而論。〔註60〕從1919年12月對吳宓的談話，到1951年撰

〔註57〕此處所以將「別識」和「認同」並舉，請見第二章注22。

〔註58〕吳宓，《吳宓日記（1917～1924）》（北京：三聯書店，1998年3月），冊Ⅱ，頁102～3。

〔註59〕李錦繡，〈陳寅恪學案〉，楊向奎等著，《百年學案》（瀋陽：遼寧人民出版社，2003年），頁382。

〔註60〕例如紀昀引五臺僧明玉語：「闢佛之說，宋儒深而昌黎淺，宋儒精而昌黎粗。然而披緇之徒畏昌黎而不畏宋儒，銜昌黎而不銜宋儒也；蓋昌黎所闢，檀施供養之佛也，爲愚夫婦言之也；宋儒所闢，明心見性之佛也，爲士大夫言之也。」紀昀，《閱微草堂筆記》，卷18，〈姑妄聽之（四）〉條。

〈論韓愈〉，已歷卅餘年，陳寅恪先以「取珠還櫝」形容宋儒闢佛卻採用佛家義理之學，避其名而居其實；韓愈雖闢佛，卻「無以濟其乏」。三十年後卻另以「體用論」，即「天竺爲體，華夏爲用」形容韓愈取資於佛家心性之學。這在陳寅恪相當重視的「擬人必於其倫」不能不說有一巨大的變化。

沈約持天竺善聲沙門之說而爲四聲；韓愈受佛教文學「俗講」影響以古文寫小說，均採「尊古卑今」說詞，在陳寅恪看來都是策略，無關沈、韓兩人接受外來文化的實際。此乃陳寅恪以局外人的身分觀察歷史，同情也理解沈、韓之說不免有外在和內在之衝突。但陳寅恪撰〈論韓愈〉既已入局代韓愈現身說法，自不宜再運用「尊古卑今」的宣傳策略，而是要能寫出實際情況，寫出韓愈內心的想法，不宜出現矛盾。是以陳寅恪並非反對韓愈的「古爲今用」，而是直指韓愈的思想資源別有淵源，且有所取捨。以「天竺爲體，華夏爲用」來形容韓愈對佛教心性之學的眞實態度和作法，說出陳寅恪看到以及感受到的歷史場景。

在陳寅恪看來，韓愈者，「乃用先秦、兩漢之文體，」「改作當時民間流行之小說，欲藉之一掃僵化不適用於人生之駢體文。作此嘗試而能成功者，故名雖復古，實則通今。」〔註 61〕從字面上看「復古通今」當然無法概括歷史眞相，若要入局看，其實是「以『今』爲體，持『古』爲用」。

由於韓愈的「天竺爲體」僅限於取用其思想資源，天竺之「用」遭韓愈力排之，且要僧侶還俗，人其人，而且要「火其書、廬其居，明先王之道以導之。」〔註 62〕蔣天樞在《編年事輯》中，有一段話在初版中刪去，修訂再版時恢復，即：「韓愈闢佛，所闢者印度出家生活，至其保衛中國文化社會之固有制度，所不闢也。」〔註 63〕是以韓愈闢佛僅闢出家生活，而非闢佛家思想，而且還要取用爲「保衛中國文化社會之固有制度。」蔣天樞的這段話，旨在解釋陳寅恪以「天竺爲體」解釋韓愈取用佛家者僅止於其思維，即精神思想層次的「體」。這是思維方式和資源的替代和充實，謂之思想革命亦無不可。

依前此陳寅恪之於「體用論」的運用，不論其用於批判「巧宦」若阮籍、王衍者流，或就袁宏的史論，指其不過是修飾「三語掾」的門面語；或指沈

〔註 61〕陳寅恪，前引文，《初編》，頁 329～30。

〔註 62〕陳寅恪，前引文，《初編》，頁 322。

〔註 63〕蔣天樞，《事輯》，頁 150。

約、韓愈、白樂天的「尊古卑今」純是宣傳手段；若再加上晚清「光宣朝士」的眼光，韓愈〈原道〉應可適用於「中學爲體，西學爲用」或「華夏爲體，天竺爲用」。至此倒裝爲「天竺爲體，華夏爲用」，不僅是論證和思想上的大變化，而且意味著陳寅恪之於歷史解釋，有了新的心境。一是史家身分的調整，打通了局外和局內之隔。而這又和時代變局大有關聯，寫〈論韓愈〉時，已無必要兼顧「資循誘」，以爲緩衝和宣傳，而是實實在在地呈現實況。換言之，「中體西用」在陳寅恪的認知裡原就帶有「西體中用」的成分。

第四節　體用論與文化本位

　　1934 年，陳寅恪撰〈馮友蘭中國哲學史下冊審查報告〉。近年闡揚陳寅恪史學思想者多據此文以立言，或取此文以爲引證。注意力多集中於其中心旨意，即一方面必要吸收外來文化，但不能或忘本來民族之地位，兩者雖相異，但實具相反相成之作用。而這或應是陳寅恪心目中如何就中國文化本位對待異文化的認知，且係針對馮友蘭《中國哲學史》的第二篇，馮友蘭宣稱中國的舊思想即經學思想，無法再承載西洋新學以至崩潰，並以「舊瓶新酒論」形容「舊瓶」破了。但就陳寅恪的認知觀點，與馮友蘭用來取譬的「酒」和「瓶」恰恰相反。〔註64〕若就「體用論」涵藏的「道器」、「本末」觀念疏理，

──────────

〔註64〕 馮友蘭的「舊瓶新酒論」在《中國哲學史》第二篇第一章〈汎論經學時代〉有兩段論述，一講西洋中古哲學：「其時（指中古）哲學家亦非不常有新見，然即此等新成分與新見，亦皆依傍古代哲學諸系統，以古代哲學所用之術語表出之。語謂舊瓶不能裝新酒，西洋中古哲學，非全無新，不過因其新酒不極多，或不極新之故，故仍以之裝於古代哲學之舊瓶內，而此舊瓶亦能容受之，及乎近世，人之思想全變，新哲學家皆直接觀察眞實，其哲學亦一空依傍，其所用之術語，亦多新造，蓋至近古，新酒甚多又甚新，故舊瓶不能容受，舊瓶破而新瓶代興。」馮友蘭定義的「經學時代」，自董仲舒以下均屬之。由於哲學家之新見即新酒或不極多或不極新，而舊瓶又富於彈性，舊瓶尚能酌量擴充其範圍。但「直至最近，中國無論在何方面，皆尚在中古時代。中國在許多方面，不如西洋，蓋中國歷史缺一近古時代。近所謂東西文化之不同，在許多點上，實即中古文化與近古文化之差異。此亦非由於中國人之格外不長進，實則人之思想行爲之改變，多爲適應環境之需要。已成之思想，若繼續能應環境之需要，人亦自然繼續之；即時有新見，亦自然以之比附於舊系統之上；蓋舊瓶未破，有新酒自當以舊瓶裝之。必至環境大變，舊思想不足以應時勢之需要，應時勢而起新思想既極多極新，舊瓶不能容，於是舊瓶破而新瓶代興。中國與西洋交通後，政治社會經濟學術各方面皆起根本的變化。然西洋學說之初東來，中國人如康有爲之徒，仍以之附會於經學，仍

此為陳寅恪以「體用」觀點論證其思想的濫觴，而有「新瓶舊酒論」。取意由
「西學」來承載「中學」，且非有西學不能保中學。唯「新瓶舊酒」本意為要
推銷舊酒，不能不取一宣傳手法，既可說服守舊者中學仍在瓶內，另以新瓶
之新，吸引趨新者以期一嘗舊酒，並接受之。唯體用之間，在陳寅恪看來既
具相反相成的作用，當有一個互動過程和和必要的時程。依序應先有「西體
中用」的階段才能轉入「中體」為本的「中國文化本位」的階段。是以歷經
「西體中用」以為過渡，也就成了必要。〔註65〕就陳寅恪的觀點，中國文化
所以能成其大者，不論儒家或道教就在於能大力吸收、篩選外來文化，吸收
「西體」並改造之，再轉化為「中體」。

「西體」所以必要改造，拒絕改造則絕難長久。陳寅恪說：

> 釋伽之教義，無父無君，與吾國傳統之學說，存在之制度，無一不
> 相衝突，輸入之後，若久不變易，則絕難保持。是以佛教學說，能
> 於吾國思想史上，發生重大久遠之影響者，皆經國人吸收改造之過
> 程。其忠實輸入不改本來面目者，若玄奘唯識之學，雖震動一時之
> 人心，而卒歸於消沈歇絕。近雖有人焉，欲然其死灰，疑終不能復
> 振，其故匪他，以性質與環境互相方圓鑿枘，勢不得不然也。〔註66〕

陳寅恪繼以道教和新儒家為例指出：

> 六朝以後之道教，包羅至廣，演變至繁，不似儒教之偏重政治社會
> 制度，故思想上尤易融貫吸收。凡新儒家之學說，幾無不有道教，
> 或與道教有關之佛教為之先導。如天台宗者，佛教宗派中道教意義
> 最富之一宗也。其宗徒梁敬之與李習之之關係，實啟新儒家開創之
> 動機。北宋智圓提倡中庸，……其年代猶在司馬君實作中庸廣義之
> 前，似亦於宋代為新儒家之先覺。……舉此一例，已足見新儒家產
> 生之問題，猶有未發之覆在也。〔註67〕

此未發之覆，即後來之〈韓愈論〉中的「西體中用」論。陳寅恪復又指出：

欲以舊瓶裝此絕新之酒，然舊瓶範圍之擴張，已達極點，新酒又至多至新，
故終為所撐破。」馮友蘭，《中國哲學史》，頁492～6。
〔註65〕馮友蘭對陳寅恪以「新瓶舊酒」回應「新酒舊瓶」當然不可能沒有「理解」，
唯未見馮友蘭有所回應。且馮友蘭應有機會看到《歷史研究》刊出的「論韓
愈」文，對陳寅恪的「天竺為體，華夏為用」，或許更有新的「理解」。由於
此非本文目的，僅略誌數語。
〔註66〕陳寅恪，〈馮友蘭中國哲學史下冊審查報告〉，《二編》，頁283～4。
〔註67〕陳寅恪，前引文，《二編》，頁284。

　　至道教對輸入之思想，如佛教摩尼教等，無不盡量吸收，然仍不忘
　　其本來民族之地位，既融成一家之說以後，則堅持夷夏之論，以排
　　斥外來之教義，此種思想上之態度，自六朝時亦已如此。雖似相反，
　　而實足以相成。

更重要的是下面一段：

　　竊疑中國自今日以後，即使能忠實輸入北美或東歐之思想，其結局
　　當亦等玄奘唯識之學，在吾國思想上，既不能居最高之地位，且亦
　　終歸於歇絕者，其真能於思想上自成系統，有所創獲者，必須一方
　　面吸收輸入外來之學說，一方面不忘本來民族之地位。此二種相反
　　相成之態度，乃道教之真精神，新儒家之舊途徑，而二千年吾民族
　　與他民族思想接觸史之所昭示者也。

當然，「西體中用」是陳寅恪的判斷，但就其論證過程看，「西體中用」乃
一必要的過渡，此即上引「雖似相反，實足以相成」，「既融成一家之說以
後，則堅持夷夏之論」的由來，先要有一個全面且大力吸收及改造的過程，
「必須吸收輸入外來之學說」，有一個思想革命。而此又非持一開放的心態
才能成其大。閉關鎖國，或從心態上拒絕外來文化，即沒有「西體」此一
命題可言，沒有外來思想可為補充和挹注。總之，「中體西用」在陳寅恪看
來，偏於「資循誘」，是一種「宣傳手段」；而「西體中用」則是過渡階段
文化體質的改良，且須盡量吸收，否則無法把「中西之間」，融成一家之說。
而這正是陳寅恪所期待的「雖似相反，而實足以相成。」進一步言，此「相
反」者，一時之間可能違逆民族情緒也。「相成」者，成就其所不忘之民族
地位之謂也。

　　再就陳寅恪的「新瓶舊酒論」觀察：

　　寅恪平生為不古不今之學，思想囿於咸豐同治之世，議論近乎湘鄉
　　南皮之間，……殆所謂「以新瓶而裝舊酒」者。誠知舊酒味酸，而
　　人莫肯酤，姑注於新瓶之底，以求一嘗，可乎？〔註68〕

此一「新瓶舊酒論」，正是「體用論」的另一變型。既是「中體（舊酒，為內為
本）西（新瓶，為外為末）用」，以求一嘗當可視為「資循誘」，以中學仍在，
從而宣導之；至於「西體中用」所以成立者，則可視為「道問學」，因西學乃必
要吸收者。就陳寅恪而言，從平生為學、運思到發為議論，皆有其一貫之道，

_____

〔註68〕陳寅恪，前引文，《二編》，頁285。

亦可視爲相反相成體用論的運用。〔註69〕從 1934 年的「新瓶舊酒論」轉入 1950、51 年的時態,「影底河山初換世」,〔註70〕陳寅恪此時的心情正如其詩:

> 迂叟當年感慨深,貞元醉漢託微吟。
>
> 而今舉國皆沈醉,何處千秋翰墨林。

陳寅恪詩題常如同詩序,上引詩的詩題爲:

> 廣雅堂詩集有詠海王村句云「曾聞醉漢稱祥瑞,何況千秋翰墨林。」
>
> 昨聞客言琉璃廠書肆業者悉改業新書矣!〔註71〕

舊書店改賣新書,當指出傳統文化不敵,而「虛經腐史」〔註72〕馬列社會主義及其意識形態當道矣。「西體中用」中的「西體」之於「中用」,特別是強加意識形態於所有學術研究,而無其他選擇,更遑論傳統中學有無出路。持〈論韓愈〉文並觀,陳寅恪也只有感慨系之。

第五節 從〈闢韓〉至〈論韓愈〉

從 1894 年甲午至次年乙未,中國連番受挫日本,洋務運動證明徹底失敗。出身海軍且時任北洋水師學堂總教習的嚴復,目擊北洋海軍一敗塗地,震撼尤深。嚴復爲此從 1895 年初起,連續在天津《直報》發表〈論世變之亟〉、〈原強〉、〈救亡決論〉等時論文章,倡言富強、自由、群學等概念,而〈闢韓〉一文,則借韓愈這篇文章〈原道〉立論,「恨其於道、於治淺也,知有一人,而不知君臣之倫出於不得已、不知有億兆也。」直指「秦以來之爲君,正所謂大盜竊國者耳。國誰竊,轉相竊之於民而已。」從而引介西方政治觀念:「是故西洋之言治者,曰:國者斯民之公產也。王侯將相者,通國之公僕隸也。」〔註73〕論議激進,或爲當時清廷官員所僅見。〈闢韓〉一文在近現代思想史上

〔註69〕 德國漢學學者施耐德處理陳寅恪對外來文化的態度時,即曾主張可用「體用」的模式來說明陳寅恪的思想。見氏著,《眞理與歷史》,頁 123,注 1。

〔註70〕 陳寅恪,〈庚寅廣州中秋作〉,《詩集》,頁 74。

〔註71〕 詩及詩題均作於 1951 年。《詩集》,頁 81。

〔註72〕 「虛經腐史」典出陳寅恪〈經史〉詩。全詩:「虛經腐史意何如,谿刻陰森慘不舒。競作(或作「見說」)魯論開卷語,說瓜千古笑秦儒。」見《詩集》,頁 86。余英時解「虛經」爲列禦寇沖虛眞人,「腐史」爲司馬遷。合之爲「馬列」。見《陳寅恪晚年詩文釋證》,頁 289～90;367。又,胡文輝對「虛經腐史」的古典、今典及全詩有更詳盡的解釋。胡文輝,〈陳寅恪詩箋釋二題〉,《古今論衡》,期 8,頁 118～24。

〔註73〕 《嚴復集・第一冊詩文卷上》,頁 35～6;王慶成、葉文心、林載爵編,《嚴復

固不若嚴復引進「天演論」，造成全面影響；但於當時士大夫的閱讀印象，當屬驚世駭俗。在觀念上，其於政治體制，動搖帝制不可能沒有影響。梁啓超在上海主持《時務報》，1897 年 4 月轉載〈闢韓〉，譚嗣同評曰：「好極！好極！」並致書汪康年打探署名「觀我生室主人」者，是否就是嚴又陵。〔註 74〕湖廣總督張之洞則是另一個極端，將之視爲「洪水猛獸」，且親自撰文駁斥，以屠守仁名義刊於《時務報》第卅冊，嚴復因此「幾罹不測」。〔註 75〕嚴復不但「闢韓」，而且反對以「中體西用」對待中西文化。庚子拳亂後廣設學堂之議和「中體西用」之說大興，嚴復爲此撰文反對，強調教育當務之急在西學，兼論「中體西用」的不通。在〈與《外交報》主人論教育書〉中曰：「夫中國之議學堂久矣，雖所論人殊，而總其大經，則不外『中學爲體、西學爲用』也。」繼引金匱裘可桴之言曰：

> 體用者，即一物而言之也。有牛之體，則有負重之用；有馬之體，則有致遠之用。未聞以牛爲體，以馬爲用者也。中西學之爲異也，如其種人之面目然，不可強謂似也。故中學有中學之體用，西學有西學之體用，分之則並立，合之則兩亡。議者必欲合之而以爲一物，且一體而一用之，斯其文義違舛，固已明之不可言矣，烏望言之而可行乎！〔註 76〕

嚴復不反對「體用論」，且言「自由爲體，民主爲用」；但認爲僅止於「一『體』適用」，民主自由若移至中土，則「民智既不足以舉之，而民力民德又弗足以舉其事。」〔註 77〕牛馬不同體，用亦不同，中體西用不通，西體中用也不通，但不妨害中國向西方學習。依嚴復的思維，並不存在「西體中用」或「中體西用」的命題。〔註 78〕而著重在西學之輸入要講究方法，不宜在語文上設限。

編年文集》（臺北：韋公亮文教基金會，1998 年），頁 74；又，周振甫選注，《嚴復選集》（北京：人民文學出版社，2004 年），頁 89～93。
〔註 74〕蔡尚思等編，《譚嗣同全集》（北京：中華書局，1981 年），頁 349。
〔註 75〕孫應祥，《嚴復年譜》（福州：福建人民出版社，2003 年），頁 89～90。又，皮后鋒，《嚴復大傳》（福州：福建人民出版社，2003 年），頁 122。
〔註 76〕嚴復，〈與《外交報主人》論教育書〉，《嚴復集·第三冊書信》，頁 558～9。又，《嚴復選集》，頁 145～6。
〔註 77〕嚴復，〈原強〉，《嚴復集·詩文卷上》，頁 11～5。
〔註 78〕賀麟（1902～1992）曾就體用爭論在哲學上的紛歧，於四〇年代撰文指出兩原則：一、體用不可分離，體用必然合一，凡用必包含其體，凡體必包含其用。二、體用不可顛倒，體是本質，用是表現。體是規範，用是材料，不能以用爲體，不能以體爲用。可以用於解釋嚴復此時的「體用論」。賀麟，《文

曰：「總而論之，今日國家詔設學堂，乃以求其所本無，非以急其所舊有。中國所本無者，西學也，則西學爲當務之急明矣。且既治西學，自必用西文西語而後得其眞。」〔註79〕

　　從甲午至庚子前後近十年之間，嚴復和康梁等維新人士走得比較近，立場相對開放和激進；但就清濁分，嚴復獲庇於榮祿、王文韶（1830～1908）、裕祿（1844？～1900），和袁世凱（1859～1916）有交往，可歸濁流；號稱清流的開明官僚如張之洞輩，反視嚴復爲危險分子，反映出晚清政治光譜的複雜詭譎。

　　陳寅恪自言：「寅恪以家世之故，稍稍得識數十年間興廢盛衰之關鍵。」且「父執姻親多爲當時勝流。」嚴復或非陳寅恪當年「得接其丰采，聆其言論，默而識之」〔註80〕者，但嚴復當年和其父兄陳三立及陳衡恪頗見來往，〔註81〕嚴復發表〈闢韓〉文時即已結交的契友如夏曾佑，陳寅恪至老仍能憶其音容言論及學說，〔註82〕嚴復既屬當日傾動天下之勝流，同爲戊戌獲譴人士，其言行學說當爲陳寅恪所熟知，而陳寅恪以留日公費學生插班復旦公學，時任復旦監督者正是嚴復。〔註83〕陳寅恪以清流、濁流區隔晚清士大夫，

　　化與人生》，《民國叢書》第二編（上海：上海書店，1989 年，據 1947 年版影印），頁 43～4。

〔註79〕　《嚴復集・書信》，頁 562。又，《嚴復選集》，頁 151。

〔註80〕　本段以上引文均見〈寒柳堂記夢未定稿〉，《寒柳堂集》，頁 187～8。

〔註81〕　陳三立和嚴復甚有交往，爲嚴復譯著《群己權界論》、《社會通詮》贈詩寄意。嚴復游英、過六十歲生日也都有贈詩，1913 癸丑年復有〈答嚴幾道京師見寄〉，1921 辛酉年，嚴復過世則有輓詩。見《散原精舍詩文集》（上海：上海古籍出版社，2003 年），頁 83、113、138、340、372、616～7。1903 年 1 月，嚴復致熊季廉（名元鍔）書有：「義寧公子，復夙所欽遲，而緣慳一面。其節操眞足令人敬嘆。囊（曩）小兒璩過秣陵，極蒙青眼，家書一再道之，愧負深知，無以仰答也。」1904 年 10 月再致書熊元鍔說：「頗思載遊白下，一訪伯嚴。此今日元遺山不可不晤也。」孫應祥，《嚴復年譜》，頁 195；230。據 1906 年 7 月 16 日鄭孝胥日記：「嚴又陵、陳伯嚴、趙仲宣來。夜赴陳伯嚴之約於迎春二秦美雲家，座惟又陵、仲宣及漢陽萬欣陶。」轉引自孫應祥，前引書，頁 279。

〔註82〕　俞大維，〈我的自述──「超以象外，得其環中」〉，李元平，《俞大維傳》，頁 9～10。陳寅恪曾在課堂上說：「今日坊間教科書，以夏曾佑《中學歷史教科書》爲最好，作者以公羊今文家的眼光評論歷史有獨特見解。」卞孝萱，〈懷念陳寅恪先生〉（未刊稿），轉引自蔣天樞，《事輯》，頁 94。陳家祖孫三代對公羊今文學家論政如康有爲，頗有保留。此事可參見陳寅恪，〈讀吳其昌撰梁啓超傳書後〉，《寒柳堂集》，頁 167。但於夏曾佑論學則頗有肯定。

〔註83〕　蔣天樞於《事輯》光緒十八年條，陳寅恪插班考入上海吳淞復旦公學，僅指校長爲李登輝（1873～1947），漏載監督爲嚴復。

嚴復在陳寅恪心目中或可能涇渭夾雜,時清時濁。但嚴復壯年時反韓愈〈原道〉兼反「中體西用」論,此兩者,則顯非撰〈論韓愈〉文時年逾花甲的陳寅恪在心境上所能首肯;〔註84〕但可以相信陳寅恪的學養,對嚴復應有理解的同情,嚴復晚年也不致引以爲忤。〔註85〕從〈闢韓〉到〈論韓愈〉,一讞韓愈〈原道〉助長君王專制;一取韓愈〈原道〉對華夏文化的維護,而有「西體中用」論。陳寅恪和嚴復所見不同,正如兩人登廬山,大有「橫看成嶺側成峰」的況味,然亦存在時代推移的痕跡。陳寅恪六十二歲時撰〈論韓愈〉,當有感於嚴復壯年時撰述〈闢韓〉的時代背景,及此下的時會轉移。在嚴復爲挽中國之危機提出建言,既有其個人仕途上的不得意,更有其學術上特別是來自西方政治思想的不得已。〔註86〕在陳寅恪則爲中共政權初立,以史家身分表述唐代開國以及文化發展的歷史經驗,期待新政權能用韓愈之心對待華夏文化及此一文化所承載的價值。

第六節　〈論韓愈〉的現實背景

　　據蔣天樞《陳寅恪先生論著編年目錄》,陳寅恪於 1951 年春,完成〈論唐高祖稱臣突厥事〉論文。秋天,完成〈論隋末唐初所謂「山東豪傑」〉。冬天,完成〈論韓愈〉。〔註87〕這一年何以會緊接著完成此「三論」唐史的文章,

〔註84〕陳寅恪 1945 年自陳:「余少喜臨川新法之新,老同涑水迂叟之迂。」論學、論治隨年齡增長,在性情和態度上都有調整。陳寅恪,前引文,《寒柳堂集》,頁 168。

〔註85〕嚴復四十三歲時撰〈闢韓〉,言論激進,戊戌後以至晚年轉趨保守。1912 年,六十歲的嚴復獲派任京師大學堂總監督,即計畫將大學堂的經、文兩科合爲國學科一門。其理由是:「將大學經文兩科合併爲一,以爲完全講治舊學之區,用以保持吾國四五千載聖聖相傳之綱紀彝倫道德文章於不墜,……故今立斯科,竊欲盡從吾舊,而勿雜以新;且必爲其眞,而勿循其僞。……以往持此說告人,其不瞠然於吾言者,獨義寧陳伯子(三立,字伯嚴),故監督此科者,必得伯子而後勝其職。」《嚴復集》,冊3,頁 604～05。嚴復此議未果行,唯由此可知,嚴復和陳寅恪父親陳三立在舊學改革上意見相近。陳寅恪的〈論韓愈〉在感情上不過是爲父執輩揚棄舊時從新之說,類似陳寅恪本人「少喜臨川新法之新,老同涑水迂叟之迂。」

〔註86〕嚴復於 1885 年首應福建鄉試落試,其間兩應順天鄉試落第,1893 年應福建鄉試又落第。又,1895 年初致其弟嚴觀瀾信中有:「北洋當差,味同嚼臘。近想舍北就南,冀或乘時建樹耳。」緊接著就在《直報》上接連發表文章。《嚴復集》,冊3,頁 731。

〔註87〕《事輯》,頁 201。案,馬幼垣指蔣天樞《事輯》於陳寅恪論文編目「漏誤摭

頗耐尋味。且陳寅恪稱史論文章有助於考史，早在 1930 年評論馮友蘭《中國哲學史》上冊時即曾言：

> 史論者，治史者皆認為無關史學，而且有害者也。〔註88〕然史論之作者，或有意，或無意，其發為言論之時，即已印入作者及其時代之環境背景，實無異於今日新聞紙之社論時評。若善用，皆有助於考史。〔註89〕

陳寅恪還列舉宋、明史論諸大家的史論文章說，都是當時政論：

> 故蘇子瞻之史論，北宋之政論也。胡致堂之史論，南宋之政論也。
> 王船山之史論，明末之政論也。今日取諸人論史之文，與舊史互證，
> 當日政治社會情勢，益可藉此增加瞭解。〔註90〕

準此，陳寅恪此時撰就的「三論」文章，當可視同對當時政治社會情勢之評論。〔註91〕「唐史三論」前兩論均刊於《嶺南學報》，〈論韓愈〉則要等到 1954 年才見《歷史研究》刊出。不論此「三論」對中共高層有無實質影響，但應可藉以窺見時代情勢以及陳寅恪本人之懷抱。

　　1949 年 10 月 1 日中共建政，14 日解放軍進入廣州。此前 6 月 30 日毛澤東〈人民民主專政〉一文定稿，決定了對蘇聯的「一邊倒」外交政策，〔註92〕50 年 1 月下旬，簽訂《中蘇友好互助同盟條約》，屈辱條件和 1945 年的《中蘇友好同盟條約》幾乎沒有二致。〔註93〕緊接著於 6 月 25 日爆發朝鮮戰爭。

　　　　拾皆是。」但未指其編年文有誤者。馬幼垣，〈陳寅恪已刊學術論文全目初稿〉，《陳寅恪與二十世紀中國學術》，頁 590～642。

〔註88〕像重視史料的傅斯年即宣稱：「我們反對疏通，我們只是要把材料整理好，則事實自然顯明了。」「我們證而不疏，……材料之內使他發現無遺，材料之外我們一點也不越過去說。」〈歷史語言研究所工作之旨趣〉，《中央研究院歷史語言研究所集刊》，本 1 分 1，頁 8。又，《傅斯年全集》，卷 3，頁 9～10。

〔註89〕陳寅恪，〈馮友蘭中國哲學史上冊審查報告〉，《二編》，頁 280～1。

〔註90〕陳寅恪，〈前引文〉，《二編》，頁 281。

〔註91〕任繼愈（1916～2009）即稱：「陳先生說：『……蘇子瞻之史論，北宋之政論也；胡致堂之史論，南宋之政論也，王船山之史論，明末之政論也。』我們可以按陳先生的論點補一句：『陳寅恪之史論，近代中國之史論也。』揆諸中國國情，中國的史論與政論本不可分。史觀指導政論，政論又體現史觀。司馬光以來，此傳統一貫相承，未曾終絕。」任繼愈，〈陳寅恪先生史學述略稿序〉，王永興，《陳寅恪先生史學述略稿》，序頁 2。

〔註92〕毛澤東，《毛澤東選集》（北京：人民出版社，1991 年），卷 4，頁 1477～8。

〔註93〕據指此一條約內容基本上和 1945 年由國民政府外交部長王世杰（1891～1981）簽訂的《中蘇友好同盟條約》「沒有二致」。凡是國民政府不得不接受的屈辱

這一仗前後打了兩年九個月，簽訂停戰協議已是 1953 年 7 月。這是藏身嶺南大學校園的陳寅恪，從校園內部及生活周遭就可以了解、感受到的歷史大變局，加上「抗美援朝」的全面動員和宣傳，陳寅恪在心境上不可能置身事外，更不可能不牽動史家思維，不僅是大學院系調整而已。再就陳寅恪的生平而言，這也是一個大變動。1945 年對日抗戰勝利前夕，陳寅恪撰〈讀吳其昌撰梁啓超傳書後〉末段論晚清以來世局演變和個人觀察曰：

> 自戊戌政變後十餘年，而中國始開國會，其紛亂妄謬，為天下指笑，
> 新會（梁啓超）所嘗目睹，亦助當政者發令而解散之矣，自新會歿，
> 又十餘年，中日戰起。九縣三精，飆回霧塞，而所謂民主政治之論，
> 復甚囂塵上。余少喜臨川新法之新，而老同涑水迂叟之迂。蓋驗以
> 人心之厚薄，民生之榮悴，則知五十年來，如車輪之逆轉，似有合
> 於所謂退化論之說者。是以論學論治，迥異時流，而迫於時勢，噤
> 不得發。〔註94〕

這是一段既精簡又很沈痛的當代史論，特別是「迫於時勢，噤不得發」一語，道盡陳寅恪心裡的鬱悶，而有「此時悲往事，思來者，其憂傷苦痛，不僅如陸務觀所云，以元佑黨家話貞元朝士之感已也。」〔註95〕六年後出現新局，連推「唐史三論」，當然是有為而言。此或陳寅恪自言：「嘗讀元明舊史，見劉藏春（即劉秉忠，1216～1274）姚逃虛（姚廣孝，1335～1418）皆以世外閒身而與人家國事。況先生少為儒家之學……。」〔註96〕

對照〈論唐高祖稱臣〉和毛澤東的「一邊倒」，以及《中蘇友好互助同盟條約》的簽約背景，和領受突厥所賜的「狼頭纛」並無不同。余英時即指陳寅恪對中共是有期待的，期望毛澤東能效法李世民，從稱臣突厥轉而為天可汗。許冠三也有類似的看法，並認為這是陳寅恪的「影射史學」。〔註97〕

條件，毛澤東儘管私底下痛詆「喪權辱國」，也不得不繼續接受。陳永發，《中國共產黨七十年‧上》（臺北：聯經出版公司，2001 年，2 版），頁 548～51。

〔註94〕陳寅恪，〈讀吳其昌撰梁啓超傳書後〉，《寒柳堂集》，頁 168。

〔註95〕陳寅恪，前引文，《寒柳堂集》，頁 168。

〔註96〕陳寅恪，前引文，《寒柳堂集》，頁 166。

〔註97〕余英時，〈陳寅恪的學術精神和晚年心境〉，《詩文釋證》，頁 25～6。許冠三，《新史學九十年》（臺北：唐山出版社，1996 年），冊上，頁 258～9。案，「影射史學」原係用來描述文化大革命後期在當權派「四人幫（江青、張春橋、姚文元、王洪文）」直接影響下所出版的「歷史」著作的特徵，即「藉古諷今，影射比附，弄虛作假，斷章取義」。余英時認為「影射史學」深深地植根於中

　　然而，陳寅恪從來是「拒絕」共產主義的，且與俄國人相關。石泉（原名劉适）回憶四十年代後期在北京時：「陳師有一次談到共產主義和共產黨時說：『其實我並不怕共產主義，也不怕共產黨，我只是怕俄國人。……我去過世界許多國。歐美、日本都去過，唯獨未去過俄國，只在歐美見過流亡的俄國人，還從書上看到不少描述俄國沙皇警探的，他們很厲害，很殘暴，我覺得很可怕。』〔註98〕1948 年陳寅恪離開北京前夕，亦曾對浦江清表示「不贊成俄國式共產主義。」〔註99〕這實際上意味著他也不贊成中共式的共產主義，因為中共在根源上是蘇共的直系分支。〔註100〕陳寅恪的學生金應熙 1958 年批判陳寅恪時云：「陳先生既然把社會主義思想錯誤地看成東歐的思想，他就在暗中憂慮馬克思主義在中國的廣泛傳播會『用夷變夏』，引致中國文化（實則是中國封建文化）的滅亡。所以他在解放後寄北京友人的詩中說：『名園北監仍多士，老父東城剩獨憂！』這種思想，也就是陳先生在解放以來所以對馬克思主義採取深閉固拒態度的思想基礎。我們不能不指出，這種思想在今天，是比較張之洞寫《勸學篇》的時候更為反動的。」〔註101〕這一反面的批判也有助於對當時陳寅恪心境的理解。其於「唐史三論」心情更複雜，在矛盾、否定和痛苦中期待新政權能有新格局。

　　固然 1951 年陳寅恪開了一門「唐史研究」，難謂此非教學相長的成果；〔註102〕不過，對照史實，中蘇在 1950 年元月下旬簽訂的友好互助同盟，以及在蘇聯壓力下發起「抗美援朝」運動，其所反映的，不僅僅是中共政權向蘇聯一邊倒，〔註103〕而且此一歷史變局還可上溯至抗戰末期，美英蘇為收拾

國政治現實和理論中，中共內鬥激化，致使歷史成為政治的武器。詳見余英時著、李彤譯，《十字路口的中國史學》（上海：上海古籍出版社，2004 年），頁 1〜12。

〔註98〕石泉、李涵，〈追憶先師寅恪先生〉，《紀念陳寅恪教授國際學術討論會文集》，頁 62。
〔註99〕浦江清，《清華園日記‧西行日記（增補本）》，頁 246。
〔註100〕陳寅恪有詩「海國粧新效淺嚬」，即指中共係從蘇聯移植過來的。
〔註101〕金應熙，〈批判陳寅恪先生的唯心主義和形而上學的史學方法〉，《理論與實踐》，1958 年期 10，頁 10〜4。
〔註102〕陳寅恪女兒陳流求、陳美延共同具名的〈「唐史講義」「備課筆記」整理後記〉有一段話可資佐證：「觀察母親筆錄之父親授課大綱，許多專題其細目編排書寫已初具成文形式，由此推測父親在備課時即構思論文雛形，欲授課後整理成文刊行。如論唐高祖稱臣於突厥事、……論韓愈等皆是。」《雜稿》，頁 498。
〔註103〕毛澤東於 1949 年 6 月發表〈論人民民主專政〉：「中國人找到馬克思主義，是

二戰後局面向蘇聯承諾的《雅爾達密約》，當時陳寅恪即有詩作表達個人的失望和無奈。〔註104〕爾後中共既在國共內戰中勝出，陳寅恪也唯有將希望轉向中共領導人，此後不要再看到「藁街翻是最高樓」、「收枰一著奈君何」〔註105〕的局面。

〈論唐高祖稱臣於突厥事〉文起首即說：

> 吾民族武功之盛，莫過於漢唐。然漢高祖困於平城，唐高祖亦嘗稱臣於突厥，漢世非此篇所論，獨唐高祖起兵太原時，實稱臣於突厥，而太宗又爲此事謀主，後來史臣頗諱飾之，以至此事之始末不明顯於後世。

> 夫唐高祖太宗迫於當時情勢不得已而出此，僅逾十二三年，竟滅突厥而臣之，大恥已雪，奇功遂成，又何諱飾之必要乎？茲略取舊記之關於此事者，疏通證明之，考興亡之陳跡，求學術之新知，特爲拈出此一公案，願與當世好學深思讀史之有心人共參究之也。〔註106〕

陳寅恪「願與當世好學深思讀史之有心人共參究之也。」這已說明陳本人「有意」願與「有心人」參究。意有所指幾乎已呼之欲出，甚至不排除就是要中共高層「毛劉」〔註107〕見前賢而思齊，「僅逾十二三年，竟滅突厥而臣之。」

經過俄國人介紹的。在 10 月革命以前，中國人不但不知道列寧、史達林，也不知道馬克思、恩格斯。10 月革命一聲炮響，給我們送來了馬克思列寧主義。……走俄國人的路——這就是結論。……必須一邊倒。」毛澤東，前引書，卷 4，頁 1477～8。

〔註104〕陳寅恪對雅爾達密約的詩作在當時即有〈乙酉七 7 日聽人說水滸新傳適有客述近事感賦〉，云：「誰締宣和海上盟，燕雲得失涕縱橫。」相關詩篇接著有〈玄菟〉、〈余昔寓北平清華園嘗取唐代突厥回紇上蕃石刻補正史事今聞時議感賦一詩〉、〈漫成〉、〈乙酉 8 月二 17 日閱報作〉，相關國共之爭的詩作有〈報載某至重慶距西安事變將十年矣〉、〈成都秋雨〉等。以上皆 1945 年夏秋間所作。《詩集》，頁 46～51。

〔註105〕「藁街翻是最高樓」出自陳寅恪 1951 年〈改舊句寄北〉詩，此句係從 1947年春「藁街長是最高樓」詩句演化而來。藁街原指漢代長安蠻夷邸的所在，陳寅恪以此代指美軍，至此改指蘇聯。《詩集》，頁 59：85。又「收枰一著奈君何」句，出自陳寅恪於 1945 年聽聞雅爾達密約出賣外蒙與東北利權事，中國方面除了接受別無選擇，而有感賦。《詩集》，頁 48。

〔註106〕陳寅恪，〈論唐高祖稱臣於突厥事〉，《嶺南學報》，卷 11 期 2（1951 年），頁1。又，《寒柳堂集》，頁 108。

〔註107〕陳寅恪口述、汪籛記錄，〈對科學院的答覆〉中有「請毛公或劉公給一允許證明，以作擋箭牌。」語。陸鍵東，《陳寅恪的最後二十年》（北京：三聯書店，1995 年），頁 112。又，《雜稿》，頁 463～5。

在文章結語中，陳寅恪說：

> 嗚呼！古今唯一之「天可汗」豈意其初亦嘗效劉武周輩之所爲耶？
> 初雖效之，終能反之，是固不世出之人傑之所爲也。又何足病哉！
> 又何足病哉！〔註108〕

此處「初雖效之，終能反之。」效者指唐太祖、太宗父子曾效劉武周輩向突厥稱臣，是以才連番感觸「又何足病哉！」單就兩份中蘇友好條約論，不能不說中共繼國民政府向蘇聯「稱臣」，固「初『已』效之」，但下一步怎麼走？能否「終能反之」？在當時，這確是一個絕大的考驗。

「唐史三論」的第二論是〈論隋末唐初所謂「山東豪傑」〉，其中有一重點旨在闡明唐太宗對待中央軍之外的旁系軍人「山東豪傑」，不但平天下需要有魏徵其人爲之聯繫，天下既定，也要有魏徵者維持局面。自晚清以來，兵爲將有之局逐漸坐大，自北洋軍系以迄黃埔兩大軍系，加上解放軍內部不同系統的軍頭，都會是天下既定後的隱憂、隱患，對各軍系以及調動部署和人事安排，非僅必要有一「魏徵」擔任此職。

在〈論韓愈〉文中，陳寅恪以「不世出人傑」推崇韓愈，而古今唯一之「天可汗」唐太宗在陳寅恪〈論唐高祖稱臣〉文中，也是「不世出人傑」，一文一武，「唐史三論」出了兩位「不世出人傑」，可謂前後輝映，然而中共能不能再出一兩位「不世出人傑」，這當然是一個期待。陳寅恪所以將李世民和韓愈兩人等量齊觀者，且都放在同一年的「唐史三論」當中，從選題到撰述，不能不說必有內在關連者在，且同受陳寅恪個人的內在理路或心靈深處所思所想所導引。在中共向蘇共一邊倒當中，馬列主義意識形態也隨之成爲社會主義中國的主流思維，在全面「宗朱頌聖」〔註109〕的當下，撰論〈論韓愈〉當有所寄意已經相當分明，即希望中共不但能擺脫蘇聯附庸的地位，更要能從文化和意識形態上自樹新義〔註110〕。其以韓愈爲例，就在韓愈雖受新禪宗的影響，但能揚棄佛家禪理，證實韓愈確是「不世出之人傑」。

再者，陳寅恪在〈論韓愈〉文第一段交代文章體例說：

> 今出新意，仿僧徒詮釋佛經之體，分爲六門，以證明昌黎在唐代文

〔註108〕《嶺南學報》，卷11期2，頁9；又，《寒柳堂集》，頁120～1。

〔註109〕陳寅恪，《詩集》，頁78。

〔註110〕案：余英時認爲陳寅恪以〈論韓愈〉一文作爲「中國文化宣言」，只要中共接受其中的六項綱領，他是願意與之合作的。並補充說：「民族文化的『大防』守住了，其他一切都可以商量。」余英時，前引書，頁119。

化史上之特殊地位。〔註111〕

何謂「新意」？體例上的「新意」既明，「仿僧徒詮釋佛經之體」固屬「西體」
而「陳用」，當更宜有一論述上的「新意」。或如陳寅恪於 1934 年所言：「新
儒家產生之問題，猶有未發之覆在也。」〔註112〕此時提出「天竺爲體，華夏
爲用」自具「石破天驚」之「新意」，或可備供一解。其後陳寅恪撰《柳如是
別傳》，談到錢牧齋箋注杜甫詩曰：「細繹牧齋所作之長箋，皆借李唐時事，
以暗指明代時事，並極其用心抒寫己身在明末政治蛻變中所處之環境。實爲
古典今典同用之妙文。」〔註113〕但牧齋所作箋注或遭刪削，或偶著「錢箋」，
但增刪其內容，且割裂改易。陳寅恪則幾近直書其事，或亦早有所見，且〈論
韓愈〉僅及於「是古而論今」，雖屬史論文章，但究竟與「是古非今」或「借
古諷今」有別，不必有所避忌。

第七節　「體用論」的個人實踐——以中醫爲例

　　「西學爲體，華夏爲用」還可見諸陳寅恪在個人生活中的實踐。陳寅恪
在家傳〈寒柳堂記夢稿〉中言：

　　先曾祖以醫術知名於鄉村間，先祖先君遂亦通醫學，爲人療病。寅
　　恪少時亦嘗瀏覽吾國醫學古籍，知中醫理論方藥，頗有由外域傳入
　　者。然不信中醫，以爲中醫有見效之藥，無可通之理。若格於時代
　　及地區，不得已而用之，則可。若矜誇以爲國粹，駕於外國之上，
　　則昧於吾國醫學之歷史（指有由外域傳入者），殆可謂數典忘祖歟？
　　〔註114〕

此言中醫相傳之神醫和藥神，多見諸佛藏，例如《三國志・魏志》所見神醫
華佗，實爲民間比附印度神話故事，以藥神目之。又說：

　　自來宗教之傳播，多假醫藥天算之學以爲工具，與明末至近世西洋
　　之傳教師所爲者，正復相類，可爲明證，吾國舊時醫學，所受佛教
　　之影響甚深，如耆域（或譯耆婆）者，天竺之神醫，其名字及醫方
　　與其他神異物語散見於佛教經典，如柰女耆婆經、溫室經等及吾國

〔註111〕陳寅恪，〈論韓愈〉，《初編》，頁 319。
〔註112〕陳寅恪，〈馮友蘭中國哲學史下冊審查報告〉，《二編》，頁 284。
〔註113〕陳寅恪，《柳傳》，冊下，頁 1021。
〔註114〕以上引文見陳寅恪，〈寒柳堂記夢未定稿〉，《寒柳堂集》，頁 188。

醫書如巢元方病源候論、王燾外臺祕要之類，是一例證。〔註115〕
是以三十年代有關中醫之論戰，〔註116〕在陳寅恪看來，立於中醫一方者，都
是「西體中用」者而不自覺，幾近數典而忘祖，在《略論稿》中談到西域音
樂的輸入，引《隋書‧音樂志》：「西涼樂，至魏周之際遂謂之國伎。今曲項
琵琶、豎頭箜篌之徒並出自西域，非華夏舊器。」並就此引伸評論：

> 河西文化影響北魏遂傳至隋之例證，其系統淵源，史志之文尤明顯
> 矣。至云魏周之際遂謂之國伎，則流傳既久，渾亡其外來之性質，
> 凡今日所謂國粹者頗多類此，如國醫者是也。〔註117〕

上面的話，是 1939～1940 年間事。到撰述《元白詩箋證稿》還念念不忘中醫
的「西體中用」，但行中醫者竟無自覺。

> 然則元白諸公之所謂華夷之分，實不過今古之別，但認輸入較早之
> 舶來品，或以外國材料之改裝品，爲眞正之國產土貨耳。今世侈談
> 國醫者，其無文化學術史之常識，適與相類，可慨也。〔註118〕

取〈寒柳堂記夢稿〉對讀，當可知陳寅恪所謂「數典忘祖」者爲何，兼可理
解陳寅恪對國醫的態度。置入「體用論」的思維框架，在陳寅恪眼中，中醫
的內容有不少是舶來品，所謂「國粹」，不過輸入較早而已。

據蔣天樞在〈陳寅恪先生傳〉中說：「1962 年，夏 6 月初十日，右腿骨跌
折，住進中山二醫院。因年老未動手術。當時樞曾建議請上海中醫骨科專家
治療，（時王子平、魏指薪最有名。曾親聞魏言，常到外地給首長療疾。）先
生不肯，致斷腿終未能復原。先生生平不信中醫，在成都視網膜剝離時，如
不動手術，倘獲名醫，服中藥亦可奏效。一時手術之疎，致終身無復明之道，
重可傷矣。」〔註119〕拒絕中醫看診及處方，寧捨有可能改善「目盲足臏」的

〔註115〕陳寅恪，〈崔浩與寇謙之〉，《初編》，頁 127～8。
〔註116〕國醫議題非本文重點。相關論戰首見 1934 年 8 月 5 日，《大公報》發表傅斯
　　　　年撰〈所謂國醫〉，《獨立評論》115 號於 26 日轉載。傅文主要指中醫無病理，
　　　　缺診斷，而與近代科學不相容。並謂若仍有中醫、西醫之爭，係教育之失敗。
　　　　中醫群起發難抗議，傅再撰〈再論所謂「國醫」〉等回應文章。論戰文字相關
　　　　文獻參見《傅斯年全集》，卷 5，頁 431～57。另可參《獨立評論》115～122
　　　　號刊載之相關評論，包括主編胡適之的案語。
〔註117〕陳寅恪，《略論稿》，頁 132。
〔註118〕陳寅恪，《箋證稿》，頁 149。
〔註119〕蔣天樞，〈陳寅恪先生傳〉，《紀念陳寅恪先生百年誕辰學術論文集》，頁 8；
　　　　又，蔣天樞，《事輯》，頁 231。

機會，對照陳寅恪自言：「若格於時代及地區，不得已而用之，則可。」不能不說陳寅恪的拒絕中醫「重可傷矣！」言行之間也不無矛盾。

第八節　小　結

　　吳宓日記 1961 年 8 月 30 日有：「寅恪兄之思想主張，毫未改變，即仍遵守昔年「中學爲體，西學爲用」之說（中國文化本位論），……但在我輩個人如寅恪者，則仍確信中國孔子之儒道之正大，有裨於全世界，而佛教亦純正。我輩本此信仰，故雖危行言殆，但屹立不動，決不從時俗爲轉移，……云云。」〔註120〕以上是吳宓親聆陳寅恪談話的心得，但其於陳寅恪「中學爲體，西學爲用」以及「中國文化本位論」的理解，似仍有隔，還未能搔著陳寅恪的癢處。在陳寅恪看來「中體西用」原具「西體中用」的實質，其內容還要視施用情況再決定留用與否。「中體西用」也是宣傳手段，其內容未必符合言說者的本心和底蘊。而陳寅恪所以拈出「天竺爲體，華夏爲用」不過是闡明史實，既發沈約、韓愈、白居易千載之覆，也點出「中體西用」原具「資循誘」的成分。史實真相一經點破，則豁然可通。「初雖效之，終能返之」，此乃陳寅恪對中共政權的期待。在期待中，陳寅恪默認全面引進馬列主義此一外來文化和意識形態是一現實，視馬列主義如同韓愈所面對的「心性之學」，乃當下影響人心的思維方法，但期能大力改造並融入中國文化。〔註121〕「西體中用」當可視爲吸收外來文化的過渡，陳寅恪期待中共政權能出現「石破天驚」的效應，縮短此一過渡期。唯此一期待於 1953 年 12 月 1 日由陳寅恪口授，由汪籛筆錄的〈對科學院的答覆〉一文，明白宣示已告結束。其辭曰：

　　　　我認爲不能先存在馬列主義的見解，再研究學術。〔註122〕

比較諷刺的是《歷史研究》刊出〈論韓愈〉時，已是 1954 年 5 月，成了「淪落文章」，「自家公案自家參」。〔註123〕「體用論」自〈論韓愈〉文後，不論是

〔註120〕吳學昭，《吳宓與陳寅恪》，頁 143。

〔註121〕案，大陸學者如丁守和等有關馬克斯主義或馬列主義在中國的傳播，以及由毛澤東提出的「馬克斯主義中國化」以期擺脫共產國際和蘇聯的影響，和陳寅恪〈論韓愈〉的論點在思維基礎上不同，既和傳統是斷裂的，和體用也不相干。中共政權藉由馬克斯主義中國化的命題，既在宣揚毛澤東思想，也有意強化意識形態的輿論陣地，非本書所關注。

〔註122〕《雜稿》，頁 464。

〔註123〕案，《歷史研究》於 1954 年創刊，陳寅恪雖掛名編委，〈論韓愈〉於當年 5 月

「中體西用」或「西體中用」，從未在陳寅恪的詩文中復見，可以推知陳寅恪已了然不必再以史論文章對現實政治有所獻替，更談不上藉由「體用論」有若何可「資循誘」的設想。

雖然，1953 年 9 月，就是在作出〈對科學院的答覆〉前三個月，陳寅恪有〈書世說新語文學類鍾會撰四本論始畢條後〉文，初爲油印打字本，1956 年 6 月始見刊於《中山大學學報》。〔註124〕其間談及士大夫出處進退的「體用論」謂：

> 東漢外廷之士大夫，既多出身於儒家大族，如汝南袁氏及弘農楊氏之類，則其修身治家之道德方法亦將以之適用於治國平天下，而此等道德方法皆出自儒家之教義，所謂「禹貢治水」，「春秋決獄」，以及「通經致用」，「國身通一」，「求忠臣於孝子之門」者，莫不指是而言。凡士大夫一身之出處窮達，其所言所行均無敢出此範圍，或違反此標準者也。此範圍即家族鄉里，此標準即仁孝廉讓。以此等範圍標準爲本爲體，推廣至於治民治軍，爲末爲用。總而言之，本末必兼備，體用必合一也。〔註125〕

這應是陳寅恪借由歷史故實，重申知識分子當如傳統士大夫，在出處進退上必要有一標準。此蓋有所爲而言，暗諷當時多數知識分子俯就中共政權，在意識形態上，專斷學術倫理和是非，與中學西學之「體用論」沒有直接關連。其於〈對科學院的答覆〉的最後一段話說：

> 你（汪籛）要把我的意見不多也不少地帶到科學院。碑文（清華大學王國維先生紀念碑銘）你帶去給郭沫若看。郭沫若在日本曾看到我的（輓）王國維詩。碑是否還在，我不知道。如果做得不好，可以打掉，請郭沫若來做，也許更好。郭沫若是甲骨文專家，是「四堂」（指羅振玉雪堂、王國維觀堂、郭沫若鼎堂、董作賓彥堂）之一，

第二期始刊出。但《歷史研究》創刊號即有陳寅恪的〈記唐代李武韋楊婚姻集團〉，排名在郭沫若、胡繩、侯外廬之後。〈論韓愈〉文，則排在第七篇，還在向達等人之後，僅在楊樹達、王毓銓之前。〈論韓愈〉文可謂先發後刊，顯然未受重視。陳寅恪有詩「文章我自甘淪落」，在詩題中引陳端生所著《再生緣》卷十七第六十五回中語：「惟是此書知者久，浙江一省遍相傳。髫年戲筆殊堪笑，反勝那，淪落文章不值錢。」《詩集》，頁 99。「自家公案自家參」出自陳寅恪 1953 年秋「次韻答龍榆生」詩。《詩集》，頁 98。

〔註124〕蔣天樞，〈陳寅恪先生論著編年目錄〉，《事輯》，頁 202。

〔註125〕陳寅恪，〈書世說新語文學類鍾會撰四本論始畢條後〉，《初編》，頁 51。

也許更懂得王國維的學說。那麼我就做韓愈，郭沫若就做段文昌，如果有人再做詩，他就做李商隱也很好。我（寫）的碑文已流傳出去，不會湮沒。〔註126〕

而這段引文的重點正是，「那麼我就做韓愈！」並拿郭沫若類比段文昌，「他就做李商隱也很好」，蓋李商隱有〈韓碑〉詩：「公（指韓愈，實指陳寅恪所寫記念碑銘文）之斯文若元氣，先時已入人脾臟」，〔註127〕明白表示其個人已不在意碑石可能遭遇湮沒的命運。〔註128〕而是更看重個人進退和歷史令名。

　　縱觀陳寅恪取用「體用論」的論述，並無一個前後一致、準確的定義，而是隨著描述對象不同而有不同的表述。既可以是體用兼備論者有本有末，也可以是二元並立的，乃至可以相反相成，看似無法自成一個圓滿的體系，也無法令人滿意；然則，何以濟之，陳寅恪以其高度精準的史家能耐，於錯綜複雜的歷史事件中，往往能出以極高明時空定位，人、事、時、地、物，令其各歸其位，釐清事件發展的線索，既可獲致清晰的圖像，更能得一最具說服力、也最接近事件真象的解釋。藉由「體用論」的偶詞分合，以開放而活絡的文字運用，以期方便表述一樁歷史的或特殊事件，於思維運作，特別是尋求對應時，反而會是一長處。雖然這無法符應哲學體系對認知論的要求，必要能有一完整體系，只能視「體用論」為一常識性的表述。〔註129〕然而，

〔註126〕陳寅恪，〈對科學院的答覆〉，陸鍵東，《陳寅恪的最後二十年》（三聯版），頁112～13。

〔註127〕李商隱詩〈韓碑〉。又，蘇東坡〈臨江小驛〉詩：「淮西功業冠吾唐，吏部文章日月光。千年斷碑人膾炙，不知世有段文昌。」

〔註128〕不過楊聯陞說，陳寅恪似很在意此事：「聞當年受迫害時，曾屢以此碑下落為問。」但此說還必要有一確認。楊聯陞，〈打像為誓小考〉，《紀念陳寅恪先生誕辰百年學術論文集》，頁282。

〔註129〕賀麟對「體用論」的不同表述，有一段話值得參考。即必要區隔常識和哲學意義的體用。而一般講體用二字，乃是意義欠明晰且有點玄學味的名詞。「中學為體，西學為用」、「全盤西化」、「中國文化本位」的爭論多屬實用性的武斷，缺乏邏輯批評的功夫。常識性的體用如「中學為體，西學為用」，大體就是以主輔關係定之。反之，一個西方學者研究中國學問，他未嘗不可抱「西學為體，中學為用」的主張。其實中國留學生之治西學者，亦大都以西學為主，中學為輔，亦可謂為以「西學為體，中學為用」，完全與張之洞的路徑相反。常識中的體用是相對的，是以個人的需要為準而方便抉擇的，是無邏輯必然性的。但若中學是指天人性命之形而上學，指精神文明，而西學指聲光化電船堅砲利之學，指物質文明。則理論上精神文明為物質文明之體，而物質文明為精神文明之用，如是「中學為體，西學為用」不僅為常識的應一時之需要之方便說法，而成為有必然性的有哲學意義的說法了。而哲學上的體

這只能觀察到陳寅恪思維運作的表象。

王國維曾言：

> 學之義不明於天下久矣。今之言學者，有新舊之爭，有中西之爭，
> 有有用之學與無用之學之爭。余正告天下曰：學無新舊也，無中西
> 也，無有用無用也，凡立此名者，均不學之徒，即學焉，而未嘗知
> 學者也。……余謂中西二學，盛則俱盛，衰則俱衰，風氣既開，互
> 相推助。且居今日之世，講今日之學，未有西學不興，而中學能興
> 者；亦未有中學不興，而西學能興者。……中國今日實無學之患，
> 而非中學西學偏重之患。……學問之事本無中西，彼魆魆焉慮二者
> 之不能並立者，真不知世間有學問事者矣。〔註 130〕

這固是極其超然的高論，雖然王國維治學不論國學、史學乃至四裔或戲曲文
學率皆以「中學爲主」；「然不敢蹈世人之爭論，……而亦不能不自白于天下
者也。」〔註 131〕陳、王相較，在思想發展上，王國維這一段論述係以處理知
識問題方式跳脫中西異同，但若逃不掉價值觀的衝突，即本位立場的局限，
也就不可能免除中學與西學之間的體用爭論，在王國維個人而言，學術獨立
之義，固得以顯豁，但其個人所遭遇的價值衝突依然存在。

陳寅恪則不同。陳寅恪在〈馮友蘭《中國哲學史下冊》審查報告〉的結
尾中有一句話：「寅恪平生爲不古不今之學，思想囿於咸豐同治之世，議論近
乎湘鄉南皮之間。」〔註 132〕持此一「不古不今」的雙重否定兼具對稱意義的
偶詞，既可通解「不中不西」、「亦中亦西」之學，與王國維所持處理知識問
題的觀點亦無二致，而其實踐與運作更可見諸「體用論」，見諸「中學爲體，
西學爲用」以及「西學爲體，中學爲用」。前論各章「假設」與「辯證」乃至
於歷史語言學的比較方法，皆可概括在內。然則，若如前論所言，與其單從
表象看陳寅恪的「體用論」，不若進一步思考「不古不今」和「體用論」之間，
可能存在的思想內涵。蓋此兩組語詞，原具極大的彈性且富於變化，是一可

用根本不同於科學上的因果，不可混爲一談。從黑格爾精神和文化的關係言，
則體用不可分，也不可顛倒，且文化各部門要有有機的統一性。是以「中體
西用」、「西體中用」皆不可通。賀麟，《文化與人生》，《民國叢書》2 編 43
冊，頁 28～37。

〔註 130〕王國維，〈國學叢刊序〉，《王國維遺書·觀堂別集》（上海：上海書店出版社，
1966 年）冊 3，頁 202～8。

〔註 131〕王國維，前引書，頁 208。

〔註 132〕陳寅恪，《二編》，頁 285。

以隨機調整的思維對應模組，其最大的特徵，當在於陳寅恪的內在思維，謝絕二分法的二元對立思維模式。不論「不古不今」或「不中不西」之學，換一個角度看，都是一種對二分法的謝絕，有禮貌的拒絕。反觀陳寅恪所處的時代背景，不論激進或保守，趨新或守舊，極易流於二元對立的慣性思考，而這正是中國近現代史特別是思想界和學術界，一再陷於矛盾和衝突的寫照。如果能從這裡感知到陳寅恪以「體用論」處理外來文化的思維模式和反應策略，以及「平生爲不古不今之學」，則是一個可資繼續探討陳寅恪思想發展與思想史的新起點。

餘　論

　　本書主旨在探求史家陳寅恪學術思想發展的淵源和軌跡，以期通過史實的考掘和追蹤論學思想線索，從史家成長的背景、環境影響，以及史家思想的推論模式和學術發展之間的關聯，重新呈現史家陳寅恪過去長期為人所忽視的一些側面，補充和增強對史家陳寅恪的理解和認識。

　　陳寅恪自幼即嗜好閱讀，也能廣泛接觸其所喜好的讀物，從而涵養陳寅恪在文史方面的學術積累。由於他是世家子，自幼即親受父母及祖輩和師友的陶冶，但因父祖皆列名戊戌黨人，所以也為陳寅恪帶來長期的陰影和危機感；此一危機感和挫折又強化了陳寅恪對知識的渴求，非僅欲得一解答，更欲尋得知識與道統之間的寄托。

　　世家子的身分，讓陳寅恪在文化和家國認同上，更關注歷史上世家和政治的關聯，以及環境對個人成長的影響。而這些或多或少都有個人投射的移情作用。而客觀的認識史實，以古典反映今典，更是陳寅恪為其父祖輩在政治上的遭遇尋求參考坐標。這就是陳寅恪父祖輩皆列名戊戌黨人、但反對康有為變法的歷史解答。

　　擺脫家國危機陰影，以求知尋求出路，是陳寅恪自幼就由來自家庭的思考和安排，並成為小留學生赴日求學。何以選擇史學並成為史家，應是陳寅恪來自童幼即表現出「事業記文史」的性向。身為世家子的他更有必要為其父祖在湖南所銳意推行的新政，從歷史上的興亡成敗找到佐證。此又非僅是個人在學術上的興趣而已。

　　為創造史家的身分和地位，應是解釋陳寅恪留學國外十七年的一個重要線索。以陳寅恪的早慧和國學根柢，僅以取得西方大學頒授的學位以為現代

「功名」，或不是一件難事，但陳寅恪卻走了另外一條路，但也因此而受尊重和重視。非僅吳宓驚其博學，陳寅恪返國後任教清華國學院，挾其東方語言學的學識發爲論述，旋即取得大師級的王國維和陳垣看重，以及日本關西京都大學東洋學界的重視，胡適、傅斯年以爲是當時最淵博的學者。這些在在證明陳寅恪選擇廣泛地學習東方語文有其眼光，設定了一個由西方漢學轉入史學的門徑。「讀書必先識字」，不但漢字，域外文字也要能掌握，這在當時學界幾乎找不到第二人有此廣面的學識基礎。一般以西學爲標榜的文史留學生或僅得其方法論，但少有人有此域外語文能耐。傳統讀書人更驚奇陳寅恪既擁西學專業，又不廢中學，陳寅恪至此不但就此樹立了學者地位，也擁有了強而有力的詮釋威信。而這也是陳寅恪爲馮友蘭《中國哲學史》所寫的審查報告、爲陳垣史著撰述的序言、爲王國維自沉所寫的輓詞、輓聯、銘文和〈王靜安先生遺書序〉，能爲時人推重，雖逾半世紀，仍爲學者樂道的原由。蓋能結合中學和西學，推陳出新，言人之所未能言，有西學新知的鑒賞和批判能力，又能掌握中國古典，符應中國文化精神。而此又非僅爲學術而學術，或僅擁有中學或西學知識所能達致的。

是以陳寅恪留學德國，在蘭克史學還是東方語文的可能選擇中，固然看不到蘭克史學的痕跡，從戰後德國柏林大學僅存的學籍資料，可以看到的學習記錄多是東方語文學的課程，也就不足爲異。中央研究院歷史語言研究所創建之初，創所所長傅斯年強調的蘭克史學和史料學，或謂陳寅恪也受影響，於今已有學者陸續證實可能被誇大了。

從東方語文學和西方漢學，打開陳寅恪和西方學術的接觸面，與其說更接近西方的現代方法論或社會科學，不如說陳寅恪通過對西方古典文學的研讀，更有機會上接希臘古典文化，有機會取中國傳統文化的思維模式和西方古典的方法論如辯證法的思維模式作一對照，互相證發。希臘柏拉圖的辯證法是知識論證的思想運作模式，其所設定的「假設」或「假定」，是爲論證立論，並就此不斷修正，以期更接近眞理。這就是「假設法」。這和胡適推動的方法論，倡言「大膽的假設，小心的求證」固大異其趣；在學術源流上更是涇渭分明。胡適的方法論取自美國杜威思想，屬因果律的直線思考，立論但求明白而簡單；而陳寅恪則有取於希臘古典文化，有辯證的反覆論述，先備異說，再由外圍而漸近核心。源流不同，取徑不一，論學自屬異趣。這些一得之愚，都是前賢研究陳寅恪所未道及者。

　　陳寅恪的「假設」和論學辯證，幾乎貫穿其一生論學歷程，唯其隱而不顯，僅能於少數文章若〈與劉叔雅論國文試題書〉中，略窺其於辯證法若正反合者有所闡述，例如「既能備具第三階段之合，即對子中最上等者。趙甌北詩話盛稱吳梅村歌行中對句之妙，其所舉之例，如『南內方看起桂宮，北兵早報臨瓜步。』等，皆合上等對子之條件。」這是指辯證法正反合三階段，如何進入「合」的境界的一個判準；但這只是陳寅恪論學當中方法示例之一而已。通過「假設」和「辯證」，先備眾說，再求結論，這是陳寅恪另一明示方法的論述，然而前賢例如胡適即以為這是陳寅恪行文冗長，不足取法，而未能理解史實皆積漸而來，履霜而堅冰至，既非歷史的偶然或必然，而要講究其間關聯，更非出以單純的因果律所能斷。

　　陳寅恪的「假設」和「辯證」，有一個側面值得注意，乃陳寅恪通過「假設」所獲得的結論，和其所欲論述的旨意未必一致。這裡有「權威」轉移的現象，即以高明的考據，以期取信讀者，然其在某些論述上，一躍而為史論，不論成立與否，和前段「假設」未必有直接關聯，這固然可視為「合」，但不無牽強之處。就算史論部分成立，也僅能視為兩段不同的論述。例如陳寅恪在〈論再生緣〉當中，一再考證《再生緣》作者陳端生的丈夫「范菼」究竟是「秀水范菼」或「會稽范菼」，實於陳端生的創作高下和女性自覺並無直接關連。讀者但見陳寅恪「喜聚異同」的興味和考證的功夫而已。

　　「對對子」可以有辯證思維，但「對對子」講究文字和音韻的結合，這是中國語文的的特色，也和中國人的語法或文法直接相關。陳寅恪負責清華大學入學考國文試卷，以「對對子」入題，引發爭議，但前賢論及「對對子」時多取考題中的「孫行者」該怎麼對為話題，未見陳寅恪所欲論述的中文文法和歷史語言學比較研究的取徑問題。本書檢得當年北平《世界日報》和天津《大公報》有關此一爭議的報導和評論，北平《世界日報》這一部分史料，從未見諸研究或引述，當可視為新史料的發掘成果。已有學者如北京大學教授羅志田即據新出土史料撰有多篇文章，從而觸發了新的研究領域。

　　更值學術史或思想史研究者注意的，厥為陳寅恪所倡議的文法研究和歷史語言學的發展路徑和中文文法的建立，未因「對對子」的話題而受重視，這不僅是陳寅恪個人論學思想的挫折，更關係到當時人文學術發展的取向。陳寅恪批判當時主導中文文法研究和傳習的《馬氏文通》不通，但半個多世紀以來，《馬氏文通》依然備受研究中文文法的學者重視。這和白話文大量接

受西式語文和句型有一定關連，但中文文法走上陳寅恪眼中「格義」式的文法，對中國傳統文化的認知當然有直接影響，本文發現這也是前賢所未及處理者，而這又不僅涉及陳寅恪論學思想而已。再者，陳寅恪於「對對子」和歷史語言學的比較研究，應另有設想，即「假西學以崇中學」，取西方的歷史語言學，以挽救中文或漢語免於沈淪，不致盡為西化的白話文所取代。而此，或本於陳寅恪〈王觀堂輓詞〉序言的思維，即「綱紀本理想抽象之物，然不能沒有依托，以為具體表現之用。」除有形的社會、經濟制度外，陳寅恪或更有見於：語文之於文化的承載，更在社會經濟制度之上。

「中學為體，西學為用」是晚清以來談變法、談應對西方文化挑戰，代表官僚階層若張之洞輩，乃至官方所正式肯定者。本文所欲關心的不在討論「中體西用」在當時的影響，而是發現陳寅恪支持「中體西用」此一論述有其思想淵源，進而發現陳寅恪在學術論證中，還是一位慣於使用傳統「體用論」者。其所涉及的面向和領域相當廣，其中最具「石破天驚」意義者，為1951年陳寅恪假〈論韓愈〉的文章，提出「西體中用」論，此即「天竺為體，華夏為用」。蓋陳寅恪認為中共政權初立，固無從避開來自北方的政治現實，必要有一妥協和善意，同時也可為「中學」所不足者，向「西學」學習，以期加速擺脫附從於前蘇聯的附庸地位。這原是陳寅恪在中共建政後於1951年完成的「唐史三論」中，最重要的一篇。前賢或視此為涉筆成趣，或以為未見重於學界，忽略了其中隱藏的意義。而1951年的「唐史三論」究其用心，當係為中共政權代籌，期望中共政權能在短期內獨立自主，回歸華夏文化主體。相信陳寅恪的經世用心，中共高層必有一定程度的理解。

貫穿陳寅恪一生學術志業的精神，殆為「獨立之精神，自由之思想」，且為時賢所推許。此不但見諸悼王國維自沉的輓詞當中，並下一轉語：「吾國文化之定義，具於白虎通三綱六紀之說，其意義為抽象理想最高之境，猶希臘柏拉圖所謂 Eidos 者。」而此「抽象理想最高之境」，固屬西方古典於學術上的探求，其於王國維身上所闡揚的「獨立之精神，自由之思想」，亦係由此而來。若論其學術淵源，當可見信係來自希臘古典文化之精義和辨證法大有可資探討的關聯。「獨立之精神，自由之思想」，此後又疊見於1953年的〈對科學院的答覆〉、1954年的〈論再生緣〉以及1975年費十年之力完稿的《柳如是別傳》，既反覆闡明此係其個人治學的核心理念，又有意就明清兩代女中人傑河東君（柳如是）和陳端生的性別尊嚴和文采，特別予以表彰。在「廢殘

難豹隱」，無從擺脫現實環境的限制下，陳寅恪較諸絕大多數的知識分子更見堅持個人核心價值，或隱或顯地藉由詩文抒發個人的批判，不能不說與其思想淵源和發展有直接關聯。今天所以有「陳寅恪熱」，也當視爲「其來有自」，非一朝一夕之故。

　　陳寅恪在中學和西學之間曾就學術立場評論「舊派失之滯」，「新派失之誣」，然其自述平生爲「不古不今之學」又當何解？本書各章之間，特別是自第三章論述「辯證法」，第四章論述「對對子」及「歷史語言學的比較方法」，第五章論述「體用論」，以期釋證其學術淵源及其實踐，兼可在陳寅恪身上看到：中學和西學之間，原可形成一有機聯繫，本書也因此得有一具體架構。是以本書除探求陳寅恪學思發展外，或亦可爲陳寅恪的名言「平生爲不古不今之學」備一新解。至於本論文所能貢獻者，也是筆者的自我期許，舉其大者有三：新史料、新觀點、新視野，或可稍供讀者對陳寅恪有一新的認識。

徵引書目

一、史料

（一）陳寅恪及家人作品附年譜

1. 汪叔子、張求會編，《陳寶箴集》，北京：中華書局，2003 年。

2. 胡守爲編，《陳寅恪論文選》，北京：中華書局，1998 年。

3. 陳三立著，李開軍校點，《散原精舍詩文集》，上海：上海古籍出版社，2003 年。

4. 陳小從，〈庭聞憶述〉，《紀念陳寅恪先生百年誕辰學術論文集》，南昌：江西教育出版社，1994 年。

5. 陳小從，《圖說義寧陳氏》，濟南：山東畫報出版社，2004 年。

6. 陳美延、陳琉求主編，《陳寅恪集》十三種十四冊，北京：三聯書店，2001～2 年。依出版時間序分別爲：《柳如是別傳》上中下三冊、《寒柳堂集》、《隋唐制度淵源略論稿‧唐代政治史述論稿》、《元白詩箋證稿》、《詩集‧附唐篔詩存》、《書信集》、《金明館叢稿初編》、《金明館叢稿二編》、《讀書札記一集》、《讀書札記二集》、《讀書札記三集》、《講義及雜稿》。

7. 陳美延主編，《陳寅恪先生遺墨》，廣州：嶺南美術出版社，2005 年。

8. 陳寅恪，〈元微之遣悲懷詩之原題及其秩序〉，《清華學報》，卷 10 期 3，1935 年 7 月。

9. 陳寅恪，〈西夏文佛母大孔雀明王經夏梵藏漢合璧校釋序〉，《中央研究院歷史語言研究所集刊》，本 1 分 4，1932 年。

10. 陳寅恪，〈吾國學術之現狀及清華之職責〉，《清華大學二十週年紀念特刊》，北京：清華大學，1931 年。

11. 陳寅恪，〈與妹書〉，《學衡》，期 20，1932 年 8 月。

12. 陳寅恪，〈論唐高祖稱臣於突厥事〉，《嶺南學報》，卷 11 期 2，1951 年。

13. 萬繩楠整理,《陳寅恪魏晉南北朝史講演錄》,中和:雲龍出版社,1996年。

14. 劉隆凱,《陳寅恪「元白詩證史」講席側記》,武漢:湖北教育出版社,2006年。

15. 蔣天樞,《陳寅恪先生編年事輯(增訂本)》,上海:上海古籍出版社,1997年。

16. 卞僧慧,《陳寅恪先生年譜長編(初稿)》,北京:中華書局,2010年。

(二)同時人日記、信函、回憶

1. 石泉、李涵,〈追憶先師寅恪先生〉,《紀念陳寅恪教授國際學術討論會文集》,廣州:中山大學出版社,1989年。

2. 何炳棣,《讀史閱世六十年》,臺北:允晨文化公司,2004年。

3. 吳學昭整理,《吳宓日記》,北京:三聯書店,1998年。

4. 李方桂,〈李方桂致沈兼士書〉,沈兼士著,葛信益、啟功整理,《沈兼士學術論文集》,北京:中華書局,2004年。

5. 李方桂口述,王啟龍、鄧小詠譯,李林德校訂,《李方桂先生口述史》,北京:清華大學出版社,2003年。

6. 李璜,〈憶陳寅恪登恪昆仲〉,《大成雜誌》(香港),期49。

7. 周祖謨,〈往事自述〉,《文獻》,期37,1988年。

8. 季羨林,〈回憶陳寅恪先生〉,錢文忠編,《陳寅恪印象》,上海:學林出版社,1997年。

9. 林語堂,〈林語堂致沈兼士書〉,沈兼士著,葛信益、啟功整理,《沈兼士學術論文集》,北京:中華書局,2004年。

10. 俞大綱,《寥音閣詩話》,《俞大綱全集》(詩文詩話卷),臺北:幼獅圖書公司,1987年。

11. 俞大維,〈俞大維先生自述——「超以象外,得其環中」〉,李元平,《俞大維傳》,臺中:臺灣日報社,1992年。

12. 俞大維,〈談陳寅恪先生〉,《談陳寅恪》,臺北:傳記文學出版社,1978年。

13. 胡頌平編,《胡適之先生晚年談話錄》,臺北:聯經出版公司,1984年。

14. 陳流求、陳小彭、陳美延,《也同歡樂也同愁:憶父親陳寅恪母親唐篔》,北京:三聯書店,2010年。

15. 夏承燾,《天風閣學詞日記》,杭州:浙江古籍、浙江教育出版社,1998年。

16. 浦江清,《清華園日記・西行日記》(增補本),北京:三聯書店,1999年。

17. 曹伯言整理,《胡適日記全集》,臺北:聯經出版公司,2004年。

18. 馮友蘭，《三松堂自序》，北京：人民出版社，1998 年。

19. 楊樹達，《積微翁回憶錄》，上海：上海古籍出版社，1986 年。

20. 顧頡剛，《顧頡剛日記》，台北：聯經出版公司，2007 年 3 月。

21. 顧頡剛，《古史辨第一冊・自序》，北平：樸社，1926 年，臺灣影印本。

22. 〔日〕倉石武四郎著，榮新江、朱玉麒輯注，《倉石武四郎中國留學記》，北京：中華書局，2002 年。

（三）檔案及公私文獻與相關著作

1. 王力，〈中國文法學初探〉，《清華學報》，卷 11 期 1，1936 年。

2. 王力，《中國語言學史》，上海：復旦大學出版社，2006 年。

3. 王力，《漢語史稿》，北京：中華書局，2005 年。

4. 王弼著，〔日〕石田羊一郎刊誤，《老子王弼注》，臺北：河洛出版社，1974 年。

5. 王震編，《徐悲鴻文集》，上海：上海畫報出版社，2005 年。

6. 王永興，《陳門問學叢稿》，南昌：江西人民出版社，1993 年。

7. 王汎森、杜正勝主編，《傅斯年文物資料選輯》，臺北：中央研究院歷史語言研究所，1995 年。

8. 王泉根，〈吳宓年表〉，《追憶吳宓》，北京：社會科學文獻出版社，2001 年。

9. 王國維，〈國學叢刊序〉，《王國維遺書・觀堂別集》，上海：上海書店出版社，1966 年。

10. 王慶成、葉文心、林載爵編，《嚴復編年文集》，臺北：辜公亮文教基金會，1998 年。

11. 毛澤東，《毛澤東選集》，北京：人民出版社，1991 年。

12. 北京大學、中國第一歷史檔案館編，《京師大學堂檔案選編》，北京：北京大學出版社，2001 年。

13. 池田溫，〈陳寅恪先生和日本〉，《紀念陳寅恪教授國際學術討論會文集》，廣州：中山大學出版社，1989 年。

14. 牟潤孫，〈從《通鑑胡注表微》論援庵先師的史學〉，《勵耘書屋問學記：史學家陳垣的治學》，北京：三聯書店，1987 年。

15. 何容，《中國文法論》，臺北：臺灣開明書店，1954 年。

16. 吳雨僧（吳宓），《空軒詩話》，臺北：鼎文書局，1979 年，據中華書局影印本。

17. 吳宓，《吳宓自編年譜》，北京：三聯書店，1995 年。

18. 呂叔湘，〈《馬氏文通》述評〉，呂叔湘，《呂叔湘文集》，北京：商務印書館，2004 年。

19. 呂叔湘、王海棻編，《馬氏文通讀本》，上海：上海教育出版社，1986 年。

20. 李方桂，〈漢藏系語言研究法〉，《國學季刊》，期 7，又，《中華文化復興月刊》，卷 7 期 8。

21. 李堅，〈《陳寅恪詩集》中的悲觀主義色彩淺釋〉，胡守爲主編，〈《柳如是別傳》與國學研究〉，杭州：浙江人民出版社，1995 年。

22. 杜維運，〈姚從吾先生全集——歷史方法論——後記〉，姚從吾，《歷史方法論》，臺北：正中書局，1971 年。

23. 汪榮祖，〈長使書生淚滿襟：悼念周一良先生〉，《載物集：周一良先生的學術與人生》，北京：清華大學出版社，2003 年。

24. 周振甫選注，《嚴復選集》，北京：人民文學出版社，2004 年。

25. 胡文輝，〈新發現陳寅恪遺物印象記〉，《收藏·拍賣》（廣州），創刊號，2004 年 1 月。

26. 胡適，"Conflict of Cultures"（中譯：〈文化的衝突〉），《中國基督教年鑑》，1929 年。

27. 胡適，〈文學改良芻議〉，《新青年》，卷 2 號 5，1917 年 1 月 1 日。

28. 孫應祥，《嚴復年譜》，福州：福建人民出版社，2003 年。

29. 徐伯陽、金山合編，《徐悲鴻年譜》，臺北：藝術家出版社，1991 年。

30. 高平叔、陶英惠主編，《蔡元培文集》，台北：錦繡出版公司，1995 年。

31. 張之洞，《張文襄公全集》，臺北：文海出版社，1963 年。

32. 張之洞，《勸學篇》，上海：上海書店出版社，2002 年。此版係據光緒 24 年（1898）6 月湖南船山書院刻印本爲底本重新排印。

33. 張致遠，《張致遠文集》，臺北：國防研究院出版部，1967 年。

34. 梁啓超，夏曉虹點校，《清代學術概論》，北京：中國人民大學出版社，2004 年。

35. 郭沫若，《郭沫若古典文學論文集》，上海：上海古籍出版社，1985 年。

36. 陶希聖，《潮流與點滴》，臺北：傳記文學出版社，1964 年。

37. 章培恆，〈《陳寅恪先生編年事輯》後記〉，蔣天樞，《陳寅恪先生編年事輯》，上海：上海古籍出版社，1997 年。

38. 傅斯年，〈歷史語言研究所工作之旨趣〉，《中央研究院歷史語言研究所集刊》，本 1 分 1。

39. 湯用彤，〈往日雜稿〉，《湯用彤全集》，卷五，石家莊：河北人民出版社，2000 年。

40. 賀麟，《文化與人生》，上海：上海書店，1989 年。

41. 馮友蘭，《中國哲學史》，上海：商務印書館，1947 年。

42. 楊聯陞，《哈佛遺墨》，北京：商務印書館，2004 年。

43. 楊鍾義，《雪橋詩話》，北京：北京古籍出版社，1989 年。

44. 載鎦齡，〈梁宗岱與胡適的不合〉，趙白生編，《中國文化名人畫名家》，北京：中央編譯出版社，1995 年。

45. 熊十力，《體用論》，景海峰編，《熊十力選集》，長春：吉林人民出版社，2005 年。

46. 趙新那、黃培雲，《趙元任年譜》，北京：商務印書館，1998 年。

47. 齊家瑩，《清華人文學科年譜》，北京：清華大學出版社，1999 年。

48. 劉小惠，《父親劉半農》，上海：上海人民出版社，2000 年。

49. 劉桂生，〈陳寅恪、傅斯年留德學籍材料之劫餘殘件〉，《北大史學》，輯 4，1997 年。

50. 歐陽哲生編，《胡適文集》，冊 2、冊 5，北京：北京大學出版社，1998 年。

51. 歐陽哲生編，《傅斯年全集》，長沙：湖南教育出版社，2003 年。

52. 潘光旦，《中國伶人血緣之研究》，《潘光旦文集》，北京：北京大學出版社，2000 年。

53. 蔡尚思等編，《譚嗣同全集》，北京：中華書局，1981 年。

54. 盧冀野，《盧前筆記雜鈔》，北京：中華書局，2006 年。

55. 錢仲聯主編，《清詩紀事》，南京：鳳凰出版社，2004 年。

56. 譚獻，《篋中詞》，《續修四庫全書》，冊 1732，上海：上海古籍出版社，2002 年，據光緒八年刻本。

57. 嚴復，〈原強〉，《嚴復集》，冊 1，北京：中華書局，1986 年。

58. 嚴復，〈與《外交報主人》論教育書〉，《嚴復集》，冊 3，北京：中華書局，1986 年。

59. 嚴復，〈闢韓〉，《嚴復集》，冊 1，北京：中華書局，1986 年。

60. 顧潮，《顧頡剛年譜》，北京：中國社會科學出版社，1993 年。

61. 〔希〕柏拉圖，王曉朝譯，《柏拉圖全集》，北京：人民出版社，2005 年。

62. 〔希〕亞里士多德，苗力田主編，《亞里士多德全集》，北京：中國人民大學出版社，1993 年。

（四）報紙及期刊雜誌

1. 《大公報・文學副刊》（天津），1932 年 9 月 5 日。

2. 《大公報》（天津），1932 年 8 月 31 日，版 9。

3. 《世界日報》（北平），1932 年 8 月 7 日、8 日、10 日、13 日、15 日、16 日、19 日 12 版。又，8 月 15 日 7 版。

4. 《自由中國》（臺北），卷 9 期 9，1953 年 11 月 1 日。

5. 《努力周報》，期 53，1923 年 5 月 12 日，版 1。

6. 《青鶴》（上海），卷 1 期 3，1932 年 12 月 16 日。

7. 《新民叢報》，第 1 號，臺北：藝文印書館，1966 年，據光緒 28 年（1902）新民叢報編印本影印。

8. 《新青年》（北京），卷 8 號 1，1920 年 9 月 1 日，上海：上海書店，1988 年，合訂影印本。

9. 《新青年》（北京），卷 9 號 3、4，1921 年 7 月 1 日、8 月 1 日，上海：上海書店，1988 年，合訂影印本。

10. 《獨立評論》（北平），號 115，1934 年 8 月 26 日。

二、近人著作

（一）中文專書

1. 方朝暉，《「中學」與「西學」——重新解讀現代中國學術史》，保定：河北大學出版社，2002 年。

2. 王祖望編著，《歐洲中國學・德國篇》，北京：社會科學文獻出版社，2005 年。

3. 王爾敏，《史學方法》，臺北：東華書局，1977 年。

4. 王爾敏，《晚清政治思想史論》，桂林：廣西師範大學出版社，2005 年。

5. 皮后鋒，《嚴復大傳》，福州：福建人民出版社，2003 年。

6. 余英時，《文化：中國與世界》，第 1 輯，北京：三聯書店，1987 年。

7. 余英時，《朱熹的歷史世界》，臺北：允晨出版社，2003 年。

8. 余英時，《現代儒學論》，香港：八方文化公司，1996 年。

9. 余英時，《陳寅恪晚年詩文釋證》，臺北：東大圖書公司，1998 年。

10. 余英時，《歷史與思想》，臺北：聯經出版公司，1976 年。

11. 吳定宇，《學人魂——陳寅恪傳》，臺北：業強出版社，1996 年。

12. 吳學昭，《吳宓與陳寅恪》，北京：清華大學出版社，1992 年。

13. 李元平，《俞大維傳》，臺中：臺灣日報社，1992 年。

14. 李玉梅，《陳寅恪之史學》，香港：三聯書店，1997 年。

15. 李澤厚，《中國現代思想史論》，北京：東方出版社，1987 年。

16. 李錦繡，〈陳寅恪學案〉，楊向奎等著，《百年學案》，瀋陽：遼寧人民出版社，2003 年。

17. 杜正勝、王汎森主編，《新學術之路》，臺北：中央研究院歷史語言研究所，1998 年。

18. 杜維運,《與西方史家論中國史學》,臺北:東大圖書公司,1981 年。

19. 杜維運,《聽濤集》,臺北:弘文館,1985 年。

20. 汪榮祖,《史家陳寅恪傳》(增訂版),臺北:聯經出版公司,1997 年。

21. 汪榮祖,《史學九章》,臺北:麥田出版社,2002 年。

22. 姚小平主編,《首屆中國語言學史研討會文集——《馬氏文通》與中國語言學史》,北京:外國語教學與研究出版社,2003 年。

23. 胡文輝,《陳寅恪詩箋釋》,廣州:廣東人民出版社,2008 年。

24. 胡守爲編,《《柳如是別傳》與國學研究》,杭州:浙江人民出版社,1996 年。

25. 胡守爲編,《陳寅恪與二十世紀中國學術》,杭州:浙江人民出版社,2000 年。

26. 桑兵,《國學與漢學——近代中外學界交往錄》,杭州:浙江人民出版社,1999 年。

27. 桑兵,《晚清民國的國學研究》,上海:上海古籍出版社,2001 年。

28. 張廣智、周兵,《心理史學》,臺北:揚智文化公司,2001 年。

29. 許冠三,《新史學九十年》,臺北:唐山出版社,1996 年。

30. 陳來,《宋明儒學論》,上海:復旦大學出版社,2010 年。

31. 陳永發,《中國共產革命七十年》(修訂版),臺北:聯經出版公司,2001 年。

32. 傅杰編,《二十世紀中國文史考據文錄》,昆明:雲南人民出版社,2001 年。

33. 湯用彤,《漢魏兩晉南北朝佛教史》,《湯用彤全集》,石家莊:河北人民出版社,2000 年。

34. 黃彰健,《戊戌變法史研究》,臺北:中央研究院歷史語言研究所,1970 年。

35. 楊國樞、文崇一、吳聰賢、李亦園合著,《社會及行爲科學研究法》,臺北:東華書局,1980 年。

36. 熊秉貞,《童年憶往——中國兒童的歷史》,臺北:麥田出版社,2000 年。

37. 劉以煥,《一代宗師陳寅恪——兼及陳氏一門》,重慶:重慶出版社,2001 年。

38. 劉以煥,《國學大師陳寅恪》,重慶:重慶出版社,1996 年。

39. 劉克敵,《陳寅恪與中國文化》,上海:上海人民出版社,1999 年。

40. 潘逸民,《陳方恪先生編年輯事》,北京:中國工人出版社,2005 年。

41. 嚴耕望,《治史答問》,臺北:臺灣商務印書館,1985 年 6 月。

42. 嚴壽澂，《近世中國學術通變論叢》，臺北：國立編譯館，2003 年。

43. 蘇雲峰，《從清華學堂到清華大學：1911～1929──近代中國高等教育研究》，臺北：中央研究院近代史研究所，1996 年。

44. 羅志田，《近代讀書人的思想世界與治學取向》，北京：北京大學出版社，2009 年。

45. 〔日〕島田虔次著，蔣國保譯，《朱子學與陽明學》，西安：陝西師範大學出版部，1986 年，原著《朱子学と陽明学》，1967 年。

46. 〔日〕實藤惠秀著，譚汝謙、林啓彥譯，《中國人留學日本史》，香港：中文大學出版部，1982 年。

47. 〔英〕卡爾·波普爾（Karl Raimund Popper）著，傅季重、紀樹立等譯，《猜想與反駁》，上海：上海譯文出版社，1986 年。

48. 〔英〕麥肯齊（Robert Mackenzie）著，李提摩太（Timothy Richard）、蔡爾康譯，《泰西新史攬要》，上海：上海書店，2002 年。

49. 〔德〕施耐德（Axel Schneider）著，關山、李貌華譯，《眞理與歷史：傅斯年、陳寅恪的史學思想與民族認同》，北京：社會科學文獻出版社，2008。

50. 〔德〕策勒爾（Eduard Zeller）著，翁紹軍譯，《古希臘哲學史綱》，濟南：山東人民出版社，1992 年。

（二）外文專書

1. Erikson, Erik. *Young Man Luther: A Study in Psychoanalysis and History.* New York: Norton, 1962.

2. Levenson, Joseph R. *Confucian China and Its Modern Fate: A Trilogy.* Los Angeles: University of California Press, 1972.

3. Wang, Fan-shen. Fu Ssu-nien: *A life in Chinese History and Politics.* Cambridge: Camgridge University Press, 2000.

4. Hartman, Charles. *Han Yu and the T'ang Search for Unity.* Princeton University Press 1986.

（三）中文期刊論文

1. 毛漢光，〈陳寅恪傳〉，《國史擬傳》，1995 年，輯 5。

2. 王士元，《索緒爾與雅柯布森：現代語言學歷史略談》，劉翠溶主編，《四分溪論學集：慶祝李遠哲先生七十壽辰》，台北：允晨文化公司，2006 年。

3. 王永興，〈述陳寅恪先生《論韓愈》之作的重大意義〉，《上海師範大學學報（哲社版）》，2003 年期 3。

4. 王爾敏，〈陳寅恪著「元白詩箋證稿」讀後〉，《食貨》，復刊卷 2 期 10，1973 年。

5. 全漢昇，〈清末「西學源出中國」說〉，《嶺南學報》，卷 4 期 2，1936 年。

6. 余英時，〈章學誠文史校讎考論〉，《中國文化》，期 10，1994 年。

7. 何大安，《從中國學術傳統論漢語方言研究的過去、現在與未來》，《中央研究院歷史語言研究所集刊》，本 63，分 4，1993 年。

8. 汪榮祖，〈蘭克史學真相〉，《食貨》，復刊卷 5 期 1，1975 年 4 月。

9. 周法高，〈柳如是事考〉，《錢牧齋柳如是佚詩及柳如是有關資料》，臺北：作者自印本，1978 年。

10. 周法高，〈漢語研究的方向——語法學的發展〉，《論中國語言學》，香港：中文大學出版社，1980 年。

11. 周法高，〈讀陳寅恪先生編年事輯〉，《大陸雜誌》，卷 65 期 4。

12. 周策縱，〈中外為體，中外為用——中國文化現代化芻議〉，《中國文化》，期 9。

13. 周樑楷，〈傅斯年和陳寅恪的歷史觀點——從西方學術背景所作的討論〉，《臺大歷史學報》，期 20，1996 年。

14. 季羨林，〈紀念陳寅恪先生百年誕辰學術論文集序〉，王永興主編，《紀念陳寅恪先生百年誕辰學術論文集》，南昌：江西教育出版社，1994 年。

15. 季羨林，〈紀念陳寅恪先生教授國際學術討論會閉幕詞〉，《紀念陳寅恪教授國際學術討論會文集》，廣州：中山大學出版社，1989 年。

16. 季羨林，〈從學習筆記本看陳寅恪先生的治學範圍和途徑〉，《紀念陳寅恪教授國際學術討論會文集》，廣州：中山大學出版社，1989 年。

17. 林正弘，〈胡適與殷海光的科學觀〉，《自由民主的思想與文化：紀念殷海光逝世 20 周年學術研討會論文集》，臺北：自立晚報社文化出版部，1990 年。

18. 施耐德，《道史之間：為中國尋找現代認同的兩位中國史家》，《中國文化》，期 17、18 合刊。

19. 胡文輝，〈陳寅恪詩箋釋二題〉，《古今論衡》，期 8，2002 年。

20. 唐長孺，〈孫吳建國及漢末江南的宗部與山越〉，《魏晉南北朝史論叢》，北京：三聯書店，1955 年。

21. 席文、劉龍光譯、張藜補譯，〈為什麼科學革命沒有在中國發生——是否沒有發生？〉，劉鈍、王揚宗編，《中國科學與科學革命：李約瑟難題及其相關問題研究論著選》，瀋陽：遼寧出版社，2002 年。

22. 桑兵，〈近代中外比較研究史管窺——陳寅恪《與劉叔雅論國文試題書》解析〉，《中國社會科學》，2003 年期 1。

23. 桑兵，〈陳寅恪與中國近代史研究〉，《晚清至民國的國學研究》，上海：上海古籍出版社，2001 年。

24. 殷祝勝，〈陳寅恪的學術淵源及其演變〉，南京大學博士論文，未刊稿，1997 年。

25. 馬幼垣，〈陳寅恪已刊學術論文全目初稿〉，《陳寅恪與二十世紀中國學術》，杭州：浙江人民出版社，2000 年。

26. 張國剛，〈陳寅恪留德時期柏林的漢學與印度學——關於陳寅恪先生治學道路的若干背景知識〉，《陳寅恪與二十世紀中國學術》，杭州：浙江人民出版社，2000 年。

27. 張廣智，〈傅斯年、陳寅恪與蘭克史學〉，《二十一世紀的中國史學和比較歷史思想會議論文集》，上海：復旦大學，2004 年。

28. 梅祖麟，〈中國語言學的傳統和創新〉，《學術史與方法學的省思——中央研究院歷史語言研究所七十周年研討會論文集》，臺北：中央研究院歷史語言研究所，2000 年。

29. 陳弱水，〈1949 前的陳寅恪：學術淵源與治學大要〉，《新學術之路：中央研究院歷史語言研究所七十周年紀念文集》，冊上，臺北：中央研究院歷史語言研究所，1998 年。

30. 陳弱水，〈現代中國史學史上的陳寅恪——歷史解釋及相關問題〉，《學術史與方法學的省思：中央研究院歷史語言研究所七十周年研討會論文集》，臺北：中央研究院歷史語言研究所，2000 年。

31. 楊儒賓，〈近現代儒家思想史上的體用論〉，《天人之際與人禽之辨—比較哲學研討會論文》，香港：中文大學，1997 年。

32. 褚孝泉，〈從陳寅恪與劉雅叔論國文試題書談起〉，《二十一世紀》，期 34，1996 年 4 月。

33. 劉正，〈陳寅恪先生年譜研究序說〉，《文史哲》，1996 年期 3。

34. 劉克敵，〈略論陳寅恪對新文化運動的態度與意見〉，《文藝理論研究》，1997 年期 6。

35. 劉克敵，〈對對子與中國文化精神〉，《東岳論叢》，2000 年期 1。

36. 劉後濱、張耐冬，《陳寅恪的士大夫情結與學術取向》，《中國文哲研究所集刊》，期 23，2003 年 9 月。

37. 劉夢溪，〈「一代文化所托命之人」——論陳寅恪先生的學術創獲和研究方法〉，《書目季刊》，卷 24 期 4。

38. 蔣天樞，〈陳寅恪先生傳〉，《紀念陳寅恪先生誕辰百年學術論文集》，北京：北京大學出版社，1989 年。

39. 錢文忠，〈略論寅恪先生之比較觀及其在文學研究中之運用〉，王永興編，《紀念陳寅恪先生百年誕辰學術論文集》，南昌：江西教育出版社，1994 年。

40. 羅志田，〈陳寅恪的文字意趣札記〉，《中國文化》，期 22，2006 年。

41.〔美〕彼德・洛溫柏格著，張同濟譯，郝名瑋校，〈納粹青年追隨者的心理歷史淵源〉，《史學理論研究》，1996 年期 3、期 4。

42.〔韓〕金永植著，王道還譯，〈中國傳統文化中的自然知識——中國科學史研究的一些問題〉，《史學評論》，期 9。

（四）外文期刊論文

1. Demievill,Paul "Necrologie:Tch'en Yinlo", *Toung Pao*,26,1971.

2. Schneider, Axel "Between Dao and History: Two Chinese Historians in Search of a Modern Identity for China", in *Chinese Historiography In Comparative Perspective, History and Theory, Theme Issue* （October 1996）, pp.54～73.

3. 小野川秀美，〈陳寅恪目錄〉，《東洋史研究》，卷 2 號 2，1936 年 12 月。

4. 小川茂樹，〈顧頡剛目錄〉，《東洋史研究》，卷 2 號 6，1937 年 8 月。

5. 島田虔次，〈體用の歷史に寄せて〉，《塚本博士頌壽紀念佛教史學論集》，京都：塚本博士頌壽記念會，1961 年。